国家社科基金后期资助项目
（编号：14FJK004）

教学论发展的文化审视

A Cultural Review of the Development of Teaching Theories

李森 等 著

教育科学出版社
·北京·

出 版 人　李　东
责任编辑　方檀香
版式设计　杨玲玲
责任校对　翁婷婷
责任印制　叶小峰

图书在版编目（CIP）数据

教学论发展的文化审视／李森等著．—北京：教育科学出版社，2019.12
　ISBN 978-7-5191-2122-8

Ⅰ.①教… Ⅱ.①李… Ⅲ.①教学理论—研究 Ⅳ.①G42

中国版本图书馆 CIP 数据核字（2019）第 295802 号

教学论发展的文化审视
JIAOXUELUN FAZHAN DE WENHUA SHENSHI

出版发行	教育科学出版社				
社　　址	北京·朝阳区安慧北里安园甲 9 号		邮　　编	100101	
总编室电话	010-64981290		编辑部电话	010-64981252	
出版部电话	010-64989487		市场部电话	010-64989009	
传　　真	010-64891796		网　　址	http://www.esph.com.cn	
经　　销	各地新华书店				
制　　作	北京金奥都图文制作中心				
印　　刷	北京玺诚印务有限公司				
开　　本	720 毫米×1020 毫米　1/16		版　　次	2019 年 12 月第 1 版	
印　　张	18		印　　次	2019 年 12 月第 1 次印刷	
字　　数	304 千		定　　价	58.00 元	

图书出现印装质量问题，本社负责调换。

国家社科基金后期资助项目
出版说明

　　后期资助项目是国家社科基金设立的一类重要项目，旨在鼓励广大社科研究者潜心治学，支持基础研究多出优秀成果。它是经过严格评审，从接近完成的科研成果中遴选立项的。为扩大后期资助项目的影响，更好地推动学术发展，促进成果转化，全国哲学社会科学工作办公室按照"统一设计、统一标识、统一版式、形成系列"的总体要求，组织出版国家社科基金后期资助项目成果。

全国哲学社会科学工作办公室

目 录

前 言 ……………………………………………………………………… 1

第一章 教学论发展概述 ……………………………………………… 1
第一节 教学论发展史上关注的重大问题 …………………………… 2
第二节 教学论的基本类型 …………………………………………… 13
第三节 教学论发展的"源"与"流" ……………………………… 20

第二章 英美文化圈中的教学论 ……………………………………… 36
第一节 英美文化圈的特质 …………………………………………… 37
第二节 英美文化圈中教学论的个性 ………………………………… 49
第三节 英美文化圈中教学论的共性 ………………………………… 60

第三章 欧洲大陆文化圈中的教学论 ………………………………… 65
第一节 欧洲大陆文化圈的特质 ……………………………………… 66
第二节 欧洲大陆文化圈中教学论的个性 …………………………… 76
第三节 欧洲大陆文化圈中教学论的共性 …………………………… 90

第四章 东方文化圈中的教学论 ……………………………………… 95
第一节 东方文化圈的特质 …………………………………………… 95
第二节 东方文化圈中教学论的个性 ………………………………… 102
第三节 东方文化圈中教学论的共性 ………………………………… 109

第五章 中国教学论变革与发展的文化审视 ………………………… 113
第一节 中国教学论变革与发展的文化历程 ………………………… 114

第二节　中国教学论变革与发展的文化反思 …………… 127

第六章　教学论范畴的文化审视 ………………………… 138
　　第一节　范畴与教学论范畴 ………………………………… 138
　　第二节　教学论范畴发展的历史考察 ……………………… 151
　　第三节　教学论范畴的文化性 ……………………………… 163
　　第四节　中国教学论范畴的发展趋向 ……………………… 172

第七章　教学过程本质观的文化审视 …………………… 178
　　第一节　教学过程本质观的文化特性 ……………………… 178
　　第二节　文化圈影响下的教学过程本质观 ………………… 185

第八章　教学研究方法论变革的文化审视 ……………… 199
　　第一节　教学研究方法论界说 ……………………………… 199
　　第二节　文化视域下教学研究方法论的变革与发展 ……… 203

第九章　教学研究范式创新的文化审视 ………………… 216
　　第一节　教学研究与教学研究范式 ………………………… 216
　　第二节　教学研究范式的历史变革 ………………………… 223
　　第三节　现代教学研究范式 ………………………………… 234
　　第四节　教学研究范式创新的文化机理 …………………… 249

第十章　教学论发展的未来趋势 ………………………… 259
　　第一节　加强教学论学科文化建设 ………………………… 259
　　第二节　推进教学文化的比较研究 ………………………… 262
　　第三节　聚焦教学论研究的整合与深化 …………………… 264

参考文献 ……………………………………………………… 268

索引 …………………………………………………………… 278

前　　言

改革开放以来，我国教学论研究取得了很大进展。继"教学论研究回归原点"这一问题被提出之后，教学论学科怎样才能在变化了的社会条件下获得进一步的发展，成为教学论界普遍关注的一个重大问题。本书便是对这个问题进行探索的一种尝试。

本书从历史与文化、现实与未来维度对教学论的文化属性及其理论发展进行了全景式研究。全书共十章，分四个部分。第一章是本书的第一部分，主要从历史的维度审视教学论发展状况，内容包括教学论发展史上关注的重大问题、教学论的基本类型、教学论发展的源与流，以探寻教学论发展的历史轨迹。第二章至第四章是本书的第二部分，主要从文化圈的角度探讨教学论的发展，把教学论放到英美文化圈、欧洲大陆文化圈和东方文化圈之中，分析其个性和共性，以发现和揭示教学论发展的基本规律。第五章至第九章是本书的第三部分，主要从现实的维度反思教学论基本问题，内容包括教学论变革、教学论范畴、教学过程本质观、教学研究方法论和教学研究范式等，以促进教学论更好地发展。第十章是本书的第四部分，主要从未来趋势的角度展望教学论发展状况，内容包括加强教学论学科文化建设、推进教学文化的比较研究以及聚焦教学论研究的整合与深化。

综观全书，有三个方面的特点：第一，史论结合，论从史出，历史线索与逻辑推演相统一。无论是研究教学论的本体论问题、认识论问题，还是方法论问题，本书都力求避免空洞的逻辑推演，而是让历史事实说话，从中得出结论。第二，注重教学论的文化属性研究。任何教学论都孕育于特定的文化传统之中，并具有该文化传统所赋予的文化特性。本书用三章的篇幅分析英美文化圈、欧洲大陆文化圈和东方文化圈中教学论的文化属性。第三，注重历史研究，着眼现实关怀。研究教学论的发展历史，有利于将教学论研究植根于历史的深厚土壤之中。这种关注历史的研究，其着眼点是教学论发展的现实。本书有相当部分内容对教学论发展的现实问题进行了回应。

本书是我主持的国家社会科学基金后期资助项目"教学论发展的文化审视与理论建构"的研究成果，系集体共同完成。全书由我拟定写作提纲，然后由各位作者分头撰写各章内容。各章作者如下：李森、潘光文（第一章），赵鑫、张杰（第二章、第五章），王天平、苏贵民（第三章），金玉梅、崔友兴（第四章），李森、刘梅珍（第六章），王天平、艾兴（第七章），李怡明（第八章），刘茜、崔友兴（第九章），崔友兴、艾兴（第十章）。全书由我和崔友兴统稿和定稿。在统稿过程中，我与各章执笔人就书中问题进行过多次讨论，几易其稿，但由于我们水平有限，书中不当之处在所难免，敬请读者批评指正！

本书引用了许多学者的研究成果，这些成果基本已在书中注明，在此向他们表示衷心的感谢！本书能够顺利出版，离不开全国哲学社会科学工作办公室和教育科学出版社的大力支持和帮助，在此一并致以真诚的谢意！

李 森

2018 年 12 月

第一章 教学论发展概述

1632 年,捷克教育家夸美纽斯(J. A. Comenius)的《大教学论》问世,标志着教学论作为一门具有独立、完整体系的学问诞生了。经过三百多年的发展和积累,这门学问形成了众多的流派与分支。从纵向上看,有以赫尔巴特(J. F. Herbart)为代表的传统教学论,也有在批判传统教学论基础上形成的以杜威(J. Dewey)为代表的现代教学论;就横向而言,现代教学论在 20 世纪 50 至 60 年代又出现了三大流派:以布鲁纳(J. S. Bruner)为代表的发现教学论、以赞科夫为代表的发展性教学论和以瓦根舍因(M. Wagenschein)、克拉夫基(W. Klafki)为代表的范例教学论。作为对这三大教学论流派的完善、批判和反动,又出现了众多的教学论分支:施瓦布(J. Schwab)的探究教学论、奥苏贝尔(D. P. Ausubel)的有意义接受学习理论、布卢姆(B. S. Bloom)的掌握学习理论、加涅(R. M. Gagne)的学习层级理论、罗杰斯(C. R. Rogers)的人本主义教学论、巴班斯基的教学过程最优化理论,以及合作教学理论、柏林教学论、交往教学论,等等。不同流派的教学论相互争鸣,同一流派的不同教学论分支杂然纷呈,共同促成了教学论学科的繁荣和教学论文化的发展。但是,在教学论繁荣的背后,也存在着如何认识教学论的发展历史、厘清教学论历史发展线索、预测教学论未来发展趋势等问题。对这些问题的思考与探究,就是教学论研究。在这方面,已有学者从教学模式、教学范式等角度进行过一些研究,并提出了一些颇有见地的观点。本书以那些曾经先后或同时出现在教学研究领域中的重大教学问题及相应的研究方法为依据,探讨对教学论学科发展产生过重大影响的代表人物采用过什么研究方法、思考过哪些重大教学问题,这些重大教学问题和研究方法是如何在继承中得到创新的,针对这些重大教学问题的研究形成了哪些不同类型的教学论,以及教学论发展的源流关系,等等。这为教学论研究提供了一个新的视角,有助于廓清教学论学科的当代发展趋势。

回顾教学论发展过程中先后关注的重大教学问题,分析这些问题的纵向演变和横向联系,归纳教学论的基本类型,并把这些基本类型看作教学论发展的"源",厘清这些"源"在变化过程中形成的不同的"流",这些都是教学论研究的重要对象。

第一节 教学论发展史上关注的重大问题

在教学论学科发展史上,夸美纽斯、裴斯泰洛齐(J. H. Pestalozzi)、赫尔巴特、杜威、布鲁纳、赞科夫、瓦根舍因、克拉夫基是具有重要影响的里程碑式的人物。他们所思考和回答的教学问题,对于他们所生活的那个时代而言,具有典型的代表性。在他们每个人思考和回答的众多教学问题中,那些派生出其他教学问题的问题,便在很大程度上代表了那个时代的教学论所关注的重大教学问题。

一、如何通过艺术性的教学使尽可能多的人有效地掌握百科全书式的知识

为什么教、为什么学?教什么、学什么?谁教、谁学?怎样教、怎样学?教学活动的空间形式怎样组织?如何确认教与学的效果?所有这些,都是教学论要探讨的基本问题。对于这些基本教学问题,不同时代、不同国家、不同地域的教育家可能在不同的教育著作中分别探讨过。然而,在同一本教育专著中,对所有这些问题进行集中、全面、系统、深入探讨的,当属17世纪的捷克教育家夸美纽斯。正因为如此,夸美纽斯被教学论界公认为赋予教学论以独立学科形态的代表人物。在《大教学论》中,夸美纽斯探讨的主要教学问题有:教学与人的今生生活幸福和来世获得拯救的关系如何;为今生生活幸福和来世获得拯救做准备的教学应该包括哪些内容;传递这些内容的教学活动应该遵循什么原则;怎样通过教师的艺术性教学,使学生有效地掌握这些内容;传递这些内容的教学活动在空间上怎样组织。揭开笼罩《大教学论》的宗教神秘面纱,我们可以清楚地看到夸美纽斯所讨论的这些教学问题,都是在从不同的方面回答一个核心问题:通过什么样的教学可以使尽可能多的人有效地掌握广泛的知识?让今生生活幸福和来世获得拯救,是那个时代的人们掌握广泛知识的目的。百科全书式的教学内容安排,划定了人们掌握知识的范围。教学艺术的探讨,为人们有效地掌握知识提供了方法保障。班级授课制,为广泛的知识被人们普遍地掌握提供了空间组织形式。从这些分析可以看出:作为那个时代的教学论领

域的代表性人物，夸美纽斯所思考和回答的重大教学问题是：如何通过艺术性的教学使尽可能多的人有效地掌握百科全书式的知识？夸美纽斯认为，社会普通民众应能平等地享有接受知识教学的机会，教育不应是社会精英阶层的特权（即教学对象的普遍性），应把人类精神活动的最新成果纳入教学活动之中（即教学内容的广泛性），教学应模仿自然，使知识教学具有艺术性和富有成效（即教学活动的艺术性）。泛智主义教学理论，是夸美纽斯在那个时代对重大教学问题做出的回答。

二、如何通过直观教学形成确切、清晰和透彻的观念

瑞士教育家裴斯泰洛齐的教学理论是面向平民阶层的。这可以从他在斯坦兹、布格多夫和伊弗东的教学实践中得到确切的印证。他与之前的夸美纽斯在扩大教育对象上的主张是一致的。夸美纽斯与裴斯泰洛齐的相同之处在于他们都注重通过教学让尽量多的人掌握广泛的知识，不同之处在于他们对人们掌握广泛知识的有效途径有不同的认识。通过对自然与教学进行类比，夸美纽斯提出教学应模仿自然，知识教学要像自然化育万物那样来进行，主张提高教学的艺术性，以实现知识教学的有效性，他为知识教学找到的有效途径是教学艺术。他的这些主张在思想上源于沃尔夫冈·拉特克（W. Ratke）注重教学艺术的教学论[1]。裴斯泰洛齐是从儿童感知知识的心理发展过程的角度来探讨知识教学的有效性的。他主张通过直观形成关于具体事物的表象和观念，通过观念的辨别和分化，使观念由混乱变得确切、由确切变得清晰、由清晰变得透彻，知识教学的过程应符合儿童心理发展的过程。直观教学是裴斯泰洛齐对教学论发展的独特贡献，而他的要素教学理论也是在研究直观教学的过程中形成和完善的[2]。如果说夸美纽斯关注的重大教学问题侧重于教学对象的普遍性、教学内容的广泛性和教学活动的艺术性，那么在教学对象的普遍性和教学内容的广泛性方面，裴斯泰洛齐明显地继承了夸美纽斯的主张，虽然这种继承关系可能还处于一种不自觉的状态。同时，裴斯泰洛齐以其教学活动的科学性超越了夸美纽斯主张的教学活动的艺术性。面向社会普通民众的广泛的知识教学不应该仅仅是一种个别优秀教师所能胜任的独特的艺术性活动，更应该是一种大多数教师都能够从事的科学性活动，是一种基于儿

---

[1] 杨启亮：《困惑与抉择——20世纪的新教学论》，济南，山东教育出版社，1995，第16页。

[2] 顾明远：《教育大辞典：增订合编本（下）》，上海，上海教育出版社，1998，第1174页。

童感知知识的心理过程的科学过程。通过认识儿童感知知识的心理过程，裴斯泰洛齐使知识教学跨出了长期以来形成的自然类比的、朴素的艺术天地，步入了科学的领域。如何通过直观教学形成确切、清晰和透彻的观念，是裴斯泰洛齐在创建直观教学理论和要素教学理论过程中思考的重大教学心理问题。

三、如何通过教学促进学生观念运动形成观念团

如何通过直观教学形成确切、清晰和透彻的观念，如何通过教学促进观念之间的相互作用，形成具有一定结构的观念团，并以此作为解决问题的知识基础，这是两个层次分明而又紧密相连的心理学问题。前一个问题是后一个问题的基础，后一个问题是前一个问题在逻辑上的自然延伸。裴斯泰洛齐之所以在教学论发展史上享有崇高的地位，正是由于他成功地解决了第一个问题，并在解决这个问题的过程中形成了独具特色的直观教学理论和要素教学理论。第二个问题，主要是由教学论发展史上的另一位代表人物——19世纪德国教育家赫尔巴特解决的。正如美国教育史学家布鲁巴克（J. S. Brubacher）所说：如同裴斯泰洛齐给教师指出了从感知到定义或概念的正确步骤一样，赫尔巴特给教师指出怎样由一个概念延伸到另一个概念、怎样把新概念纳入旧概念中[①]。在以教学论为支柱的教育学理论体系中，赫尔巴特对这一问题进行了深入、系统的探讨。统觉论，是赫尔巴特生活时代的心理学领域所取得的研究成果，也是赫尔巴特解决这一问题的心理学基础。明了新观念、由新观念联想到与之相关的旧观念、把新旧观念按照它们内在的逻辑关系组织起来形成一个结构化的系统（观念团）、用这个系统去解决与之相关的问题，是赫尔巴特为解决这一问题所提出的四个教学步骤。教师在指导学生形成观念团的过程中居于主导地位，负载观念的书本是学生在教师指导下形成观念团的主要教学媒介，课堂是学生形成观念团的主要教学活动场所，这些是观念团形成在师生关系、信息载体和教学活动空间方面的内在要求。对这一问题的探讨及其在教学理论上的贡献，成就了赫尔巴特作为传统教学论集大成者的历史地位，因为几乎所有关于传统知识教学的重大理论问题，如基于直观的观念形成问题和通过观念间相互作用形成观念团的问题，一直到赫尔巴特才得到了深入的、科学的讨论，并形成了系统、完备的教学理论体系。

---

① 瞿葆奎：《教育学文集·教学（中册）》，北京，人民教育出版社，1988，第472页。

四、如何通过活动课程的教学促进儿童经验的生长与持续改造，并在这个过程中培养儿童基于反省思维的独立判断力

通过观念形成心理机制，并按照这种心理机制进行观念教学以提高教学的有效性，是赫尔巴特关注的重要问题。而对于教师代表社会向学生传递的这些观念本身的合理性问题，赫尔巴特是站在社会本位的立场上来看待的，即片面强调个体习得这些观念以适应现成社会秩序，而忽略了个体对这些观念的批判从而使个体丧失了对于社会的相对独立性。这与德国浓厚的约束性文化积淀相吻合。赫尔巴特教学理论中的学校管理理论和训育论，明显地反映了他的社会本位的立场。

1892年，经一批从德国学成归来的美国教育学者倡导，美国成立了赫尔巴特俱乐部（Herbart Club），1895年该俱乐部改名为全国赫尔巴特学会（1910年该组织改名为全国教育研究会），美国实用主义教学理论的创始人杜威是主要成员之一。通过学术组织的引介与宣传，赫尔巴特教学理论在美国得到广泛传播，并最终发展为赫尔巴特运动。"据1933年报道，赫尔巴特的教学步骤和程序在美国研究教学论的教科书中依然流行，这甚至在50年代的标准教科书中依然还能见到"[1]，这足以说明赫尔巴特教学理论对美国学校教育产生了广泛、深刻而持久的影响。从约束性文化土壤中生长出来的赫尔巴特教学理论在与美国民主社会、实用主义文化的碰撞过程中，遭到了以杜威为代表的美国实用主义教育家的批判。杜威认为：在民主社会条件下，没有人有权利将一些人的观念或自己的观念强加于另一些人——即使这些观念是合理的。如果教学中传递的观念本身是不合理的，那么，无论这种教学如何科学、有效，也不可能合理。这种教学愈科学、愈有效，就会在错误的方向上跑得愈远。这样做，无异于非法剥夺他人的独立判断力。教师作为观念的化身而获得的相对于儿童的权威，是外在的而非内在的，是形式的而非实质的，而在教师权威的背后，还有一个看不见的终极权威。使儿童盲从权威，对外界影响丧失独立的判断力，把别人的观念当作自己的观念而不自觉，与民主社会对教育的要求格格不入。

在批判赫尔巴特教学理论的基础上，杜威站在民主社会的立场上开始建构自己的实用主义教学理论。生活于民主社会中的实用主义教育家杜威思考的问题是：民主社会中的个人应该具有什么样的性格特征？什么样的学校教育才能培养出具有这种性格特征的人？实用主义文化环境中的学校

---

[1] 杨启亮：《困惑与抉择——20世纪的新教学论》，济南，山东教育出版社，1995，第66页。

究竟应该馈赠给儿童什么"礼物"？在欧洲教育基础之上产生的美国学校教育能为儿童提供民主社会和实用主义文化所需要的教育吗？在《我的教育信条》（1897年）、《学校与社会》（1899年）、《儿童与课程》（1902年）、《我们怎样思维》（1910年）、《民主主义与教育》（1916年）等著作中，杜威对上述问题进行了深入的探讨，认为独立的判断力、以问题解决为基础的创造性思维，以及在创造性活动中形成经验，是民主社会和实用主义文化中个体的重要人格特征。为培养具有这种人格特征的人，杜威提出：学校不应该是一个与社会异质的环境，而应该打通与社会的隔阂，成为一个与真实社会同质同构的雏形社会；学校教育应为儿童提供丰富的教育性活动，使儿童在这种活动中获得学校教育期待儿童获得的经验，并导向经验的生长与持续改造，而不是通过书本传递给儿童一些与儿童生活缺乏直接关联、为儿童生活所不太需要的点缀性或装饰性知识或观念；儿童应在丰富的教育性活动中学会反省思维，并以此作为独立判断力的心理基础。从教学论的角度看，杜威提出了系统的教学论主张，包括促进儿童经验生长与持续改造的活动课程论、培养儿童反省思维能力的问题教学法、以儿童为主体的师生关系论以及"做中学"的教学方法论。这些主张从不同侧面回答了一个共同的核心的教学问题，即如何通过活动课程的教学促进学生经验的生长与持续改造，并在这个过程中培养儿童基于反省思维的独立判断力。

五、如何通过基于学科基本结构的发现教学促进学生的智力发展

如果说杜威在20世纪初面对的问题是教学如何才能培养出适应美国民主社会和实用主义文化所需要的普通公民，那么布鲁纳在20世纪中叶面对的问题则是：在新科学技术革命浪潮下，自然科学知识日新月异，心理学等邻近学科研究取得重大进展，什么样的教学才能培养出智力获得良好发展的社会英才？从教学论的角度来看，布鲁纳关注的重大教学问题是如何通过基于学科基本结构的发现教学来促进学生的智力发展。在其代表作《教育过程》中，他对这一问题进行了全面而又深入的思考，并提出了螺旋式的学科结构课程、发现教学、早期教育等教学论主张。他认为，学科课程及其教学的重心不应该放在呈现和传递具体的、散乱的学科知识碎片上，而应该突出完整的学科基本结构，即学科的基本概念、原理、公式、法则以及它们按照一定的逻辑关系所组成的整体。只有通过学科基本结构的教学，学生才能获得牢固的知识，才能实现知识的迁移，进而使学生能够在不同的情境中学会运用所学的知识解决问题。关于学科基本结构的教

学，他主张用发现教学法，即让学生重复科学家发现学科基本结构的过程，把掌握学科的基本结构作为学生智力活动的自然结果，而不是采取抑制学生思维活动的办法，把学科基本结构作为结论直接告诉学生。关于基于学科基本结构的发现教学应在什么时候进行，布鲁纳主张实行早期教育，并提出了一个颇有争议的著名假设："任何学科都能够用在智育上是诚实的方式，有效地教给任何发展阶段的任何儿童。"① 通过对儿童智力发展的研究，布鲁纳认为，"在发展的每个阶段，儿童都有他自己的观察世界和解释世界的独特方式。给任何特定年龄的儿童教某门学科的任务，就是按照这个儿童观察事物的方式去表现那门学科的结构"②。布鲁纳所说的"在智育上是诚实的方式"，是指智力处于不同发展阶段的人把握对象的三种不同方式：动作把握、图像把握和符号把握。这与皮亚杰（J. Piaget）的智力发展阶段论有着直接的联系③。布鲁纳主张在儿童智力发展的不同阶段，用儿童把握对象的相应方式处理学科基本结构，使学科基本结构螺旋式地不断出现在不同层次的课程中：学科基本结构每出现一轮，学科基本结构的实质内容保持不变，变化的只是呈现学科基本结构的方式，即先动作呈现，再图像呈现，之后符号呈现，从而为智力处于不同发展阶段的儿童提供发展智力的机会和方向。通过基于学科基本结构的发现教学，儿童的智力在主动发现学科基本结构、探究学科基本结构过程中获得发展，由此，儿童掌握学科基本结构成为智力活动的自然结果，并促进其对学科基本结构的牢固掌握与顺利迁移，以及使儿童的学习动机由外在向内在转化。总之，儿童智力发展成为儿童掌握学科基本结构的教学着眼点，学科基本结构成为促进儿童智力发展最有效的工具性教学材料，掌握学科基本结构是教学活动的起点，智力发展是教学活动的终点，智力发展获得了相对于掌握学科基本结构的优先教学地位，这是布鲁纳发现教学论区别于以往教学论的显著特征。

六、什么样的教学体系才能产生尽可能大的教学效果，促进学生的一般发展

什么样的教学体系才能产生尽可能大的教学效果，促进学生的一般发展，是苏联教育家、心理学家赞科夫建立发展性教学论体系时所思考的重

---

① 〔美〕杰罗姆·S. 布鲁纳：《教育过程》，上海师范大学外国教育研究室译，上海，上海人民出版社，1973，第23页。
② 同①。
③ 车文博：《西方心理学史》，杭州，浙江教育出版社，1998，第514~515页。

大教学问题。这一重大教学问题涉及以下四个方面。

第一,新技术革命对教育的挑战凸显了教学与发展的时代主题,关于儿童心理发展的心理学研究为赞科夫思考这一时代主题提供了条件。赞科夫发展性教学论体系的实验探索与自然科学领域的新技术革命都发生于20世纪五六十年代。两者在时间上的重合,绝不是一种巧合。可以说,以学生发展为教学着眼点的发展性教学论体系正是在回应新技术革命对教育领域的挑战过程中应运而生的。在这一点上,布鲁纳与赞科夫的处境是相同的。关于儿童心理发展的研究在20世纪50年代所取得的新进展,特别是维果茨基(L. Vygotsky)的"最近发展区"理论,为赞科夫从教学的角度回应这种挑战提供了理论基础和重要的方法论武器。

第二,凯洛夫教学思想在教学与发展这一时代主题上的保守性,为赞科夫探索旨在促进学生一般发展的新教学论体系提供了契机。关于教学与发展的关系问题,当时的教育界广泛流行着三种观念①:互不依赖论——儿童的心理发展是儿童神经系统等生理发育成熟的自然结果,教学对这一结果无能为力,既不能促进,也不能延缓;混同论——教学过程与儿童心理发展过程是同一过程;交互促进论——教学不仅可以跟在发展的后面,或和发展齐步并进,而且还可以走在发展的前面,推动发展前进,并在它里面引起新的构成物。在凯洛夫主编的《教育学》中,凯洛夫虽然没有明确地说教学过程与儿童心理发展过程是同一过程,但是从相关论述中,还是可以看出他是倾向于混同论的。维果茨基等心理学家通过对儿童心理发展的研究证明了互不依赖论和混同论的错误所在,并以最近发展区理论指出了教学促进心理发展的科学途径。在教学与发展的关系上,凯洛夫教学思想是保守的、落后的。在赞科夫生活的年代,凯洛夫教学思想在苏联教育界居于主导地位,享有近乎个人迷信的权威。这可以从1956年发表在《苏维埃教育学》杂志上的两篇社论《全面深入地研究儿童》《克服个人迷信在教育学中的后果》得到证实。② 凯洛夫教学思想的权威地位和它在教学与发展关系问题上的保守性,使其成为以教学促进学生发展的障碍。这为赞科夫探索旨在促进学生一般发展的新教学论体系提供了契机。

第三,"一般发展"的内涵。赞科夫所说的"一般发展",是指儿童心

① 〔苏〕赞科夫:《教学与发展》,杜殿坤等译,北京,文化教育出版社,1980,第12~13页。

② 杨启亮:《困惑与抉择——20世纪的新教学论》,济南,山东教育出版社,1995,第258页。

理的一般发展,不包括身体发展。① 当时,心理科学对心理发展的研究已经进行了几十年,但对它的理解仍然存在各种不同甚至相互矛盾的观点,关于这一概念的界限在心理学界还远没有达成共识。由于时代的局限,赞科夫也没有对"儿童心理的一般发展"这一新教学论体系中的核心概念做出应有的明确说明。这也正是人们质疑赞科夫发展性教学论体系的重要原因之一。尽管如此,有一点还是明确的,那就是赞科夫所说的"心理的一般发展",绝不只是观察、思维、实际操作等智力因素的发展,大致还包括了情绪生活、意志品质、求知欲和学习动机等非智力因素的发展,是这两方面因素的全面而和谐的发展。这正是赞科夫发展性教学论体系不同于单纯强调智力发展的布鲁纳发现教学理论的地方。赞科夫发展性教学论体系强调教学要遵循儿童心理发展规律的倾向,和布鲁纳发现教学理论强调知识教学的学术性的倾向,标志着不同文化背景中教学论殊途而同归的发展趋势。

第四,促进学生心理一般发展的发展性教学论体系。在 1957~1961 年的第一轮实验过程中,赞科夫初步构建起了他的小学教学新体系。1962 年,赞科夫在《论教学的教学论原理》中正式提出了新体系的"五大教学论原则"。在后继的两轮教学实验中,赞科夫又对这些教学原则进行了验证和完善。1972 年,他宣布新教学论体系的实验研究任务已经完成。1975 年,赞科夫发展性教学理论的代表作《教学与发展》出版。"五大教学论原则"是赞科夫新教学论体系的亮点,既为他赢得了广泛的国际学术声誉,也在苏联教育界引起了各方的激烈争论。以凯洛夫为代表的保守派站在传统教学体系的立场上认为:新教学论体系是教学法体系,教学法体系没有必要强求一律;没有必要建立新教学论体系;新体系中没有什么新东西。以达维多夫为代表的激进派认为,赞科夫发展性教学论体系是对传统教学体系的改革,但不够彻底,并提出了"智力加速器计划"。折中派赞成教学改革但认为没有必要彻底改革。抛开争论各方为维护自己利益的一些不实或歪曲言论,赞科夫发展性教学理论是对凯洛夫教育学合乎逻辑的修正与补充②,应该是比较客观和中肯的评价。当然,在教学实验的基础上形成的赞科夫发展性教学论体系,在教学实践中的推广价值,特别是在跨文化条件下的推广价值有多大,对促进学生一般发展的实际效果又怎样,

---

① 〔苏〕赞科夫:《教学与发展》,杜殿坤等译,北京,文化教育出版社,1980,第23页。
② 甄德山:《赞科夫对教学理论的贡献——兼论赞科夫与凯洛夫教学论思想的异同》,《外国教育资料》1982 年第 5 期。

还是一个尚需时间检验、不宜过早做出结论的问题。

七、如何通过范例教学促进学生思维由特殊到一般的发展

范例教学论在德国的发展，以1951年召开的蒂宾根会议为分界线。蒂宾根会议召开之前，范例教学在德国已经有很长的历史，其思想渊源可追溯到狄尔泰（W. Dilthey）的"精神科学教育学"、诺尔（H. Nohl）的"教育学的释义学"、李特（T. Litt）和斯普朗格（E. Spranger）的"文化教育学"以及韦尼格关于"范例教学"的初步设想。蒂宾根会议召开前，海姆佩尔（H. Heimpel）、埃贝林（H. Ebeling）、瓦根舍因对范例教学已有相当多的研究。1951年，在联邦德国普教界、高教界联合召开的蒂宾根会议上，经历史学家海姆佩尔的倡导，范例教学成为这次会议的中心议题。① 此后，经蒂宾根大学瓦根舍因教授、马尔堡大学克拉夫基教授等人的深入研究，范例教学逐渐发展为一种享誉欧洲，并与发现教学和发展性教学并驾齐驱的世界性教学理论。

范例教学论的产生有着深刻的历史背景。对于联邦德国而言，从第二次世界大战结束到1951年，是一段不同寻常的艰难岁月：当世界上许多国家沉浸在第二次世界大战胜利的喜悦中，并开始享受新技术革命带来的经济繁荣的时候，联邦德国却笼罩在战争失败和国家成为一片废墟的阴影之中。正是在这样的背景下，德意志民族开展了国家的重建。厚重的文化积淀，使教育优先发展成为国家重建的共识。然而，优先发展什么样的教育，教育优先发展采取什么策略，在这些问题上，当时的联邦德国并没有多少可供选择或借鉴的新思路。在这种情况下，扩大教育规模、增加教学内容和课时等教育发展的传统思路成了不得已的选择。这样，联邦德国的教育发展走上了"用传统的观念和方法竭力驾驭日新月异的新内容并追求高质量的道路"②。大量增加教学内容，使得课程教材变得日趋臃肿。庞杂的教学内容，使教学疲于追赶进度而不够深入。学生为了考试而忙于记忆，无暇顾及对这些内容进行深层次的思维加工。智力活动不幸地被抑制了，学生的学习成了单纯记忆、毫无智力成分介入的苦差事，教师的教学除了给自己带来身心疲惫以外并不能给学生带来学习的快乐。德国的教学改革以提高教学质量的初衷开始，最终却以教学质量下降收场。"种瓜得豆"成

---

① 李其龙：《德国教学论流派》，西安，陕西人民教育出版社，1993，第6页。
② 杨启亮：《困惑与抉择——20世纪的新教学论》，济南，山东教育出版社，1995，第283页。

为当时联邦德国传统思路驾驭下的教学改革的最后归宿。蒂宾根会议正是为解决教学改革中出现的这些重大问题而召开的。经历史学家海姆佩尔提倡，范例教学成为本次会议的中心议题，得到了与会者的广泛响应和讨论。

范例教学理论具有三大教学原则：基本性、基础性和范例性。尽管它们作为范例教学理论的三条教学原则获得了公认，然而由于语言本身的模糊性和翻译等原因，人们对它们的理解从一开始就存在分歧。因此，这里有必要对这些原则加以说明。

基本性原则，是就知识本身在知识体系中的绝对位置来谈教学内容的选择的。在一门学科的知识体系中，有的知识，如基本概念、公式、原理等居于中心地位，其他知识则是居于中心地位的知识的合乎逻辑的延伸。范例教学认为，教学内容必须由基本概念、公式、原理等构成。对范例教学的基本性原则做如此理解，是符合历史本来面目的。课程教材臃肿、庞杂，对教与学产生了严重的不利影响，是当时联邦德国中学教学中客观存在的事实，这一事实必然要求精简教学内容。基本概念、公式、原理等，是一门学科知识体系的核心，必须保留；那些与基本概念、公式、原理等核心知识关系不大、位于边缘的知识，则是无关痛痒的细枝末节，应予删除。这样就达到了精而不简的目的。范例教学理论关于教学内容选择的基本主张与赞科夫强调理论知识起主导作用、布鲁纳注重学科基本结构的主张有相通之处。

基础性原则，是从符合基本性要求的教学内容对学生学习和生活所具有的相对价值的角度来谈教学内容的选择的。事实上，符合基本性原则要求的教学内容对学生的学习和生活并不具有同等的价值。也就是说，学生继续学习所必需的、构成学生继续学习基础的、与学生现在和未来生活联系紧密的那些基本性教学内容，才是学生所必需的基础性知识。基本的，并不必然就是基础的。如果说基本性原则是从知识在知识体系中所处的绝对位置的角度对教学内容进行的审视，那么，基础性原则则是从知识对学生学习和生活所具有的相对意义或价值的角度对基本性的教学内容进行的进一步审视。这样，那些在一门学科中不居于核心位置的知识，那些居于核心位置但并不构成学生继续学习、现在和未来生活基础的知识，都不能进入教学内容的范畴。范例教学理论关于教学内容选择的基本性、基础性主张，与泰勒（R. W. Tyler）关于课程目标来源的论述，颇有异曲同工之妙。

范例性原则讨论的是，既是基本的又是基础的教学内容如何出现在教学活动过程中。既是基本的又是基础的教学内容出现在教学活动过程中的方式有两种：一是教师把这样的教学内容直接告诉学生；二是教师呈现给学生的是包含了这些教学内容的范例，学生在教师的引导下通过自己的智力活动去发现隐含在这些范例里面的教学内容。范例教学理论主张采用第二种方式：发现教学范例中所隐含的基本性、基础性知识，将对"个体"的认识上升到对"类"的认识，从而实现学生思维由特殊到一般的发展。这与赞科夫让学生理解学习过程、布鲁纳的发现教学，有着高度的相似性。什么是范例教学所说的"范例"？隐含教学内容的教学例子有很多，但同时具备典型性（全面地包含了教学内容的主要特征）、直接性（直接与教学内容相关）、熟悉性和情感倾向性（为学生所熟悉并喜欢）的教学例子却难得。有些例子很典型，但与教学内容没有直接关系；有些例子既典型又直接，学生却不熟悉；有些例子既典型、直接，学生也熟悉，但是却为学生所厌恶。这些都不是范例。在班级教学条件下，由于学生的个体差异，情况会变得更复杂：一些学生熟悉的，另一些学生却陌生；一些学生喜欢的，另一些学生却厌恶；等等。同时具备典型性、直接性、熟悉性和情感倾向性特征的教学例子，就是范例教学理论所说的"范例"。找到这样的教学范例，并不是一件容易的事。这可能就是"从60年代起，有关范例教学这一教学论思想的讨论就逐渐平息下来"，范例教学理论"对实践并没有发生太大的影响力，并没有导致所希望的学校和教育内部的改革"① 的重要原因。然而，找到这样的教学范例，又是极有价值的，因为它确实能够为教学获得成功提供保障。把这样的范例融入教学活动，学生既能学有所得，又能学得轻松愉快。这也是范例教学之所以为范例教学，且不同于发现教学和发展性教学的独特之处。

范例教学理论为那个时代的联邦德国摆脱教学困境提供了一种有益的教学改革方案。三条教学原则，逻辑结构紧密，用语简洁，含义明确，共同支撑起范例教学理论的大厦。基本性原则、基础性原则侧重从知识和学生的角度谈教学内容的选择，范例性原则侧重从教学活动的角度谈这些内容的教学，三者完整地回答了教学论的核心问题：教什么？如何教？与发现教学理论和发展性教学理论一样，范例教学理论深刻地触及了现代教学的实质：通过理论知识的教学促进学生的发展。不过，这一问题在范例教学理论的视域里获得了一种独特的表达：如何通过范例教学促进学生思维由特殊到一般的发展？

---

① 杨启亮：《困惑与抉择——20世纪的新教学论》，济南，山东教育出版社，1995，第279页。

第二节 教学论的基本类型

通过分析教学论发展过程中所关注的重大教学问题及其纵向演变和横向联系，我们可以清晰地发现这些重大教学问题的变化脉络：由知识教学到发展教学；在知识教学上，由基于自然类比将教学视作艺术到基于儿童心理开展科学教学；在发展教学上，由通过教学促进学生智力发展到通过教学促进学生心理的一般发展。

在知识教学与发展教学的关系问题上，非此即彼、绝对对立的实质教学与形式教学，仅仅是理论上才成立的形而上问题，在教学实践活动中并不存在没有发展的知识教学和没有知识的发展教学。知识教学以知识掌握为教学目的，但并不排斥发展，知识教学中也有发展。在由知识和发展两极所构成的连续体中，知识教学偏向于知识一极，发展成为知识掌握过程的自发结果。发展教学以学生发展为教学目的，但绝不是抛开知识的发展，掌握知识成为实现发展这一目的的手段。因此，与其称之为知识教学，还不如称之为偏向于知识的教学，这样既能清楚地表明在这样的教学中知识掌握相对于发展的优先地位，也可以避免把知识教学等同于实质教学所产生的认识误区。同样，与其称之为发展教学，还不如称之为偏向于发展的教学，以清楚地表明在这样的教学中发展相对于知识掌握的优先地位，同时也避免了把实质教学等同于发展教学所形成的认识误区。

教学在知识与发展两极之间的不同偏向，必然导致不同的教学在教学内容、教学过程、师生关系、教学方法、教学组织形式、教学评价等方面呈现出一系列的差异。由互不相同的教学内容、教学过程、师生关系、教学方法、教学组织形式、教学评价所组成的完整体系——教学论，必然也不同。知识主导型教学论，即偏向于知识的教学在内容、过程、方法、组织形式、评价等方面所形成的完整体系。偏向于发展的教学在内容、过程、方法、组织形式、评价等方面所形成的完整体系，即为发展主导型教学论。

一、知识主导型教学论

在教学论发展史上，夸美纽斯的泛智教学理论、裴斯泰洛齐的直观教学和要素教学理论、赫尔巴特的主知主义教学理论，是知识主导型教学论的主要代表。知识主导型教学论的基本主张如下。

第一，教学内容。人类在探索过程中已获得的一切重要精神成果，都应该按照不同的活动领域划分为不同的学科，按照知识的逻辑顺序和儿童由简单到复杂、由低级到高级的认识路线组织起来，成为同一阶段上横向联系、不同阶段上纵向递进的学科课程体系。很明显，在赫尔巴特及其以前的时代，知识本身的重要性，是衡量知识能否被选择为教学内容的标准，对所选知识进行心理组织，也是出于对教学向儿童传递这些知识的有效性的考虑。夸美纽斯是从自然类比的角度谈有效传递知识的教学艺术问题的。裴斯泰洛齐和赫尔巴特关注的是，只有在遵循儿童认识事物的心理规律的条件下，教学才能有效地使儿童获得这些知识，即教学利用儿童现有的心理发展去引导儿童掌握知识。至于怎样利用知识教学去促进儿童的心理发展，是不是教学内容的数量越多就越有利于儿童的心理发展，是不是不论什么性质的知识对促进儿童心理发展都具有同等的价值，这些问题在赫尔巴特生活的19世纪及其以前的时代还没有成为人们关注的中心问题。之所以如此，一是因为到赫尔巴特生活的19世纪，人类在19个世纪的漫长时间里增加的知识量只不过比公元前增加了4倍，精神成果的数量虽有所增加，但还远远没有达到倾毕生之时间和精力也不能完全穷尽的程度，所谓的"知识爆炸"现象是出现在20世纪50年代的事情①。二是受制于心理学的发展。世界上第一部发展心理学著作《发展心理学概论》（*Mental Growth and Decline: A Survey of Development Psychology*）1930年才出版②。

第二，教学过程。教学过程是以既有知识传递为中心的教师系统讲解、学生理解记忆应用巩固的过程。赫尔巴特的教学过程四阶段论，对于阐明知识主导型教学论在教学过程上的主张具有典型意义。需要明了的对象是新观念；在新、旧观念之间建立起心理上的联系，便是联想；所谓系统，是根据新旧观念之间的内在必然联系，使观念形成一个整体；方法，是这个整体在不同情境下的应用与巩固。通过这四个阶段，外在的知识确实能在儿童心理上得到有效的内化，这是赫尔巴特教学过程四阶段论的贡献。但是，通过内化而来的外在知识对儿童的心理发展具有什么意义，是促进发展，还是阻碍发展，这却是赫尔巴特教学过程四阶段论所没有思考的问题。赫尔巴特教学过程四阶段论颠倒了人与知识的关系。知识相对于人的发展的工具性意义，在"四阶段论"中蜕变为人相对于知识传递的工具性价值。也就是说，人获取知识，不是为了自身的发展而是为了知识的传递。

---

① 顾明远：《教育大辞典：增订合编本（下）》，上海，上海教育出版社，1998，第1765页。
② 林崇德：《发展心理学》，北京，人民教育出版社，1995，第20页。

人在教学过程中的中心地位被知识取代了，知识相对于教学过程中的人的权威地位便确立起来了，师生在知识面前的被动性也形成了。当神秘的知识权威人格化为现实中的教师后，教师便成了知识权威的影子，而学生对教师须保持一种被动的状态①也被巧妙地合理化了。知识权威在教学过程中的确立和合理化，使师生付出了牺牲发展的代价。每个人都有主动、自发地从事某种活动的愿望或冲动，这是人的发展得以实现的真正源泉。当知识以所谓"正当的名义"取得了相对于师生的权威地位后，师生的主动性、自发性便被压抑了，发展的源泉也面临着枯竭的危险。

第三，教学评价。"教育评价"这个术语，是教育评价之父泰勒于20世纪30~40年代领导的评价委员会首先提出和使用的，教育评价理论的形成与发展也是这以后的事。② 教学评价是教育评价的一个组成部分，在赫尔巴特生活的19世纪，既然没有教育评价理论，当然也不可能有教学评价理论。没有教学评价理论，教学实践中仍然需要检测学生掌握知识的数量和质量，以及在设定条件下应用所学知识解决问题的能力。在检测知识的记忆、理解和应用能力方面，纸笔考试的确不失为一种既经济又有效的形式。当它用来检测学生的实际操作能力和情感态度价值观等方面的内容时，这种形式可能存在缺陷。但是，知识主导型教学论在评价上重知识检测，至于实际操作能力和情感态度价值观等方面的评价，还处于模糊、自发、放任的状态。直到教育目标分类理论于20世纪50~70年代产生以后，这些方面的评价理论才慢慢地成熟起来。

二、发展主导型教学论

在教学论发展史上，杜威的实用主义教学理论、布鲁纳的发现教学理论、赞科夫的发展性教学理论、瓦根舍因和克拉夫基的范例教学理论，是发展主导型教学论的主要代表。发展主导型教学论的基本主张如下。

第一，在教学内容方面，是否具有促进学生发展的可能性，成为发展主导型教学论选择教学内容的标准。什么样的东西，才具有促进学生发展的可能性呢？主动的、具体的、亲身参与的活动以及从中获得的经验，能够促进人的发展。为满足那些必须满足的需要而不是由于他人所迫而进行的活动，便是主动的。如果活动对象是具有时空属性的某一具体事物而不

---

① 〔德〕赫尔巴特：《普通教育学·教育学讲授纲要》，李其龙译，北京，人民教育出版社，1989，第146页。
② 王汉澜：《教育评价学》，开封，河南大学出版社，1995，第4页。

是超越时空的抽象符号或观念，这样的活动就是具体的。活动者而不是其他人以身体动作与这样的活动对象发生关系，这样的活动便是亲身参与的。需要及其满足是活动的动因。有利于自己的生存与发展，同时对别人的生存与发展也不构成阻碍的需要，才是必须满足的合理需要。只有在满足这样的需要的活动中，活动者才能在由需要所激发出来的强大动力的推动下全身心地沉浸于活动之中，以坚实的道德自信排除外界的非法干扰，以孜孜不倦的创造性活动实现个体的发展，并在有益于自己、他人和社会的积极情感体验中产生活动的价值感。如果出于被迫而进行活动，抵触情绪弥漫其间，在不得不活动与尽快脱离活动的心理冲突中，时间就会在无奈中被徒然消耗，个体心智要么在机械被动应付中处于停滞状态，要么在摆脱心理困境中获得异化的发展。活动者以自己的身体动作主动地作用于具体的活动对象，肌肉、骨骼因得到锻炼而变得更加结实、强壮，动作变得更加协调，想象变得更加丰富，言语、思维变得更加敏捷，活动者在享受、分享活动成果中体验成功的喜悦与快乐。这些在一次活动中获得的成果，还可以迁移到另外的活动中，发展的目的就这样实现了。

把学习活动的对象过多地局限于超越时空的抽象符号或观念，这些抽象符号或观念对学生智力发展所具有的潜在价值又没有能很好地通过教学活动转化为学生智力发展的现实，抽象符号或观念在客观上没能发挥促进学生发展的作用，大部分学生丧失了学习的主动性。这些虽然不能说是以赫尔巴特主知主义教学理论为代表的知识主导型教学论的初衷，但确实是这些教学理论在教学实践中常常产生的问题，这些问题使知识主导型教学论违背了自己的初衷，站在了学生发展的对立面上。美国实用主义教育家杜威正是在批判知识主导型教学论的缺陷的基础上建构其实用主义教学理论的。为了促进儿童的发展，学校应开展什么性质的活动，开展哪些活动，什么时间开展什么活动，同一时段内同时开展的活动之间如何彼此配合，不同时段先后开展的活动如何彼此衔接，学生从这些活动中应获得哪些预期的经验，这些正是杜威关于教学内容的思考所要解决的主要问题。活动课程论是这种思考的理论成果，"做中学"是活动课程论在教学实践中取得预期效果的方法保障。

学习前人在探索活动过程中已经取得的经验，能够促进儿童的发展。哪些已有经验应该被选择出来作为促进儿童发展的教学内容，这是需要慎重考虑的问题，因为并不是所有的经验对儿童的发展都具有同等的价值。前人在探索过程中获得的经验，以各种形式存在着，如知识和技能、经验和理论、概念和核心概念等。虽然这些不同形式的经验对儿童的发展都具有价值，但是有些形式的经验比另一些形式的经验更能促进儿童的发展。知识回答"是什么""组成整体的各部分之间的关系怎样"等问题，是"学"。技能回答"怎么办"的问题，是"术"。知识是技能的学理表达，技能是知识在操作上的延伸。如果技能训练占用的教学时间大于知识传授，知识传授因技能训练大大延后，甚至被技能训练代替，这样的教学内容安排是不可能发挥促进学生发展的最大效益的。经验是在某些具体活动过程中形成的关于这些活动的认识，具有一定的狭隘性。理论是人们通过逻辑运思而构造的概念体系，具有一定的普遍性。教学内容必须突出理论，绝不能成为狭隘经验的汇编。这样的教学内容有利于儿童从有限的已知不断地走向无限的未知，发展儿童的推理能力，避免儿童养成用过去的经验来看待今天的事物的经验主义态度。理论是围绕某一概念而组织起来的概念体系。在概念体系中起组织作用的概念，便是核心概念。透彻地理解核心概念，是掌握理论的关键。以不同的方式处理核心概念，使其螺旋式地出现在教学内容中，能够让儿童掌握理论，促进儿童的发展。发现教学理论强调学科基本结构，范例教学理论强调教学内容的基本性，发展性教学理论强调理论知识起主导作用，这些集中到一点，就是强调理论知识对促进儿童发展的重要性。

当然，作为教学内容的理论知识要发挥促进儿童发展的作用，是有条件的。儿童是为了自己的发展才学习理论知识的。只有当儿童真切地感受到要学习的理论知识不仅内在于自己的生活而且为自己正常生活所必需时，儿童才可能产生持久的内在学习动力，也才可能在学习这些理论知识的过程中获得发展。再好的理论知识，如果外在于儿童的生活，不为儿童生活所需要，那么，长久地维持这种学习行为，不仅对于儿童，就是对于成人而言，都是困难的，也是无益的。如果理论知识与儿童生活失去联系甚至脱节，则既不能被儿童真正理解，也不可能唤起儿童学习的愿望，甚至还可能扑灭儿童学习的热情，成为成人强加于儿童的外在包袱。学习这样的理论知识，是不会促进儿童发展的。因此，理论知识要发挥促进儿童发展的作用，前提条件是与儿童生活产生联系。发现教学理论强调以动作、图像和符号三种方式处理学科基本结构，范例教学理论强调理论知识对于儿童继续学习的价值，当代教学理论强调教学回归生活，都是强调作为教学内容的理论知识只有与儿童的生活世界发生联系，才能发挥促进儿童发展的作用。

儿童主动、具体、亲身参与的活动和学习前人在探索活动过程中已经取得的经验，是促进儿童发展的两条途径。两者既不能相互取代，也不宜等量齐观。不能相互取代，是因为这两条途径在促进儿童发展上各有长短，具有互补性。不宜等量齐观，是就学校教育、家庭教育与社会教育的特殊性而言的。第一条途径更适合作为家庭教育、社会教育促进人的发展的主渠道，第二条途径则更适合作为学校教育促进儿童发展的主渠道。

第二，在教学过程方面，发展主导型教学论关注通过什么样的教学过程，理论知识才能真正发挥促进儿童发展的作用。儿童的发展，是一个自我展现、自我发展的主动过程。在被动的情况下，儿童不可能获得理想的发展。如果干什么、为什么干、什么时候干、怎么干，由行为者本人决定，他人只是在行为者遇到困难的时候适时地提供必要的鼓励、忠告、建议或帮助，行为者便是主动的，在行为过程中处于主体地位。行为者在这一过程中发展起来的，不仅有明确的自我愿望、机智的决策能力、坚强的意志力、敏捷的思维能力，还有获得他人帮助的能力，以及一颗感恩的心。如果干什么、为什么干、什么时候干、怎么干，由他人决定，行为者只充当执行他人决定、实现他人意愿的工具，行为者便是被动的，在行为过程中处于客体地位。这一过程带给行为者的，是对他人的奴性依赖，自我愿望的丧失，思维的惰性，无奈、抵触等消极情绪体验，等等。以理论知识为教学内容的教学要发挥促进儿童发展的作用，就必须确立儿童在教学过程中的主体地位，还儿童以学习的主动性，使教学过程成为儿童在教师引导下自我展现、自我发展的过程。在发展主导型教学论的不同代表人物的有关论述中，这一过程有不同的表现形式。在杜威的实用主义教学理论中，这一过程表现为儿童从困惑中确定问题、形成假说、收集资料、验证假说、解决问题的过程。① 在布鲁纳的发现教学理论中，这一过程表现为儿童利用教师或教材所提供的某些材料，通过直觉思维和分析思维活动，发现学科的基本结构。② 范例教学直接呈现给儿童的，是教学范例而不是基本性、基础性的理论知识，从教学范例中引申、发现、归纳这些理论知识，是由儿童自己完成的，教师的作用在于引导、帮助儿童，而不是直接告诉儿童这些理论知识或代替儿童去发现这些理论知识。赞科夫的发展性教学论强调高难度、高速度地进行以理论知识为主导的教学，使学生理解学习过程并获得一般发展。对教学过程的这些主张，虽然角度不同、背景各异，但是有一点是共同的：要实现教学促进儿童发展的作用，教学过程必须是儿

---

① 顾明远：《教育大辞典：增订合编本（下）》，上海，上海教育出版社，1998，第1635页。

② 〔美〕杰罗姆·S. 布鲁纳：《教育过程》，上海师范大学外国教育研究室译，上海，上海人民出版社，1973，第2页。

童在教师引导下的自我展现、自我发展的主动过程。

第三，在教学评价方面，怎样才能确切地判明儿童因参与教学活动而发生了积极的、稳定的、持久的变化，即发展，这是发展主导型教学论在教学评价上关注的核心问题。这种变化是教学活动导致的，而不是因为儿童生理成熟等自然发生的。这种变化是积极的，如思维变得更加敏捷，眼界变得更加开阔，对学习和生活的热情更加高涨，等等，而不是消极的，如思维僵化、眼光偏狭、对学习和生活丧失热情等。这种变化是稳定的而不是偶发的，只要条件具备，儿童因参与教学活动而获得的这种积极变化便能重复出现。这种变化是持久的而非一时的，即变化不仅不会随着时间流逝而消退，反而会在时间的延续中变得更加牢固。

按照美国评价专家古巴（E. G. Guba）和林肯（Y. S. Lincoln）在《第四代教育评价》中提出的观点，"在'第四代教育评价'以前，教育评价已经经历了三种理论形态"[①]。这种划分也基本上反映了教学评价的发展历程。第一代评价理论，盛行于19世纪末至20世纪30年代。1904年和1923年，"教育测验之父"桑代克（E. L. Thorndike）分别发表了《精神与社会测量学导论》和"斯坦福标准成绩测量"。这一时期，评价实质上等同于"测量"，"测量"学生对知识的记忆或某项特质。第二代评价理论，于20世纪30年代随"八年研究"而兴起。现代教育评价之父泰勒，指出教育评价的本质是描述教育结果与教育目标的一致程度，他首倡由"测验"向"评价"转向，认为评价的目的是"创造适合于儿童的教育"，而不是"选择适合教育的儿童"。[②] 发展主导型教学论的教学评价理论属于第三代，兴起于20世纪50年代并延续至80年代，以布卢姆等人出版《教育目标分类学》为标志。第三代评价理论继承了第一代评价理论测量教育结果的技术和第二代评价理论的评价思想，完成了建构教育目标分类体系的开创性工作，使教育评价臻于完善。涵盖认知、情感、动作技能三大领域的教育目标分类体系，不仅为教学评价提供了科学的依据和标准，也为儿童获得积极、稳定与持久的预期变化提供了可靠保障，从而奠定了发展主导型教学论独具特色的教学评价理论的基础。

发展主导型教学论倡导发展性教学评价。教学评价的功能由测量评定儿童是否达到目标转向帮助儿童达到目标，促成儿童通过教学活动获得积

---

① 靳玉乐等：《中国新时期教学论的进展》，重庆，重庆出版社，2001，第474页。
② 施良方、崔允漷：《教学理论：课堂教学的原理、策略与研究》，上海，华东师范大学出版社，1999，第332页。

极、稳定、持久的变化。① 儿童通过参与教学活动而获得的发展是多方面的，既有知识方面的发展，也有能力方面的发展，还有情感、态度、价值观方面的发展。发展性教学评价理论主张对这些方面的发展状况进行完整的评价，而不是仅仅评价其中的某一方面。教学评价内容的多样性，决定了必须采用与之相适应的多样化的教学评价形式。在评价儿童知识掌握状况时，传统的纸笔考试仍然不失为一种经济而有效的评价形式。这是发展主导型教学论在教学评价上对知识主导型教学论的继承。此外，作品评价、档案袋评价、问卷、访谈、现场展示等，都是评价儿童通过教学活动在能力、情感、态度等方面所发生的变化的有效形式。儿童通过参与教学活动而获得的发展，不仅取决于儿童自身的学习行为和教师的教学行为，也取决于这两种行为的互动。因此，发展性教学评价不仅包括师生对教与学的自我评价，而且还包括师生的互评。儿童通过参与教学活动而获得的发展，是教学活动的自然结果。因此，发展性教学评价不仅包括对儿童发展结果的评价，更注重对儿童获得发展的过程的评价，是由诊断性评价、形成性评价和总结性评价组成的一个有机整体。儿童通过参与教学活动而获得的发展，有些能够量化，有些则难以量化。对于能够量化的，发展性教学评价尽量给予量化评价；对于难以量化的，则给予质性评价。

知识主导型教学论长于研究如何使儿童有效掌握知识，而短于研究如何使教学促进儿童的发展。正是在知识主导型教学论的基础上，发展主导型教学论进一步研究了以下问题：什么样的知识才具有促进儿童发展的可能性？什么样的教学才能把这种可能性转化为儿童发展的现实？怎样才能确切地知道儿童通过掌握这些知识的教学获得了预期的发展？

第三节　教学论发展的"源"与"流"

学术研究始于实际存在且必须解决的重大问题。如东周时期，奴隶制度逐渐瓦解，周王室式微，诸侯之间的争霸、兼并战争不断，社会大乱。如何重建社会秩序，是当时实际存在且不容回避的重大问题。先秦儒学就是针对这一问题而提出的一种学说。之后，由于时势变化，改造先秦儒学成为必然。先秦儒学一变而为两汉经学，再变而为宋明理学，三变而为清代考据学。先秦儒学即为两汉经学、宋明理学、清代考据学之"源"，两

---

① 靳玉乐等：《中国新时期教学论的进展》，重庆，重庆出版社，2001，第504页。

汉经学、宋明理学、清代考据学便是先秦儒学之"流"。教学论至今已有三百多年成长史，其发展也有其"源"与"流"。怎样才能使儿童牢固地掌握知识，知识教学又如何才能促进儿童发展，这是世界范围内的两大教学问题。历史上一些著名教育家开启了研究这些重大教学问题的先河，形成了独具特色的教学理论，成为教学论发展之"源"。后来，不同时代、不同地域、不同文化背景的教育家们或建设性地批判前人的教学理论，或从不同的角度研究这些老问题，得出新观点，或在继承前人成果的基础上开拓新领域，这样，从同一个源头出发，教学论进而派生出不同的分支，即教学论的"流"。厘清教学论发展的"源"与"流"关系，对思考教学论学科发展向何处去等问题无疑具有重要意义。

一、知识主导型教学论的"源"与"流"

知识主导型教学论由夸美纽斯肇其始，裴斯泰洛齐继其续，赫尔巴特总其成。

在"怎样才能使儿童牢固地掌握知识"和"知识教学如何才能促进儿童发展"这两个重大教学问题中，夸美纽斯、裴斯泰洛齐、赫尔巴特着力解决的是前一个问题。之所以如此，是因为：前一个问题在逻辑上先于后一个问题，解决前一个问题是解决后一个问题的基础，而后一个问题只有在前一个问题已经获得基本解决的条件下才会成为人们思考的重心。换言之，夸美纽斯、裴斯泰洛齐、赫尔巴特三人思考的共同问题是：怎样才能使儿童牢固地掌握知识？夸美纽斯的自然主义教学理论、裴斯泰洛齐的直观教学理论、赫尔巴特的教学过程理论，都是在思考这个共同的问题的过程中产生的。对一个相同的教学问题的思考之所以会引出不同的教学理论，一是因为对这个教学问题的思考是一个不断深入和完善的过程；二是因为时代为他们思考这个共同的教学问题所提供的条件不一样。

夸美纽斯主要是从教学艺术的角度来关注"怎样才能使儿童牢固地掌握知识"这个知识教学问题的。这可以从《大教学论》中得到说明。他在《大教学论》的扉页上写道：《大教学论》"阐明把一切事物教给一切人们的全部艺术"。"我们这本《大教学论》的主要目的在于：寻找并找出一种教学的方法，使教员因此可以少教，但是学生可以多学；使学校因此可以少些喧嚣、厌恶和无益的劳苦，多具闲暇、快乐和坚实的进步。"[①] 夸美纽斯之所以关注知识教学，原因在于这是任何一个教育家都必须关注的首要

---

① 〔捷〕夸美纽斯：《大教学论》，傅任敢译，北京，教育科学出版社，1999，第1~2页。

问题。他之所以从教学艺术而不是从儿童心理发展的角度来关注知识教学，主要是受时代的局限。在夸美纽斯生活的年代，还没有真正的关于儿童发展的心理学研究，人们对这个问题的认识还停留在一般常识的水平上：儿童发展是自然成熟的过程，与知识教学无关；知识教学等同于儿童发展过程。正因为如此，夸美纽斯的自然主义教学理论的立论基础是对知识教学与自然界化育万物的类比，而不是儿童掌握知识的心理过程。因此，由教学与自然的类比延伸到教学艺术，由教学艺术延伸到知识教学，可以说是夸美纽斯思考"怎样才能使儿童牢固地掌握知识"这一重大教学问题时所遵循的逻辑路线。这一思考并没有超越哲学范畴，跨入心理学领域。尽管如此，在"怎样才能使儿童牢固地掌握知识"这一重大教学问题上，夸美纽斯还是迈出了具有开创性意义的第一步，其所形成的自然主义教学理论，标志着从哲学范畴研究知识教学的新高度。这为裴斯泰洛齐等教育家从儿童心理的角度研究知识教学问题奠定了基础。

夸美纽斯去世半个多世纪后，裴斯泰洛齐才出生。这两位不同时代的教育家虽然没有直接接触，但在关注知识教学问题这一点上却具有惊人的相似性。两人都关注知识教学问题，但是，夸美纽斯思考知识教学问题主要是基于自然的类比，而裴斯泰洛齐思考这一问题的角度则是儿童掌握知识的心理过程。在教育史上，裴斯泰洛齐是第一个明确提出"教育心理化"的教育家。他对知识教学问题的心理学解释，集中地体现在他对直观性教学原则的论述中。虽然夸美纽斯先于裴斯泰洛齐提出直观性原则，主张"在可能的范围以内，一切事物都应该尽量地放在感官跟前"①，但他对这一原则的论述仍然局限于自然类比的范畴。对知识教学的直观性原则给予心理学解释，是由裴斯泰洛齐完成的。裴斯泰洛齐认为：在教学过程中，通过各种感官直接接触事物、模型，或教师描述学习对象的形象语言，是儿童获得心理表象、观念的源泉；教学要通过实物直观、模象直观和语言直观，培养儿童的观察能力和思维能力。

在知识教学的心理过程问题上，裴斯泰洛齐做出了奠基性的贡献，解决了怎样在直观的基础上形成表象或观念这一问题。赫尔巴特站在裴斯泰洛齐的肩膀上又向前迈进了一步，解决了观念之间如何通过运动而形成观念整体的问题。可见，赫尔巴特探索的起点，便是裴斯泰洛齐探索的终点。这绝不是巧合。裴斯泰洛齐和赫尔巴特是同时代的人，赫尔巴特直接接触过裴斯泰洛齐，并深受其教育心理学化思想的影响。1799年，23岁的赫尔

---

① 〔捷〕夸美纽斯：《大教学论》，傅任敢译，北京，教育科学出版社，1999，第141页。

巴特亲自拜访了年长他30岁、在教学上已卓有成就的裴斯泰洛齐，参观裴斯泰洛齐任教的布格多夫幼儿学校，对裴斯泰洛齐的人品及其教学工作充满了敬意，称之为"高贵的裴斯泰洛齐"。在本质上，知识教学过程是"各种观念运动（新旧观念同化）的过程"①，具体包括"明了、联想、系统、方法"等四个阶段，这是赫尔巴特对知识教学的心理过程所做的理论概括。赫尔巴特沿着裴斯泰洛齐开创的道路继续前行，提出了基于儿童掌握知识的心理过程的教学过程本质论和阶段论。到此，关于知识教学问题的探讨，有了较为完满的结果。

二、知识主导型教学论转向发展主导型教学论的关键

知识主导型教学论转向发展主导型教学论的关键是杜威对赫尔巴特教学理论的批判与实用主义教学理论的创立。

赫尔巴特是知识主导型教学论的集大成者，但其教学理论在其生前只在有限的学术圈内流传，并未引起人们足够的重视。相对于费希特（J. G. Fichte）、黑格尔（G. W. F. Hegel）等同时代人，赫尔巴特自感遭到冷落，为此曾悲叹道："我那可怜的教育学说没能喊出它的声音。"② 但是，赫尔巴特的教学理论在其去世后，经过齐勒尔、莱茵等弟子的倡导和发展，在德国以至欧洲、美国，乃至远东的日本得到了广泛的传播，发展为世界性的赫尔巴特运动或思潮。正如梁启超指出的：有一种"观念之势力，初时本甚微弱；愈运动则愈扩大，久之则成为一种权威。……及其权威渐立，则在社会上成为一种公共之好尚，忘其所以然，而共此为嗜"③。赫尔巴特教学理论的传播，也经历了这样一个过程：由影响微弱到影响逐步扩大，到成为权威，最后竟成为一种时尚。这样，赫尔巴特的教学理论，在广泛传播和实践的过程中，逐渐被形式化、教条化，成为禁锢人们头脑的僵硬的教学律令。同时，赫尔巴特教学理论本身存在的缺陷——重知识教学轻儿童发展、重社会对儿童的统一要求轻儿童个性发展等，在传播和实践的过程中也充分地暴露出来。19世纪末20世纪初，以反对传统教育、主张发展儿童自由个性和活动能力为特征的新教育运动在欧洲兴起。几乎与此同时，美国也出现了与欧洲新教育运动宗旨基本相通的进步主义教育运动。大西洋两岸的这两股势力与强大的教育革新运动遥相呼应，赫尔巴特教学

---

① 顾明远：《教育大辞典：增订合编本（下）》，上海，上海教育出版社，1998，第1565页。
② 滕大春：《外国教育通史（第三卷）》，济南，山东教育出版社，1990，第289~290页。
③ 梁启超：《清代学术概论》，北京，中国人民大学出版社，2004，第131页。

理论首当其冲，成为批判的主要对象。这种批判是建设性的，它是对赫尔巴特教学理论的扬弃而不是全盘否定，也意味着教学理论在新的历史条件下的转向。美国实用主义教育家杜威便是这场争论、斗争、相互吸收与融合运动的代表性人物。

对赫尔巴特的教学理论，杜威有继承，也有批判，更有创新。知识教学过程的科学性与知识教学目的的保守性，是赫尔巴特教学理论的两大显著特征。赫尔巴特从儿童掌握知识的心理过程的角度对知识教学过程给予的说明，是科学的，是赫尔巴特对教学论的最大贡献，也是赫尔巴特教学理论中需要继承的合理成分。但是，经过知识教学洗礼的儿童，是成为具有独立判断能力与合作精神的个体，还是成为维护现成社会秩序的"顺民"？在这一问题上，赫尔巴特教学理论明显地倾向于后者，是保守的，这也是杜威批判赫尔巴特教学理论的主要着力点。① 科学是把双刃剑，既可以被用于邪恶的目的，也可以被用于正义的目的。赫尔巴特对知识教学过程的科学说明，既可以为专制社会所利用，以培养"顺民"，也可以为民主社会所用，以造就富有自由与合作精神的个体。杜威站在民主社会的立场上，以哲学家的敏锐目光，对赫尔巴特教学理论中的精华与糟粕洞若观火。他并没有因为赫尔巴特科学的知识教学过程被用来培养专制社会的"顺民"而将前者这个"婴儿"也一起倒掉。在继承与批判赫尔巴特教学理论的基础上，杜威创立了经验课程论和活动教学法。"在杜威之前，课程实际上是被当然地理解为知识，只是在杜威之后，对于课程本质的理解增加了一种不同的观点，并且带来了课程领域巨大变化。"② 经验课程的出现，标志着课程领域从此诞生了一个性质上完全不同于学科课程的类别。活动教学法，以及稍后由深受杜威教育哲学影响的进步主义教育家克伯屈（W. H. Kilpatrick）正式提出的设计教学法，使经验课程由理论走向实践，进入课堂。经验课程论与活动教学法、设计教学法一起，为儿童的发展，特别是儿童在民主社会条件下的发展，提供了坚实的教学保障。正如杜威自己在《学校与社会》一书中宣称的："现在，我们教育中将引起的改变是重心的转移。这是一种变革，这是一种革命，这是和哥白尼把天文学的中心从地球转到太阳一样的那种革命。这里，儿童变成了太阳，而教育的一切措施则围绕着他们转动，儿童是中心，教育的措施便围绕他们而组织

---

① 滕大春：《外国教育通史（第三卷）》，济南，山东教育出版社，1990，第290页。
② 丛立新：《课程论问题》，北京，教育科学出版社，2000，第25页。

起来。"① 正是在这个意义上，可以说，杜威对赫尔巴特教学理论的继承、批判与创新，实现了教学重心向儿童的转移，知识主导型教学论转向发展主导型教学论，便是这种转移在教学论发展上的集中表现。经验生长与儿童发展的关系，而不是单纯的知识教学，成为引导教学论由知识主导型向发展主导型过渡的主轴，教学论发展从此进入了以儿童发展为旨归的绚丽多彩的现代时期。

三、发展主导型教学论的"源"与"流"

现代教学理论是在变化了的时代条件下，在更高的层次上对传统教学理论的回归。培养具有独立判断能力的个体，是教学对于民主这一时代发展的大趋势做出的积极回应。皮亚杰、维果茨基等心理学家关于儿童发展的心理学研究的成果，为知识教学实现促进儿童发展的目的提供了必要的条件。第二次世界大战后，进步主义教育运动被认为降低了知识教学的质量，因此屡遭非议，急剧衰落，这成为教学由经验回归知识的契机。这种回归不是倒退，而是螺旋式上升。它不是简单地退回到传统教学理论所关注的知识教学的狭窄范围，而是关注如何通过知识的内核——理论知识的教学促进儿童发展。这种回归带来了教学论在现代的发展与繁荣，教学论沿着杜威开创的方向继续前进，真正进入了以理论知识的教学为手段、以儿童发展为目的的发展主导型教学论时期。这种回归首先发生在美国、联邦德国和苏联等国家，并迅速地波及世界其他许多国家，从而形成了众多教学论发展的支流。

（一）美国发展主导型教学论的"源"与"流"

在美国，发展主导型教学论源于20世纪60年代的课程改革运动。布鲁纳的发现教学理论是这场课程改革运动在教学领域的理论成果。"一石激起千层浪"，布鲁纳的发现教学理论经施瓦布、奥苏贝尔、布卢姆、罗杰斯等人的批判、补充与完善，衍生出各具特色的教学理论分支，共同促成了发展主导型教学论在美国的繁荣与完善。

20世纪60年代，美国开始了后来波及全球的课程改革运动，也拉开了发展主导型教学论研究的序幕。1960年，美国哈佛大学心理学家布鲁纳出版《教育过程》，提出学科结构课程、发现教学、早期教育等主张。发现教学在理论上是雄辩的，但由于激烈的国际竞争等非教育因素，这一理

---

① 赵祥麟、王承绪：《杜威教育论著选》，上海，华东师范大学出版社，1981，第32页。

论从产生的那一天起就带有明显的先天缺陷：仅适合于少数智力超群的儿童，忽视了大多数儿童对教学的正常需求；具有严重的唯理智倾向，不利于儿童的情意发展；教学内容太难，不仅大多数学生难以适应，大多数教师也难以掌握；若无有效的教师指导，发现教学容易造成学习时间的浪费；等等。对发现教学理论客观上存在的这些问题，布鲁纳以一个学者应有的学术良知和勇气进行了深刻而坦诚的自我反思。在《教育过程再探》一文中，布鲁纳承认"自己的假设过于天真，不切实际。……发现学习虽有这些优点，但不能完全代替接受学习，因为人不可能事事都靠直接经验，更多的还要学习间接经验"①。发现教学理论指导下的教学实践在20世纪60年代中期以后陷入困境，不仅是由于理论本身的缺陷，还在于人们对理论的误解，甚至歪曲，致使发现教学理论在教学实践中被严重地形式化了——重发现学科结构的形式，轻通过发现而获得学科结构的实质内容，被指责为"形式教育"。发现教学理论本身存在的这些问题以及对它的误解与歪曲，一方面使发现教学理论在教学实践中陷入低谷，另一方面也成为施瓦布、奥苏贝尔、布卢姆、罗杰斯等人教学理论的生长之"源"。

施瓦布提出的探究教学理论，侧重于详细阐明关于学科基本结构的教学方法，这弥补了布鲁纳侧重于教学内容（学科基本结构）的教学理论在教学方法上的不足。② 不仅如此，施瓦布的探究教学理论还是对布鲁纳发现教学理论的深化。施瓦布提出了"探究的科学"与"探究的教学"、"固定性探究"与"流动性探究"、"探究之探究"等概念，他主张：儿童获得的知识是始于问题的探究过程的自然结果，而不是越过探究过程通过灌输与记忆而直接获取的；探究教学的宗旨，不仅在于让儿童通过探究过程获得知识，也在于形成和发展儿童探索未知世界的科学态度与必要能力；探究教学不仅是对已经成为科学结论的知识的再验证，而且也包括对新问题的创造性探索。施瓦布还严厉地抨击了离开科学的内容单纯地教授"科学方法"的形式主义做法，称这是"科学方法"在教学中的泛滥。它实际上是以方法的机械训练代替儿童的智力活动，它抽干了内在于科学方法之中的实质内容，使科学方法变成了一种不可理解的东西，使探究变为一种为探究而探究而不是为知识而探究的无意义行为。这样，布鲁纳的结构课程理论与施瓦布的探究教学理论，从教学内容和教学方法两个方面构成了发

---

① 顾明远：《教育大辞典：增订合编本（上）》，上海，上海教育出版社，1998，第806页。
② 杨启亮：《困惑与抉择——20世纪的新教学论》，济南，山东教育出版社，1995，第221页。

展主导型教学论的主干内容。施瓦布的探究教学理论也澄清了人们对布鲁纳发现教学理论倾向形式主义的误解，正是在这个意义上，我们认为，施瓦布的探究教学理论是对布鲁纳发现教学理论的必要补充或完善，成为由后者派生出来的发展主导型教学论之"流"。

奥苏贝尔依据学习内容与学习者认知结构的关系，把人类学习划分为有意义学习和机械学习；依据学习者的学习方式，把人类学习划分为接受学习和发现学习。两个维度交叉，构成有意义的发现学习、有意义的接受学习、机械的接受学习、机械的发现学习四种学习类型。依据这种划分结果，奥苏贝尔认为：并非只要是发现学习，就一定会在学习内容与学习者的认知结构之间形成非人为的、实质性的联系，即有意义的学习；发现学习导致的，也可能是学习内容与学习者的认知结构之间人为的、语言层面的联系，即机械的学习；并不是所有的接受学习都是机械的学习，接受学习也可能是有意义的学习；在儿童的学习方式中占主导地位的，是有意义的接受学习而不是有意义的发现学习。奥苏贝尔肯定了有意义的发现学习的价值，也明确地指出了机械的发现学习的弊端。奥苏贝尔关于发现学习的这些观点，扩大了人们的眼界，使人们对发现教学有了比以前更加清晰的认识，有利于使人们对发现教学保持一种警惕的理性态度，破除人们对发现教学的迷信。在抨击机械的接受学习的同时，奥苏贝尔着力研究了有意义的接受学习，形成了独具特色的有意义学习理论。奥苏贝尔关于接受学习的研究，使人们在选择学习方式时多了一种选项，不仅可以选择有意义的发现学习，也可以选择有意义的接受学习。不论是选择发现学习，还是选择接受学习，关键在于所选择的学习方式是否能产生有意义的学习，而不在于它被称为发现学习或接受学习。如果说奥苏贝尔关于发现学习的新见解，是对布鲁纳发现教学理论的必要补充和完善，那么，奥苏贝尔关于接受学习的研究成果，便是他超越布鲁纳发现教学理论的创新之处，也是他对发展主导型教学论的独特的理论贡献。如果说布鲁纳的发现教学理论给人以激进的印象，好似一个教学论专家面对激烈的国际竞争而发出的教学呐喊，那么，奥苏贝尔的有意义学习理论则是沉稳的，像一位古典正统派学者提出的建设性教学忠告。总之，奥苏贝尔关于发现学习的观点，以及有意义的接受学习理论，在弥补布鲁纳发现教学理论不足的同时，也有所创新，构成了发展主导型教学论之"流"。

"为掌握而学，为掌握而教""人人都能学习""所有的儿童都能学会学校应教的东西"①，是布卢姆在《人类特性和学校学习》中提出的朴实而振奋人心的教育思想，是在美国社会舆论对布鲁纳发现教学理论的一片责难声中开出的一剂教育良方。以促进全体学生发展为特征的布卢姆掌握学习理论，便是这一思想的集中体现。20世纪50至70年代，布卢姆先后围绕教育目标和教育评价进行了卓有成效的研究，出版了《教育目标分类学：第一分册　认知领域》《教育目标分类学：第二分册　情感领域》《学生学习的形成性评价和总结性评价手册》等著作。教育目标分类学和教育评价理论，是布卢姆教学理论体系的有机组成部分，也是布卢姆掌握学习理论赖以建立的两大理论基石。围绕认知、情感等领域而建立起来的教育目标分类学，不仅划定了教育评价的适用范围，也为教育评价提供了科学的依据和尺度。以诊断性评价、形成性评价、总结性评价为主要内容，以发展性为特征的教育评价理论，是有效提升教学效率的手段。有了明确、具体、系统的教学目标，有了操作性强的教学评价手段，教学促进全体学生多方面发展便有了保障。1968年，布卢姆发表《为掌握而学习》一文，正式提出掌握学习思想，此后经过十几年的发展与完善，掌握学习理论逐渐成形。布卢姆认为：导致学生学习产生个别差异的教学变量有三个，即学生的先决认知行为、学生的先决情感特点和教学质量；运用教育目标分类学和教育评价理论的知识，测定这三个教学变量，并加以改进，就能使学生的学习达到掌握的程度，使每个学生都能获得发展。以促进全体学生发展为显著特点的布卢姆掌握学习理论，是对促进少数英才发展的布鲁纳发现教学理论的补救。事实上，在布卢姆掌握学习理论形成与受到普遍重视的20世纪60年代后期至70年代，正是美国教育质量普遍下降，社会舆论将其归咎于布鲁纳等倡导的学科结构运动、对英才教育普遍失去信任的时期。因此，我们说，布卢姆的掌握学习理论，是由布鲁纳发现教学理论的不足而派生出来的面向全体学生的发展主导型教学论之"流"。

罗杰斯是当代美国最著名的人本主义教育家、心理学家。在罗杰斯这位当代最著名的人本主义者眼中，布鲁纳的发现教学理论一定是另外一副面孔：唯理智，科学主义倾向，压抑儿童丰富的人性，非人性化，非人道，等等。作为对这种科学主义倾向的教学理论的反动，罗杰斯于20世纪60年代针锋相对地提出了别具一格的非指导性教学理论。尽管布鲁纳自己也曾注意到以"智力开发"为教育目标的课程现代化运动容易产生英才教

---

① 钟启泉、黄志成：《美国教学论流派》，西安，陕西人民教育出版社，1993，第50~71页。

育、成绩万能、科学教育等偏向①，但是，面对当时日益高涨的科学主义浪潮，布鲁纳的这种警觉无异于杯水车薪、无济于事，发现教学理论还是深深地烙上了科学主义的时代印记，片面地注重儿童智力的发展，忽视了儿童情意的发展。经过这种教学的熏陶，儿童被成功地塑造成智力卓越而情感枯萎的"单面人"。有学者曾深刻地指出：教学什么时候根植于儿童内心丰富的情感，就会在什么时候因赢得了儿童的青睐而获得巨大的威力。由于发现教学理论忽视儿童在教学过程中的情意发展，在这种教学理论指导下的教学实践自然会遭遇被儿童普遍抵制的必然命运。布鲁纳发现教学理论的这种先天不足，却成了催生罗杰斯人本主义性质的非指导性教学的强大动力。"反者，道之动也"，此之谓也！在《咨询与心理治疗》（Counseling and Psychotherapy）一书中，罗杰斯系统地提出了非指导性心理治疗理论与技术。在《当事人中心治疗》（Client-centered Therapy）中，罗杰斯阐述了运用非指导性心理治疗技术的三个条件——真诚、接受和共情性理解，并由心理治疗领域跨入教学领域，辟专章讨论"以学生为中心的教学"。非指导性心理治疗理论、技术融入教学，形成了非指导性教学。《论人的形成》（On Becoming a Person）的出版，奠定了非指导性教学的哲学基础，标志着非指导性教学体系正式形成。正如盖奇（N. L. Gage）所指出的那样，罗杰斯从他的非指导性心理治疗中得出了将其应用于学校的方针，这个方针便是非指导性教学。基于"人的本性在自由运行时，是建设性的，是值得信赖的"的人性论假设，非指导性教学主张：学生自己管理、指导自己的学习；教师是学生学习的促进者而非控制者；教师不应假借指导的名义对学生学习进行粗暴干涉和无理控制。一个自暴自弃的人，别人还能对其寄予希望吗？否！哀，莫大于心死！一个连自己也无法管理的人，别人还能对其进行管理吗？否！不然，自治一说便纯属无稽之谈！一个行为完全听命于他人而无自由支配权力的人，除了难以名状的无奈、无助、惶恐与应付，哪里还有什么心理的安全与自由，更不必谈主动地进行富于创造性的学习。因此，这种干涉与控制，以不信任学生有自我管理、自我发展和自我实现的愿望和能力为理由，武断地剥夺了学生在这些方面的合理权利，且常常在"指导"的巧妙伪装下获得实施的"正当理由"。它极具欺骗性，是科学主义人对物的控制逻辑在师生关系上的表现。在自由、安全、舒适的教学气氛中，学生具有自发学习、自我指导、自我发展和自我实现的愿望和能力，这是罗杰斯基于人性假设而提出的非指导性教学的

---

① 钟启泉、黄志成：《美国教学论流派》，西安，陕西人民教育出版社，1993，第28页。

教学信念。良好的教学气氛，取决于教师对学生的真诚（表里如一）、接受（无条件的积极的关心）和理解（共情性理解而非评价性理解）。师生在人格上完全平等、师生共同承担教学责任、教师为学生提供必要而适时的支持、学生单独或与他人合作形成学习计划、营造良好的教学气氛、重视学习方法、注重学生的自我训练、注重学生对学习的自我评价等，是非指导性教学的八大教学原则。① 总之，非指导性教学是人本主义者对科学主义教学的反叛，对人性化教学的呼唤。非指导性教学与发现教学的对立，是人本主义与科学主义之间的紧张关系在教学理论领域合乎逻辑的自然延伸。没有布鲁纳发现教学理论在理智上的极致诉求，也不会产生以人本主义为价值取向的非指导性教学理论。在这个意义上，我们说，罗杰斯非指导性教学理论是对布鲁纳发现教学理论的"离经"与"叛道"，是由后者催生的发展主导型教学论之"流"。

（二）苏联发展主导型教学论的"源"与"流"

赞科夫为什么在20世纪60年代后期至70年代提出着眼于儿童一般发展的新教学论体系？赞科夫的发展性教学论对20世纪80年代出现的教学过程最优化理论和90年代出现的合作教育学有何影响？思考这些问题，对厘清发展主导型教学论在苏联的源与流关系，具有重要作用。

赞科夫的教育实验始于1957年，至1970年基本结束，此后，转入对实验研究成果的系统总结。这场历时近20年的教育实验，遍及俄罗斯联邦共和国和八个加盟共和国，所要解决的问题是：什么样的教学体系能够产生尽可能大的教学效果以促进儿童的一般发展②。发展性教学论体系便是从实验中总结出来的对这一问题的系统理论回答。这里，我们不准备叙述发展性教学论体系的内容，而会探讨赞科夫为什么在20世纪60年代后期至70年代提出着眼于儿童一般发展的新教学论体系。探讨这个问题的原因在于：苏联教学论以赞科夫发展性教学论体系的出现为标志，发生了由知识主导型到发展主导型的转向。我们认为，赞科夫之所以在那个特定的时期提出新教学论体系，主要原因是：以对抗、竞争为特征的时代背景；教育领域教条主义的衰落；主流教学理论相对于时代的落后性；维果茨基等关于儿童发展研究成果的出现。20世纪六七十年代，正是美、苏两个"超级大国"在意识形态、科技等领域展开殊死较量的冷战时代。学校教育意

---

① 钟启泉、黄志成：《美国教学论流派》，西安，陕西人民教育出版社，1993，第261~262页。

② 〔苏〕赞科夫：《教学与发展》，杜殿坤等译，北京，文化教育出版社，1980，第41页。

识形态化，社会迫切要求学校培养优秀人才，是这场较量在教育领域的突出表现。学校教育意识形态化后，实事求是的科学态度在教学研究中淡化了，本本主义充斥其间。教学研究引经据典，成为马克思主义教育论述的注脚。布隆斯基的儿童学和维果茨基的儿童发展研究，因不合于经典而被贴上"伪科学"的标签。学校教育日趋教条化，与社会对学校培养优秀人才的迫切要求格格不入。这样，当时的苏联学校教育陷入了一个怪圈：意识形态等领域的殊死较量，导致学校教育的意识形态化，以及社会对优秀人才的迫切需求，而教育教条化却使学校无力培养优秀人才。1953 年，斯大林去世。不久，对个人崇拜现象的批判，发端于政治领域，并蔓延到教育领域。1956 年，《苏维埃教育学》杂志发表两篇社论：《全面深入地研究儿童》和《克服个人迷信在教育学中的后果》。以此为标志，学校教育进入了转折时期。批判学校教育中的个人迷信现象及其后果，引发了改革派（以赞科夫为代表）、保守派（以凯洛夫为代表）、激进派（以艾里康宁、达维多夫为代表）的激烈论争。这场论争虽没有撼动保守派在教育领域的权威地位，却也导致了多方面的积极结果：教育领域盛行的教条主义开始衰落；被斥为"伪科学"的儿童学和儿童发展研究，重新被人们重视，成为后来的教育新探索的理论基础；主流教学理论在儿童发展问题上的落后性充分暴露。赞科夫的发展性教学论体系，正是在当时激烈的国际竞争、主流教学理论在儿童发展问题上严重滞后、儿童发展理论被重新重视等背景下，为突破学校教育怪圈而提出的。在苏联，尽管乌申斯基等教育家在赞科夫之前也论述过教学促进儿童发展的作用，但是，真正从实验中总结出促进儿童一般发展的教学论体系的，赞科夫却是第一人。正是在这个意义上，我们认为，赞科夫的发展性教学论体系具有开创性，是发展主导型教学论在苏联的源头，对苏联教学论后来的发展产生了不可低估的影响。发展性教学论体系从它诞生的那一天起，就遭到了来自保守派和激进派的两面夹击。保守派或指责它"离经叛道"，或将其贬低为教学法。"新体系中没有什么新东西""没有必要建立新教学体系""迷恋虚幻的、没有实际知识甚至损害知识的技能技巧的所谓一般发展"，是这一派的代表性观点。激进派则认为发展性教学论体系过于保守，他们于 1959 年提出并实验"智力加速器计划"。这种夹击，使发展性教学论体系在相当长的时期内面临着严峻的生存环境，也使它丧失了按照自身逻辑发展与完善的大好时机。"害怕新事物，不愿意抛弃因循守旧的、陈腐的教学法思维，教育当权派的消极和保守性，这乃是阻碍在几千个教学班上经受检验和再检验的，并闻名于全世界的新思想前进的障碍。"① 直到20世纪八九十年代，享誉世界的发展性教学论体系在苏联经历了20多年坎坷历程后，才重新发出了自己的声音。

在20世纪60年代中期到70年代，实际支配苏联教学改革的，虽然并不是"原汁原味"的赞科夫发展性教学论体系，而是以"教学过程最优化"为口号的教学理论，但是，这并不排斥发展性教学论体系对这场改革所产生的实实在在的影响。学生学习负担普遍过重、学生大面积留级、学习成绩大面积不及格、忽视劳动教育等问题，被认为是这场改革造成的直接后果。为了解决这些问题，巴班斯基于1972年发表《教学过程最优化——预防学生成绩不良的观点》，随后又在其家乡顿河地区的罗斯托夫市进行关于教学过程最优化的教育实验。1977年，巴班斯基发表《教学过程最优化——一般教学论方面》。到此，教学过程最优化理论正式形成。教学过程最优化，是指在具体的教学条件下，学生在教养、教育和发展等方面达到可能范围内的最大效果。② 教学过程最优化的标准有两条：效果最优——通过最优化地组织教学过程，班上的每个学生都能掌握教材，达到当时实际可能达到的最高水平；时间和精力消耗最优——师生按照学校卫生学所规定的标准，使用于课堂教学和家庭作业的时间达到最低定额。③ 为了以最少的时间、精力消耗取得最多的教学效果，必须把教学目标、教材、教学条件、师生实际、教学方案、教学过程、教学信息反馈等教学要素组织起来，形成一个最优化的系统并加以调控。从这里可以看出，教学过程最优化理论是20世纪50年代左右形成的"三论"思想与方法在教学领域的应用，它所要解决的问题是如何保障教学在教养、教育和发展等方面的有效性。发展性教学论体系与教学过程最优化理论，都关注教学与发展的关系问题，在这一点上两者具有一定的相似性。不同之处在于：赞科夫是从观察、思维过程、实际操作等三条心理线索来思考着眼于儿童一般发展的教学体系的④，而巴班斯基则把教学视为一个系统，强调对教学系统进行调控，以取得教养、教育和发展的最佳效果。这样，巴班斯基通过把"三论"引入教学研究，拓展了对教学与发展关系问题的研究，教学研究借助横断科学而显示出横向综合的发展趋势。因此，我们有理由认为，巴班斯基的教学过程最优化理论是继赞科夫的发展性教学论体系之后，发

---

① 〔苏〕罗曼诺夫斯卡娅：《目的：发展》，朱佩荣译，《外国教育资料》1988年第3期。
② 杜殿坤：《原苏联教学论流派研究》，西安，陕西人民教育出版社，1993，第110页。
③ 同②，第111页。
④ 〔苏〕赞科夫：《教学与发展》，杜殿坤等译，北京，文化教育出版社，1980，第29~30页。

展主导型教学论在新的时代条件下在苏联的拓展与深化。

1986年10月18日，苏联《教师报》根据7名教师的座谈，发表了《合作的教育学》一文。以此为标志，合作教育学以其独特的人道主义价值取向引起了苏联教育界的广泛关注，也成为发展主导型教学论在苏联的人本主义之"流"。这一流派仍然关注教学与儿童发展的关系问题。在这一点上，它与发展性教学论体系、教学过程最优化理论并无实质性的区别，不同的是：合作教育学是从合作型的师生关系的角度来思考这一问题的。之所以选取这一角度，主要是因为：20世纪90年代，苏联出现人道主义思潮，人道主义成为人们普遍的价值追求；学校教育被认为普遍地存在非人道现象，不论是教学内容、教学过程、教学方法、师生关系，还是教学评价，都普遍地具有强制性，而这一点又突出地表现在师生关系上。不仅如此，这一问题还严重地影响了儿童在学校的学习与生活，影响了儿童的健康与发展，影响了教学质量。合作教育学主张：师生教学交往应以充分尊重儿童个性为基础，通过这种教学交往来建立合作型的师生关系；在合作型的师生关系中，教师引导儿童进行非强制性的自由学习；教学采用纲要信号图示教学法、创造性教学法、大单元教学等方法；教学内容以教学大纲为依据又不局限于大纲，根据儿童的"智力背景"适度超前教学；淡化考试分数在教学评价中的作用，取消不及格分数，甚至取消分数。合作教育学与非指导性教学，虽然先后出现于两个性质迥然不同的国家里，但在学校教育宗旨上具有极大的相似性：合作教育学以教育中的人道主义为理想，非指导性教学提倡教学尊重人的本性。这绝非偶然的巧合，而是20世纪世界性的人本主义理念在教学理论上的反映，昭示着发展主导型教学论由科学主义到科学主义与人本主义相融合的转向。因此，我们认为，合作教育学是发展主导型教学论在苏联的人本主义之"流"。

（三）联邦德国发展主导型教学论的"源"与"流"

范例教学理论，以基本性、基础性和范例性为原则，确立了教学内容的选择标准和表现形式。只有那些同时符合基本性（学科的核心概念、原理、公式等）和基础性（学生继续学习所必需）要求的知识，才能被选择出来成为教学内容。那些既不符合基本性要求，也不符合基础性要求的知识，或虽然符合基本性要求但不符合基础性要求的知识，都不能被选择为教学内容。那些同时符合基本性和基础性要求的知识，应包含在教学范例中。在教学活动中，直接呈现给学生的，是教学范例，而不是基本性和基础性的知识本身，学生必须在教师的引导下透过教学范例去发现其中所包含的基本性和基础性知识。教学范例成为学生和基本性、基础性知识之间的媒介。这个媒介为学生的智力活动提供了空间和余地。这与"不愤不启、不悱不发"的中国传统教学思想颇有相通之处。范例教学是蒂宾根会议的中心议题。教学内容臃肿、庞杂及其对教学产生的负面影响，是这次会议所要解决的主要问题。由此，范例教学偏重教学内容的选择标准与表现形式，便不难理解了。对此，柏林教学论学派的评价应该说是中肯的：克拉夫基在教学目的分析、教学内容选择等方面做出了杰出的贡献。① 然而，事物都是辩证的，一个事物的长处往往也是该事物的短处。范例教学偏重教学内容的选择标准与表现形式，由此也产生了对教学活动的其他要素重视不够这一缺陷。范例教学理论在教学内容的选择标准和表现形式方面所取得的成就，成为柏林教学论学派和交往教学理论继续探索的基础，其缺陷也成为柏林教学论学派和交往教学理论的生长点。因此，我们认为，范例教学理论是发展主导型教学论在联邦德国的源头。

柏林教学论学派是由柏林师范院校的教育学者创立的，其代表人物有海曼（P. Heimann）、舒尔兹（W. Schulz）、奥托（C. Otto）等。这一学派主张教学论研究的首要任务是用结构分析方法科学地考察影响教学过程的一切因素。这些因素包括教学意向（意图或目的）、教学课题（内容）、教学方法（措施）、教学媒介（工具）、人类学条件（师生在天赋、经验方面的特点）和社会文化条件（班级、师资、设备、学校有关章程等）。在教学内容的选择上，柏林教学论学派继承了范例教学的主张。这六种教学因素相互联系、相互制约，形成一个整体，成为教师制订教学方案时可资利用的教学论分析框架。相互依赖性、可变性和可检查性，是教师在利用这个教学论分析框架制订教学方案时应遵循的三条原则。这个框架及其应用原则，是柏林教学论学派对教学论发展的独特贡献。正如这一学派的代表人物所宣称的，"任何一个想把课上好，成为称职教师的人，都需要用系统的教学论来武装"②。柏林教学论学派提出的教学论分析框架及其应用原则，在教学实践中确实有利于教学摆脱因循教师个人教学经验的狭隘性，真正建立在教学论知识的基础上。如果说范例教学理论在教学内容的选择标准上做出了开创性的贡献，那么柏林教学论学派则在这个基础上进一步提出了教学论分析框架及其应用原则。因此，我们认为，柏林教学论学派是对范例教学论的必要补充和完善，是由后者的不足派生出来的发展主导

---

① 李其龙：《德国教学论流派》，西安，陕西人民教育出版社，1993，第 60 页。
② 同①，第 59 页。

型教学论之"流"。

1971年,沙勒和舍费尔首次提出侧重师生关系或师生交往的教学论思想。以后,这种思想逐渐系统化为独立的交往教学论。之所以在这个时候出现交往教学论,主要原因有三:范例教学理论、柏林教学论等20世纪70年代以前的教学理论,忽视了教学主体及其关系的研究;20世纪60年代末联邦德国出现了教育危机;法兰克福学派的影响。范例教学理论侧重研究教学内容的选择标准和表现形式,忽视了对教学效果有着重要影响的师生关系的研究。柏林教学论学派在分析决定教学意图、教学课题、教学方法、教学媒介的社会文化条件时,涉及师生关系,但是,师生关系在柏林教学论学派关于教学因素的整体研究中并没有获得独立的地位。因此,不论是范例教学理论,还是柏林教学论学派,对教学主体及其关系的观照虽不能说没有,但起码是不够的。教学理论忽视教学主体及其关系的状况,对教学质量造成了不利影响。教学理论的这种缺陷及其在教学实践中造成的不良后果,为侧重教师与学生关系或交往的教学论研究提供了空间。20世纪60年代末联邦德国出现了对学校教育的信任危机。社会舆论普遍认为学校是在强制年青一代服从成人世界的传统规范,是对年青一代思想的控制。这与社会的民主化发展趋势背道而驰。对学校教育的信任危机,为侧重师生关系的教学交往研究准备了必要的社会舆论。学校教育为什么会出现这种强制倾向?教学主体及其关系为什么会在教学理论研究中缺失?法兰克福学派的人类兴趣理论和交往理论对这些问题的成因做出了深刻的解释:人对物的控制兴趣不合理地极度膨胀,严重地压抑了人与人相互理解的兴趣,以及人与自我的解放兴趣。理解兴趣被控制,解放兴趣被压抑,直接导致了社会领域中人际关系的全面紧张。师生关系的对立与紧张,是这种现象在学校教育领域中的缩影。解放兴趣被压抑,使控制兴趣得到了最有力的支持。人正是在获得那些自己本不需要的东西的过程中,失去了最宝贵的东西——自由,从而给自己戴上了一道枷锁。这是控制兴趣畅行无阻的全部奥秘。法兰克福学派以其对这些问题的深刻解释,为侧重师生关系的教学交往研究提供了坚实的理论基础。20世纪70年代的交往教学理论,正是在弥补以往教学理论的缺陷得到社会舆论和理论的必要支持的条件下出现的。它合乎社会潮流,更是教学理论的自我反思与超越。正是在这种意义上,交往教学理论是范例教学理论在师生关系问题上的延伸,是发展主导型教学论在联邦德国的人本主义之"流"。

第二章 英美文化圈中的教学论

在世界各地,存在着不同的文化圈。文化圈是一个有机的整体,构成这一有机体的元素,在功能上是互相关联的。① 它一经形成,对整个社会的发展、社会科学的研究都会产生深远的影响,也使得处于同一个文化圈的民族或国家的教育教学理论具有相似之处,从而构成了研究特定文化圈中教育教学理论的文化基础。"要了解一个国家的教育,就需要研究影响这个国家教育制度的各种因素,特别是文化因素。"② 教学论是社会文化系统的一个重要因素,教学理论研究者以及作为教学实践者的师生都置身于特定的文化氛围中。"文化创造比我们迄今为止所相信的有更加广阔和更加深刻的内涵。人类生活的基础不是自然的安排,而是文化形成的形式和习惯。人生存于文化之中。"③ 任何教学论流派及其学说都是由生活在特定国家、特定文化背景中的教学研究者所提出的,教学论一经产生也就成为其所处文化的一个组成部分。一方面,教学论研究者的探索必然会体现其独特的个性、气质和智慧;另一方面,教学论研究也深受所处文化的影响。也就是说,经过长期积淀和铸就的文化传统会对身处其中的教学论研究者产生强大的影响力,同时,也会为从中生长出来的教学理论烙上鲜明的文化印记。④ 英美教学论对当今世界教育的发展产生着重要影响。本章基于英美文化圈的特质,从文化视角剖析英美教学论发展的个性与共性。

---

① 何新:《中外文化知识词典》,哈尔滨,黑龙江人民出版社,1989,第12页。
② 顾明远:《文化研究与比较教育》,《比较教育研究》2000年第4期。
③ 〔德〕M. 蓝德曼:《哲学人类学》,彭富春译,北京,工人出版社,1988,第260~261页。
④ 李森、赵鑫:《教学方式变革的文化审视》,《课程·教材·教法》2011年第4期。

第一节　英美文化圈的特质

英美两国同属一个文化圈，具有很多共性。1607年，英国殖民者来到北美大陆之后，逐渐建立了13块殖民地，当时的各级各类学校基本上都在移植英国的教学内容、教学方式以及教学文化模式。① 英国的文化生活模式一直发挥着主导作用，最初的一批移民带来甚至直接从欧洲特别是英国搬来了文化模式，在北美尽量模仿英国的文化样式创造他们的文化新生活。英国文化传统对美国文化的形成无疑是一种最有影响力的因素，甚至构成了具有潜在影响的文化"基因"。② 在独立战争胜利之后，美国终结了来自欧洲的殖民统治，走上了独立自主的发展道路。两次世界大战中，美国本土都未受到损失反而享受了巨大的战争红利，英国在"二战"期间受到惨重打击，直接导致了"二战"后其世界地位和影响力的下降。由于遭遇了这些新的复杂情况，英国文化在北美的影响也发生了较大变化，反过来也波及了英国本土文化的发展。"二战"结束之后，英美两国作为资本主义世界的主要大国，建立了同盟关系，特别是在军事、政治、经济和文化等方面，彼此之间相互影响③，形成了更加密切的合作关系。

一、英国文化传统及其表征

英国是一个历史悠久的西欧岛国，其在两千多年的发展过程中，形成了独具特色的多元文化。从政治领域上看，英国应是西欧文化圈的一员，但是从地理位置上看，英国悬于欧洲大陆之外，因此英国文化与欧陆文化存在较大差异。英国特殊的地理位置和气候条件影响着国民的思维方式，使他们的思想略显保守。在英国历史上，诺曼征服、百年战争、玫瑰战争、文艺复兴、宗教改革、光荣革命、工业革命等，无一不引起巨大的文化震荡。现代史上英国又经历了两次世界大战，曾经的"日不落帝国"已不复存在。英国文化正是在这些历史事件中形成了自己的特色，并且对世界文化产生了不可忽视的影响。

---

① 吴晓义：《美国教学模式的演进》，《外国教育研究》1995年第4期。
② 余志森：《试论美国文化多元性的成因与特征》，《华东师范大学学报（哲学社会科学版）》2002年第5期。
③ 〔美〕A.C.奥恩斯坦：《美国教育学基础》，刘付忱等译，北京，人民教育出版社，1984，第33页。

(一) 英国文化发展

英国的文化传统可以追溯到公元前 6 世纪的基督教文化，但是，通常意义上的英国文化，指的是近代英国在资产阶级革命后的 300 多年里形成的主流文化传统。在近代资本主义发展的带动下，英国的政治、经济、文化乃至社会结构等各方面都产生了巨大的变革，这些变化和发展是现代英国文化价值观念形成的特定历史条件。

资产阶级革命中确立的政治制度为当今英国的文化价值观奠定了历史基础。英国资产阶级在革命中对封建专制统治表现得较为软弱和不彻底，这使得君主制依旧保留在政治体制之内，但是，英国资产阶级明确提出了自己的政治诉求和主张，为资本主义政治、经济和文化制度的开创和资产阶级意识形态的创生起到了指向作用。现在英国的整个政治制度，包括它的议会制度、选举制度、内阁制度和政党制度甚至君主立宪政体等，都可以在早期英国资产阶级思想家的政治理论和政治主张中找到源头。[1]

在世界近代史上，英国曾是世界霸主和最富有的国家。18 世纪中期到 19 世纪三四十年代，第一次工业革命完成，英国经济实力雄踞资本主义国家之首，并开始在全球拓展殖民地。丰厚的物质财富为英国的文化发展提供了优厚的条件。一是伴随着总体实力的强大，英国对外殖民扩张，其主要方式是物质财富上的掠夺和文化思想上的入侵，后者的主要推动方式就是教育。殖民不仅是通过各种方式掠夺物质财富，而且是以宗主国的文化"吞噬"殖民地文化。但是无论自觉与否，文化交融都是一个双向过程，殖民地文化也为英国文化注入了新鲜血液。二是本国物质财富的高度丰裕使得一部分从事商业和贸易的资产阶级过着一种不仅有钱而且有闲的绅士生活，从而为英国所特有的"绅士文化"的形成和发展提供了物质条件[2]，也为专司教育和文化推广的人员提供了强有力的物质保障。

英国政府在文化建设方面一直积极作为。为了发挥文化在改进社会道德风尚方面的作用，英国在 20 世纪 60 年代设立了文化艺术部。当时的英国首相威尔逊（J. Wilson）提出政府要主动地支持文化发展，增加了文化经费的划拨，这一举措有效推动了英国政府文化政策的发展。1992 年梅杰（J. Major）政府成立了国家文化遗产部，将原分属于六个部门的文化职责和权力整合到了一起，统筹全国的文化艺术、文化遗产、新闻广播和旅游

---

[1] Byrne, T., 1976: "Values, Socialization and Achievements", London, Macmillan.
[2] 李玢：《英国的文化价值观念与教育》，《华东师范大学学报（教育科学版）》1994 年第 3 期。

等事业，而且将文化大臣列为内阁核心成员之一，这反映出政府对加强国家文化事业的重视，力图进一步将英国文化通过教育、旅游等方式推向世界。①

英国在文化管理体制方面实行从中央政府到地方政府再到基层政府的三级管理体制。中央政府负责制定文化政策和统一划拨文化经费，地方政府负责执行中央政府的文化政策并对经费进行再划分，基层政府则负责具体使用经费并落实相关的文化政策。可以看出，英国政府主要是通过经济手段来推动文化发展和艺术活动的。②

从以上英国近现代文化的发展状况来看，政府在当中起着重要的促进作用，这和英国社会的历史本质有着不可分割的联系。20世纪前的英国社会从本质上而言是贵族社会，贵族作为社会的重要阶层，对国家政治、经济、文化、教育和社会生活等方方面面都有重要影响。英国贵族的起源很早，在盎格鲁-撒克逊时代就有贵族存在。伴随着英国社会的发展，贵族阶层的构成也产生了变化。也正是因为积极顺应时代的持续变化，英国贵族并不是封建和腐败的代名词，如培根（F. Bacon）、洛克（J. Locke）等或出自贵族阶层，或与贵族有着紧密的联系。在漫长的历史发展过程中，贵族的言行逐渐成为普通民众的标杆。贵族不单意味着一种头衔或身份，而且他们还形成了一种独特的行为准则和价值标准，这就是历史学家们所说的"贵族精神"。③ 绅士风度就是英国的各个阶层在向上流社会看齐的过程中，以贵族精神为基础，融合各自的价值观而形成的一种文化象征，它至今仍然影响着英国政治、文化、教育等的发展。

英国学者格林（A. Green）指出，"不列颠在早期作为一个民族国家获得的领土和文化的统一方面有些特殊。它受益于其海岛的地理位置和至少从'诺曼征服'以来避免外敌入侵的能力"④。英国繁荣的商业、广阔的殖民地、雄厚的资本、强大的海军，都表现了撒克逊人的特质；在精神方面，因为环境的影响，英国人在进取中又带着保守，强调个人在团体中获得发展，在事实中寻找理想。⑤ 由此可见，英国文化具有宗教性、人文性、贵族性、自由性等特质，所有这些特质构成了今天的英国文化传统。

---

① 马冬梅：《对英国文化的初步观察与思考》，《长白学刊》2002年第4期。
② 同①。
③ 易红郡：《英国教育的文化阐释》，上海，华东师范大学出版社，2009，前言第14页。
④ 〔英〕安迪·格林：《教育、全球化与民族国家》，朱旭东、徐卫红等译，北京，教育科学出版社，2004，第103页。
⑤ 阎宗临：《欧洲文化史论》，桂林，广西师范大学出版社，2007，第63页。

(二) 英国文化表征

"英国民族文化传统经过长期的发展演变形成了自己独特的魅力，这个逐渐发展起来的文化传统包含了这样几个重要因素，即宗教情感、人文主义、贵族精神、自由主义、尊崇传统、保守求稳、注重实证、科学精神等。"① 相对于美国文化而言，英国文化具有更为悠久的历史，在两千多年的发展历程中，其所表现出来的文化意蕴比美国文化更为丰富和深刻，具体可以概括为经验主义、自由主义、个人主义、保守主义等。

实践的或者经验的理性主义深深地影响了英国文化教育的发展，构成了英国教学论研究的重要的方法论。从培根、洛克到斯宾塞（H. Spencer）等学者都坚持了经验主义的方法论。培根是英国近代经验哲学的著名代表人物，是英国唯物主义和整个现代科学的始祖。他把感性自然、客观实在作为认识和经验的源泉，认为只要人们遵循着、凭借着事物的证据，用经验事实去回答问题，报告自然的真相，则事物的一切原因都可以被发现。培根以经验事实为立足点，经验既是认识的起源和依据，也是认识真理的准绳。不过，培根所说的经验，不是简单的看、听、摸，不是从个体产生并被个体理解的幼稚的、原始的、自我论证的简单日常体验，他强调作为认识依据的经验必须"经过审定"，"经过仔细考察和衡量"，是通过作为经验的认识形态的观察方法、实验方法而获得的。②

在英国主流教育从宗教教育向世俗教育转型的时期，洛克的经验主义知识论应运而生。他批判天赋观念论，在培根、霍布斯（T. Hobbes）关于知识和观念来源于感性世界的认识基础上，提出了"白板说"，强调知识来源于经验，经验的形成来自感觉（对象是外界事物）和反省（对象是个体自身内部的活动）。他又提出简单观念和复杂观念的学说，认为前者是认识的基础和材料，后者是对前者进行概括后上升为抽象观念。洛克也是按照自己的经验主义认识论的指引来建构自己的教学理论的。到了斯宾塞时期，经验主义已经成为教育教学理论的基础，斯宾塞认为科学知识最有价值，而科学知识是运用经验主义的方法得来的知识。

除了经验主义，自由主义和功利主义在英国文化传统中也有较大影响。自由主义是英国文化的重要表征之一，具有注重个人自我负责、政府或他人

---

① 易红郡：《英国教育的文化阐释》，上海，华东师范大学出版社，2009，前言第23~24页。

② 余丽嫦：《培根及其哲学》，北京，人民出版社，1987，第222页。

尽量不过多干预的倾向。① 自由主义包含了经济自由、心灵自由和个性自由等三方面内容。在经济自由方面，斯密（A. Smith）和边沁（J. Bentham）较为深入地阐释了相关学说。他们认为，每个人都具有自由地从事经济活动、追求个体利益的平等权利。政府应该保护个体的经济自由，而不是限制这类自由。在资本主义发展的初期阶段，经济自由的思想支配了英国政府的经济政策，但因为自由放任的经济政策导致了贫富两极分化并引起了一系列严重的社会问题，经济自由的思想也逐渐受到学术界的批判。20世纪以来，许多资本主义国家废除了自由放任的经济政策。尽管如此，经济自由的思想在英国的中上层阶级中仍然根深蒂固。在教育领域，有的学者甚至主张把经济自由的思想应用到学校教学活动中，反对国家对教学活动进行过多的控制和干预。② 心灵自由是自由主义者追求的第二个方面，他们认为人是因为有了心灵才被称为万物之灵的。只有心灵获得高度自由的人才能真正过着自己想要的生活，才能达到自我实现的境界。"每一个人或每一个集团都有权在当地探求一种令人满意的生活或做事的方式"③，然而在现实中，人的心灵受到了各种世俗偏见的束缚，因此需要把心灵从各种束缚中彻底解放出来。由此可见，自由主义和功利主义具有密切的关系。功利主义将功利原则视为道德与立法的根本原则，并以功利原则评价和改造现实社会。边沁是功利主义的代表人物，他的功利原则被视为自由主义政治哲学发展中的革命。边沁功利主义的要素包括效果主义、功利原则与最大化原则。而到了密尔（J. Mill）那里，功利主义和自由主义则完全融为一体。密尔主张个性应当得到充分发展，只有强大的个性才是创新和进取精神的源泉，忽视个性就是毁灭创新精神和扼杀天才。因此，他主张创造一种自由的氛围，以便人们能够充分发展个性。

个人主义文化与自由主义文化也有一定的关联，霍布斯、洛克、斯密和边沁都以不同形式对个人主义进行了论证，主要包括以下三个基本观点：第一，一切价值以个体为中心。这种人本主义倾向源自资产阶级反对中世纪宗教神学的斗争，并在资本主义发展壮大的历程中逐渐深入人心。第二，个人价值至高无上。许多思想家已经论证，个人主义是一种个人本位而非

---

① 张文军、张健、许为民：《个体主义文化传统对英国高等教育专业设置的影响》，《浙江大学学报（人文社会科学版）》2007年第2期。

② 李玢：《英国的文化价值观念与教育》，《华东师范大学学报（教育科学版）》1994年第3期。

③ 〔英〕埃德蒙·金：《别国的学校和我们的学校——今日比较教育》，王承绪等译，北京，人民教育出版社，1989，第193页。

社会本位的思想。从这一前提出发，英国社会还发展出了"自我价值""自我完善""自我实现"等观念。第三，个人自治。所谓自治，就是个人的思想是发自个人内在的，而不是由外部强加的。在英国文化中，它主要体现为人们在交往时奉行"他人私事不可干预"的原则。在教育教学领域，则强调教师应该关注学生的兴趣和习性，家长必须尊重孩子的意愿。在社会道德价值问题上，反对灌输和强加，提倡尊重个人选择和判断。个人主义的本质特征是对个人自由的主张。主张个人主义的思想家们针对封建专制制度对人在各个方面的限制和束缚，大力歌颂自由，把个人的自由提到比生命、财产更重要的地位。①

英国人在积极进取和创新中又带着保守思想，这就使得英国文化在理性精神的指导之下，依旧追随传统。英国文化传统的延续性，即倡导过去的成就和智慧，倡导传统的制度和生活方式，是其历史演变的重要特点之一。对于大多数英国人而言，古代文化是一种财富，他们不希望宁静的生活毁于剧烈的社会变革，这也正是英国现代资产阶级革命之所以会表现出不彻底性和软弱性的原因之一。时至今日，英国王室、贵族制度、公学等古老的制度仍然得以继续留存。② 但英国学者并没有故步自封，而是在积极开拓并引领新的思想风尚。他们反复强调理性原则，对"理性原则"的强调，反映出了英国理性文化的内涵③：其一，一切要从实际出发而非拘泥于书本，要尊重事实而不是迷信教条。"理性"是资产阶级兴起后，其为了征服自然和建立社会新秩序而提出的与宗教教义相抗衡的理念。其二，主张用科学论证一切，拒绝盲从权威。在宗教神学笼罩之下的中世纪，每个能够成立的论断必须源自《圣经》，而不是基于事实和逻辑推理。在今天的英国，无论是在社会文化生活中，还是在教育教学研究领域，突破权威已是必然，人们可以就共同关心的问题进行自由的讨论和主张。此外，这种理性文化还表现为英国的科学精神，这一精神"是从17世纪起就延续下来的。它同德国或法国科学不同，特别讲求实用和着重类比。在英格兰，人们比在任何其他国家都更是通过感觉达到科学，而不是通过思维达到科学的"④。同时，这种科学精神在英国教学论中也得到了很好的体现。

---

① 李玢：《英国的文化价值观念与教育》，《华东师范大学学报（教育科学版）》1994年第3期。
② 吴新颖、龙献忠：《英国传统文化对现代化进程的影响》，《江淮论坛》2004年第5期。
③ 同①。
④ ［英］J. D. 贝尔纳：《科学的社会功能》，陈体芳译，桂林，广西师范大学出版社，2003，第232页。

二、美国文化传统及其表征

美国文化源自殖民地时期宗主国英国的盎格鲁-撒克逊传统,却又异于盎格鲁-撒克逊文化。美国在两百多年的斗争与发展进程中,不断从世界各国吸取并融合诸多文明的精华,其文化体系具有开放性、复杂性和包容性特征,对整个世界有着较大影响。

(一) 美国的移民与多元文化

北美大陆本土的文化是印第安人土著文化。据推测,1500 年,北美印第安人至少有 90 万,最多可达 1800 万,散布于整个北美大陆。欧洲人和北美土著人分属不同的文化圈,有着迥异的文化传统。自哥伦布在 1492 年至 1502 年四次横渡大西洋以后,欧洲文化对北美印第安人的土著文化就产生了强烈冲击,欧洲与美洲开始了持续的接触,同时也开辟了之后几个世纪的探险美洲和殖民海外领地的时代,而欧洲的文化传统和价值观念则迅速占据了支配地位。① 美国文化从其创造主体分析是一种移民文化,它在美国初步形成、成熟定型并进入当前的多元文化发展阶段。② 最初的移民主体是在欧洲受到种种歧视和排挤的清教徒,迫害和打压促使他们甘冒风险横穿大西洋来到北美,寻求新生活。1620 年 11 月,第一艘移民船"五月花号"抵达了北美东海岸线,自此开始了长达几个世纪的北美移民史。时至今日,世界各地仍旧有许多人热衷于移民美国。

移民的多来源性和持续性直接影响了美国多元文化的形成。在不同时期,移民的主体是不同的。最早的移民人群以西欧人为主,随后欧洲各地的民众大量涌入美国,非洲黑人因黑奴贸易也被贩卖到美国,之后是亚洲人和拉丁美洲人。对于移民而言,其移民的动机是多元的,有慕美国自由民主之名的,有追求政治理想的,有向往优越生活条件的,有被迫迁居的,等等。

来自世界各地的移民要想和谐安定地聚居于美国,必然会经历民族共生与融合的过程。相应的民族文化也需要进行重组,以形成独特的美利坚文化。从文化教育的发展进程来看,美国经历了从"熔炉文化"到"拼盘文化"的过渡,以及美国学形成的过程,之后才进入当今的多元文化和谐

---

① 〔美〕韦恩·厄本、杰宁斯·瓦格纳:《美国教育:一部历史档案》,周晟、谢爱磊译,北京,中国人民大学出版社,2009,第 1 页。
② 余志森:《试论美国文化多元性的成因与特征》,《华东师范大学学报(哲学社会科学版)》2002 年第 5 期。

共存状态。19世纪30年代,法国政治家托克维尔通过对美国的深入考察,撰写了《论美国的民主》一书。书中将美国描述成一座"大熔炉",将不同渊源的文化糅合成一种以盎格鲁-撒克逊文化为主体的文化。这种熔炉文化观念的形成符合美国建国初期的需要,如果不同种族、民族的文化不能融合为一体,而是各自为政,国家就会变成一盘散沙。直到20世纪60年代,美国的文化观念才从"熔炉"转向了"拼盘"。国家在建设初期需要树立一种主流文化,以维护国家的统一稳定,但在国家走向成熟之后,要想保持国家的长治久安,就不能忽视非主流文化,甚至应当珍视非主流文化的价值,并将主流与非主流的文化拼接起来,形成共生的多元文化,其运作的主要方式就是普及通识教育。20世纪80年代,美国学的逐渐成熟标志着美国文化观发生了第二次转变。① 在这样的大背景下,所有的少数民族文化和外来文化都被纳入美国学的范畴,文化研究范围也迅速拓展。虽然美国只有短短不到三百年的历史,但借助这种独特的文化学习与吸收的方式,美国文化快速地丰富了起来,生命力和影响力逐渐增强。正如美国学者索威尔(T. Sowell)所言,美国民族的形成实乃整个人类历史上的一大奇观②。一成不变地移植英国教育文化是不切实际的。在征服北美这片陌生的荒野之地并构建新的社会关系的过程中,殖民者很快发现他们原有的思想方式改变了。实际上,英国许多教育思想和教育设施被移植到美国后,都经历了一个有意义的变化过程,这与"新世界"的环境、人口、社会和阶级状况不同于英国是密不可分的。③

(二)美国文化表征

经过两百多年的积淀,美国文化形成如下特征④:第一,实用主义。实用主义源于美国,也一直活跃于美国的学术研究和生活中,是美国文化的重要表征之一。实用主义也是美国哲学的重要标志。第二,个人主义。在美国文化传统中,个人主义被认为没有什么道德上的缺陷,也不会和社会的主流价值观产生冲突。正是在这些价值理念的影响下,美国教学论走出了一条独特的发展轨迹。

---

① 何道宽:《论美国文化的显著特征》,《深圳大学学报(人文社会科学版)》1994年第2期。
② 〔美〕托马斯·索威尔:《美国种族简史》,沈宗美译,南京,南京大学出版社,1993,第2页。
③ 贺国庆:《近代欧洲对美国教育的影响》,保定,河北大学出版社,1994,第6~7页。
④ 〔美〕H.S.康马杰:《美国精神》,杨静予等译,北京,光明日报出版社,1988,第8~37页。

实用主义是一种哲学，更是美国的一种文化。实用主义像美国的血液，流淌在每一条大小血脉之中。① 实用主义虽然继承了近代经验主义传统，却力图超越其形而上的特性。实用主义哲学认为，确定科学的认识论和方法论是哲学的主要任务，强调从确定的信念出发，通过行动以获取效果。② 它主要根据事物的实际效果来判断行为的结果，从而使人在思想和行动上不易受到束缚。这也表明了实用主义形成的现实需求和基础。最初移民到达的是一个远离欧洲文明的荒野之地，要想在这里生存与生活，需要克服近在眼前的困难，这就必须有一种务实的态度。在新环境中，刻不容缓的行动力是第一位的，若是仍旧像在欧洲那般高谈阔论之后再行动，错失发展良机是小，生存希望就可能覆灭了。由此可见，残酷的现实环境也是实用主义形成的一大动因，注重行为的实际效果的理念在美国教学论及其发展进程中也产生了重要影响。杜威曾提出，如果观念、意义、概念、学说和体系，对于一定环境中的主动的改造，或对于某种特殊的困苦和纷扰的排除确实是一种工具的话，那它们的效能和价值就会系于这个工作的成功与否。如果成功了，它们就是可靠、健全、有效的。③ 在这一思想的指导下，实用主义教育学由实际的具体问题出发，以解决问题并获取直接经验为最终的目的。

美国的个人主义文化有着深刻的历史和现实背景，主要包括三个方面。一是犹太-基督教传统。在犹太教和基督教看来，上帝是万能的，其戒律是评判万物的标准。学者们在讲述西方个人主义思想的起源、美国文化与个人主义时论及了基督教的良心运动。④ 二是欧洲长期存在的自由主义传统。在欧洲本土的封建统治、教会统治的约束下，人们只能在封建制度与社会习俗所允许的范围内按照既定方式开展各项活动，尽管文艺复兴之后有过多次思想革命，但人们仍旧未能彻底地从保守和封建的制度中解放出来。当欧洲移民们来到北美大陆时，这种境遇逐渐得到了转变。北美大陆是一片没有封建传统和保守制度的新天地，这为个人主义的生长与发展提供了良好的外部环境。时至今日，"指望从自己的家庭继承固定职业的美国人很少，他们只能靠自己寻求机会，从美国现实生活中寻找难以遇见的机遇。在飞速发展的生活现实不断向人们提出新要求的社会里，如果一个

---

① 罗志野：《美国文化和美国哲学》，桂林，广西师范大学出版社，1993，第15页。
② 刘放桐：《现代西方哲学》，北京，人民出版社，1981，第261页。
③ 〔苏〕列克托尔斯基等：《现代西方哲学辞典》，贾泽林等译，北京，东方出版社，1995，第22页。
④ 骆越虹：《浅谈美国文化中的个人主义》，《佳木斯大学社会科学学报》2007年第3期。

人死抱住固定的职业,他注定要失败。在美国,任何谨慎的人,对于自己到底是怎样一个人,到底能干些什么,从来也不敢过分肯定。任何人都必须时刻准备成为另一种人。为这种充满风险的转变作好准备,才能把自己磨炼成为一个真正的美国人"①。在学校教育中,充分契合个体特点的教学方式既成为需要,也成为美国现代教学发展的必然。

美国个人主义第三个方面的来源则是《独立宣言》和美国《宪法》中关于权利的政治理论。杰斐逊在《独立宣言》中强调"人是生而平等的",即人们可以努力依照个人意愿合理发展独立的个性,这当中既体现了思想的独立,也体现了个体人身自由。

1900年前后,个人主义有了一种新的诠释。当时,美国因社会矛盾激化而变得动荡不安,政治上的改革派逐步形成。西奥多·罗斯福总统就是这一派别的主要代表人物。他于1901年上台之后,确立了美国的现代文官制度,并加强了立法机制,遏制了个人和集体的垄断,并且推动了新个人主义的发展。② 新个人主义强调个人自由只有同责任联系在一起时才会发挥作用,认为如果没有责任感,个人的自由只不过是自私自利。

由于本章并非专门讨论美国文化,故只做大体的描述和概括。正是因为美国教学论的发展与其文化的发展是并肩而行的,在上述文化的影响下,美国教学论乃至美国教育学才能取得今日的成绩。

三、英美两国文化渊源及其历史关联

追本溯源,美国教育主要根源于英国教育,史学家特别强调英、美之间教育教学的渊源关系。③ 从历史上看,英美的文化存在着直接的"血缘关系"。在美国独立之前,北美大陆是藩属于欧洲的,其主要宗主国为英国。北美大陆除了印第安土著文化之外,其余的文化思想主要源自欧洲以及少量非洲文化,核心部分来自英国。借由殖民统治和黑奴贸易,英国将其文化思想和价值观念等散播到了世界各地,但最主要的还是北美大陆。最具体的表现就是传播承载思想与文化的文字和语言。在寻求独立的时期,英、美进行了长达八年的战争对抗,最终以北美独立和美利坚合众国的建立而告终。1812~1815年,美国独立后的第一次对外战争的对象也是英国,史称美国第二次独立战争。自此之后,英美两国再无战争冲突,相反在接

---

① 〔美〕丹尼尔·布尔斯廷:《美国人开拓历程》,中国对外翻译出版公司译,北京,生活·读书·新知三联书店,1993,第223页。
② 张国庆:《试论美国文化精神的起源与发展》,《北方论丛》2000年第1期。
③ 滕大春:《美国教育史》,北京,人民教育出版社,1994,第1~2页。

下来的"一战""二战",乃至近几十年许多地区的武装冲突中,都表现为互帮互助的合作关系。

(一)移民与文化

北美大陆一开始是作为欧洲国家的殖民地和移民地而被开发的。1620年11月,乘坐"五月花号"的英国人,成了北美第一批外来移民,同时也开启了北美大陆长达150多年的被殖民史。随着欧洲尤其是英国移民的不断增多,北美逐渐形成了全新的美利坚民族。该民族主要来自欧洲,大多是英格兰等地,所以,美利坚民族所融入的思想,还是源自英国文化传统,它以英语为官方语言,遵循英国在政治、法律、教育乃至风俗习惯上的做法。而且,它还延续了盎格鲁-撒克逊的经验主义传统,接受了经验和实证的思维习惯和风格,为了适应北美严酷的生存条件又倡导现实主义。①

以美国的实用主义文化为例,其与英国文化有着千丝万缕的联系。早在17世纪,培根提出了"知识就是力量"的命题,认为真正的知识来源于观察和经验,只有这类知识才能为人的生活带来根本性的变革,主张经验是一切知识的来源,重视科学的实用效果。19世纪达尔文《物种起源》的发表标志着人们对宇宙及人自身的认识有了根本性转变,尽管强调"变化""生长"和"相互作用"的进化论在英国遭到了天主教的否定与谴责,却在美国得到了认可与接受,许多学者基于进化论探讨个人与社会之间的关系。同时期的斯宾塞提出了"科学知识最有价值"的观点,由此奠定了美国实用主义知识观和价值观的基础。②

美国在文化教育方面采取兼容并蓄的方针并非偶然。17世纪英国濒临资产阶级革命的时期,英国国内开展的各派教义、政治主张和学术理论的争议非常激烈、尖锐,如国教徒与清教徒之争、保皇派与绅士派之争、自然科学者与人文主义者之争等等,这种自由争鸣的氛围由英国殖民者传入北美大陆,其历史意义重大而深远。北美殖民地是众多国家移民生息的场所,民族各异、语言不同、习惯不同、文化不同的现实,让彼此只有相敬相让、互助学习,才能建成和谐世界。英国人带来的提倡和容纳不同意见的心态以及奋勇开拓以求成功的坚毅精神,对于拓荒具有十分宝贵的价值。以英国文化为主而兼收别国文化之长,其结果是形成了盎格鲁-亚美利加

---

① 冯梁:《英美特殊关系:文化基础与历史演变》,《欧洲》2002年第4期。
② 郭晓平:《美国教育形成中的文化影响浅析》,《江西教育科研》1992年第3期。

文化。①

（二）战争与合作

当下的英美关系是建立在利益共同体和文化渊源基础上的。而在美国建国初期，英美之间具有尖锐的矛盾，体现在民族独立、国家主权以及军事和政治利益等方面，最后也是依靠战争才解决了这些问题。双方发生的第一场战争是美国独立战争。东部13个州为了摆脱殖民，在列克星敦掀起了独立战争，经过八年的对峙和交锋，最终美国赢得了独立。美国独立后对外的第一场战争也是与英国展开的，美国为了夺取英国在加拿大地区的大片殖民地，与英国进行了第二次交锋，这也被称作美国第二次独立战争，最终依旧以美国的胜利而告终。在这两场战争之中，英美两国因为对立的利益和政治立场，关系并不和谐，但这并没有阻断两国之间文化生活领域的联系。

进入20世纪以后，"一战"和"二战"的爆发使得两国的关系产生了根本性转变。1917年4月，第一次世界大战进入白热化阶段，参战各方也早已力倦神疲，此时，美国派出的部队成为协约国取得最终胜利的保障。在战争中美国捞到了巨大的政治资本，尤其是国际地位的提升。美国的这一举动对英国外交认知和政策产生了强烈震动。在英国历史上还绝无仅有的是：与英国隔海相望、"微不足道"的美国，却潜在地保护了英国利益。但是，英美两国的关系没有因为"一战"而有实质性的改变。究其根本，还在于美国的孤立主义思潮，使其不愿意进入世界多边政治和经济体系。直到"二战"期间，英美关系才得到了实质性的改善，美国通过多种途径向英国提供了大量的物资尤其是军事援助，并在"珍珠港事件"爆发后直接加入世界反法西斯战争，为战胜法西斯国家发挥了关键性作用。这段经历使英国摒弃了对美国的"刻板印象"，意识到了美国的潜在能量，因此两国关系步入了新的发展阶段。②

在"二战"结束后，英国因两次世界大战元气大伤。为了继续保持其在世界上的大国地位，尤其是在当时冷战背景下，为了对付苏联和保持自身在东欧的军事优势，英国必须在各个领域与美国结盟。因此自丘吉尔时代开始，英美两国就朝着亲密合作关系持续迈进，究其本质，是英国需要借助美国的帮助来维持自己的国际地位，实际上已经沦为美国的"跟班"。而两国在各领域的合作和碰撞，特别是文化上的渊源与缠绕，使得英美两

---

① 滕大春：《美国教育史》，北京，人民教育出版社，1994，第46~48页。
② 冯梁：《英美特殊关系：文化基础与历史演变》，《欧洲》2002年第4期。

国的教学论具有较为鲜明的个性与共性。

第二节　英美文化圈中教学论的个性

英美文化在发展过程中具有密切的关联性，彼此之间相互影响。美国教育教学的根在欧洲，尤其在英国。① 虽然北美大陆大部分地区曾是英国殖民地，在政治、文化和教育等各方面都受到英国的影响，但是美国在独立战争后的两百多年里，依据自身的现实条件和地理优势快速发展，一跃成为当今的世界霸主。曾经的宗主国英国现如今也受到了美国文化的影响。两个多世纪以来，二者在教育领域的发展速度之快，全世界有目共睹。本节旨在从英美文化圈的视角探讨英美两国教学论在发展与变革中所彰显的个性。

一、英国文化传统观照下的教学论

一般认为，英国学校教学的发展与其社会政治经济的发展是不一致的，存在着明显的滞后性。在英国文化传统的影响下，作为教育研究的有机组成部分，教学论体现出其特有的个性。

（一）教学价值取向

英国教学论在发展进程中受到了多种文化思想的影响，但总体来看主要依托两大文化价值取向，分别是经验主义和科学主义，这两种文化价值取向的主要代表人物是培根和斯宾塞。依据经验主义，传统逻辑方法（比如演绎推理、简单枚举）不能发现新科学，而"心灵的工具"，即新的科学认识方法——归纳法对于科学的发展有着重要作用。这是一种从对一类事物中的许多个体事物的观察和实验研究中推断出该类事物的一般结论的方法，在此过程中认识由个别过渡到一般，从而把握规律。同时，这也是培根将经验式的教育教学和研究引向科学的方法。在学校教学进程中，采用这样的方法可以将感性的经验上升为理性的认识，以提升教学的科学性。

正是以经验主义价值取向为指导，培根建构了自己的教学理论，他认为：人类具有伟大的理智力量，只要掌握了自然的规律，就能够征服和驾

---

① 郭晓平：《美国教育形成中的文化影响浅析》，《江西教育科研》1992年第3期。

驭自然；心灵的工具是科学方法，科学的方法就是归纳法，理智需要工具；文明人和野蛮人的区别就在于是否具备知识和具备知识的程度。他批判了经验哲学影响下的知识观，认为不同的知识具有不同的教学价值，主张真正的知识是根据原因得到的知识，知识不仅仅是驾驭和改造自然的力量，也是改革社会的力量。

在英国称霸全球的"日不落帝国"时代，传统古典主义教育的保守势力非常强大，在中等教育和高等教育领域占据了统治地位，科学的教学理论被排斥，实用的自然科学知识毫无科学地位。正是在对英国学校教学活动崇尚古典主义而轻视科学教育的尖锐批判中，斯宾塞逐渐展现出其教学理论的科学主义倾向。斯宾塞在其所著的《教育论：智育、德育和体育》中将科学知识比作衣料，认为"在心智方面同在身体方面一样，我们所追求的都是装饰先于实用。不只在过去，在我们现代也差不多一样：那些受人称赞的知识总放在第一位，而那些增进个人福利的知识倒放在第二位。……而对于生活技艺有帮助的知识只占很次要的地位"①。这反映出在当时，科学主义依旧未能成为学校教学乃至社会生活的主流价值观念，仍处于发展阶段。斯宾塞通过论证将科学主义往前推进了一大步。1859 年，他的《什么知识最有价值》一文发表，使培根时代以来就存在的古典主义与科学主义之争达到了高潮。"科学知识最有价值"这一判断的主要意义体现在两个方面：一是科学知识以及科学主义价值取向对于人类的文明生活具有指导价值。当时社会生产的大工业化和机械化趋势已经非常明显，从事商品生产、加工和分配的工人的工作效率取决于是否使用了适合这些商品特性的方法，以及在不同情况下对物理、化学或生命特征的熟悉程度，而这些必须依赖于科学。② 据此，在教学论领域，也应该熟悉教学活动的特有属性，以及教学对象的生命特性，以开展教学研究和教学实践活动。二是提出科学知识具有训练价值。斯宾塞曾明确表示，教育若在指导上最具价值，在训练上亦是如此。③ "为了训练，也为了指导人类活动，科学都有最主要的价值。"④ 为此，教学论研究必须保持自身的科学性和科学主义价值取向，这也是其教学理论价值取向最明确的表现。

---

① 〔英〕赫·斯宾塞：《教育论：智育、德育和体育》，胡毅译，北京，人民教育出版社，1962，第 2 页。
② 同①，第 15 页。
③ 周洪宇：《教育经典导读（外国卷）》，武汉，华中科技大学出版社，2013，第 139 页。
④ 同③。

（二）教学目标

英国近代学校教学的目标并不是促进人自身的发展和完善，而是希望人凭借所掌握的知识去征服自然，带有强烈的功利主义色彩。这种状况直到洛克时期依旧如此。斯宾塞明确指出学校教学应为"人们的完满生活做准备"。

从表面上看，功利主义倾向的教学目标似乎只是把人们在日常生活中的行为方式做一番哲学表述而已，但是这一原则的含义却是相当激进的。① 将这一原则运用到教学论领域中就意味着所有的教学目标都需要展示自己的功利价值，凡在此方面无所作为的教学目标都将被驱逐出目标序列，而代之以新的、具有功利价值的教学目标。

然而，当代英国的教学目标更加崇尚从自由主义的角度出发，追求心灵自由，重视个体智力的发展而相对轻视知识的获得。反映在教学论研究中，对于教学目标的探讨更加灵活和思辨。由于英国教学理论界和学校教育者重视学生个性与智力的培养，重视批判性和创造性思维能力的发展，英国培养了许多善于思考且能够将思想变为现实的科学家和思想家。究其原因，这与教学目标上重视学生智力发展和能力培养有着密切的关系。

（三）教学过程与方法

经验主义、功利主义为英国教学论发展奠定了文化基础，英国学校教育各个发展时期的教学过程与方法，包括教学论都直接或间接闪现着经验主义、功利主义的色彩。英国教学论强调教学方法必须符合儿童心智演化的自然过程，要先教特殊，后教一般，按照自然方法对儿童进行教学并使之获得原理。儿童心智的发展是个"自然过程"，是按照自然规律进行的，不明白或不遵从这一规律就不能开展有效的教学活动。所以，"教育必须适合心智演化的自然过程"，"使我们的办法为一切心智在成熟进程中都经过的那个自然发展服务"②。因此，教学过程和教学方法要符合儿童的心理发展特点。教师要以引人入胜的教学方法教授知识，使获得知识成为快乐的事情。这一观点强调，教学要充分激发儿童的好奇心和求知欲，要依据能否吸引儿童并让儿童乐于学习对一切教学行为进行检验；教学过程应该尽量鼓励儿童自我发展，引导儿童自己进行探讨和推论。斯宾塞极力反对以直接灌输的方式让儿童获得那些富有吸引力的知识，主张教学过程应当

---

① 李强：《自由主义》，北京，中国社会科学出版社，1998，第94页。
② 〔英〕赫·斯宾塞：《教育论：智育、德育和体育》，胡毅译，北京，人民教育出版社，1962，第53页。

引导儿童成为"积极的发现者"。除此之外,他还倡导师生运用发现法、讨论法、实践法、学导式教学法、启发式教学法等新兴教学方法,摒弃灌输式和强迫式的教学方法,使教学符合儿童的心理发展规律,让儿童积极参与教学过程、理解教学内容并体验到其中的乐趣。

(四) 师生关系

英国教学论中,并没有专门针对师生关系的具体阐释,而是将其渗透在了教学研究的各个部分之中。在英国传统教学思想中,对师生关系的认识是同知识价值观和教学目的观紧密结合在一起的。同时,教师的社会地位相对较低,影响了教师在教学过程中与学生的关系。培根主张教师应教给学生实用的知识技能以帮助他们认识世界和征服自然,强调师生之间的有效交流和具有高度实践性的互动过程。虽然培根没有详细阐述师生在教学中的地位,但他是以学生的知识获得和能力形成作为教学的主要取向,将学生置于教学的核心地位,认为教师只是扮演着引路人或者辅助者的角色。洛克主张教学活动的目的是培养绅士,培养具有高尚品德和良好内在修养的社会优秀成员。洛克把培养儿童和青年绅士的教师称为导师。他认为,"亲切的交谈,如果合于父亲用来对待儿子,它就更合于导师用来对待学生。师生相处的时候,不可把全部的时间都用在教训上面,也不可尽由导师摆布,吩咐学生遵守这样那样。导师也要听听学生的意见"[①]。洛克虽然没有提出以学生为中心的师生关系,但是他分析了师生关系中的情感因素及其作用。培养具有高尚品德和内在修养的绅士,对教师素质有着较高的要求。洛克自己也当过家庭教师,他主张教师要由较为优秀的人担任,要通过一种平等的交往关系将教师的优秀品行和涵养教授给学生。

斯宾塞主张师生在教学过程中应当是引导与被引导的平等关系,而不是权威与非权威的命令关系。他在《教育论:智育、德育和体育》中提出学生自我教育的原则:"在青年期同在儿童早期与成年期一样,整个的过程应该是一个自我教育的过程。"[②] 这一主张包含了斯宾塞对师生关系的认识,即教师应该作为学生自我教育的辅助者和引导者,他反对注入式的教学方法,因此,斯宾塞对于师生关系中的教师权威和教师至上是彻底否定的。同时,他和洛克持有相同的观点,呼吁要建立起良好的道德管教体系,要求父母和教师都具备智慧、品德和自制力,能够有效运用道德管教的原

---

① 张焕庭:《西方资产阶级教育论著选》,北京,人民教育出版社,1979,2版,第74页。
② 〔英〕赫·斯宾塞:《教育论:智育、德育和体育》,胡毅译,北京,人民教育出版社,1962,第80页。

则和方法。① 这就要求教师树立良好的榜样形象，以自身的优良品格感染和教导学生，使学生以教师为榜样努力学习和成长。

在英国教学论发展史上，学校被视作为学生提供服务的场所，以使他们有充分的机会获得发展。在学校中，学生应该享有充足的自由，学校管理者和教师扮演着为学生发展服务的角色。英国教育家尼尔（A. S. Neill）对于师生关系有着独特的见解，他强调师生之间是完全平等的伙伴关系。教师的工作不是去发号施令或者直接施加各种压力，而是为学生提供和安排轻松自由的学习环境，让他们快乐地成长。值得一提的是，尼尔对学生充满了关爱。在他创办的夏山学校里，他和妻子是学生眼中的长辈，甚至如同双亲一般。② 总的来说，英国教学论中的师生关系研究强调以学生发展为根本目标，以平等且富有情感的师生关系来促成学生的成长与发展。

（五）教学论研究范式

分析哲学认为理论是可以由观察来验证的一套有相互逻辑联系的假设，既能被驳斥，又能被解释。科学的理论来源于实验而不是实践，建立在实验基础上的经验性陈述要求确立可靠的、能被证明的假设，以预测结果和解释控制过程，只有这类经验性陈述才是科学的理论陈述。传统教学理论往往既不能被证实，又不能被驳斥，无法证明从一种陈述推演到另一种陈述的逻辑关系的合理性。分析哲学家的观点是中肯的，英国教学论也存在这些问题：教学论不是真正科学意义上的理论；教学理论既不来源于教学实践，更不来源于实验，从而弱化了教学论的理论性和科学性。

实际上，英国教学论的建立、发展是围绕以下要点进行的。

第一，工具理性和价值理性对立统一的教学论立场。在工具理性与价值理性的指引下，教学研究才得以开展。在工具理性的指导下，教学理论研究才能有效地指导实践，促进学生的全面发展和个性发展；而在价值理性的指引下，教学论建设遵循一定的科学程序，并科学地构建自身的体系框架。③ 但是二者呈现出一种此消彼长的动态平衡发展过程。当英国古典主义和经验主义思潮占据社会文化主流的时候，教学论的价值理性也就得到了更多的重视，教学论研究也就更加追求一种形而上的理论发展，并不着眼于推动实际的学校教学发展。这种情形走向极端时容易造成教学理论与教学实践的脱节，不但不能促进教学论的发展，反而会成为束缚教学研

---

① 滕大春：《外国教育通史（第四卷）》，济南，山东教育出版社，1992，第175页。
② 滕大春：《外国教育通史（第六卷）》，济南，山东教育出版社，1994，第199页。
③ 罗生全：《英国教学研究的基础、特点及走向》，《教师教育学报》2014年第3期。

究的桎梏。当实证主义和科学主义占据社会文化主流的时候，工具理性则被奉为至宝。这两种教学论立场的相互融合保障了教学理论与教学实践的齐头并进，推动了整个英国教学论的进步。

第二，英国教学论发展趋向整体化和系统化。一是教学论研究主体与研究对象的整体化。教学论并不将二者对立，而是以统一视角来审视研究主体和研究对象，以形成对二者地位和作用的新的认识。二是通过综合的哲学理论指导教学论建设。三是教学论的方法体系也呈现出整合的趋势。①英国传统的经验主义和保守主义取向，直接影响了教学论对于整合性的依赖，在没有十足的把握之前，无论是研究主体和研究对象，还是研究方法论体系都不会产生大的变动。

第三，传统与现代相整合的教学论发展趋势。英国传统教学思想与现代教学理论的整合表现出两方面趋势：一方面是传统文化、现代文化与后现代文化之间的矛盾与调和，这一进程也促进了教学论的发展；另一方面是本土理论与外来理论在冲突与融合中形成新的体系。②显而易见，英国教学论的发展因受本国文化传统的影响而具有较为明显的保守性，但教学论研究者也认识到这一局限性，努力在批判的前提下借鉴、吸收各国先进的教学论学说，从而完善自身的教学论体系。

总之，在英国文化发展史上，经验主义、自由主义、功利主义、逻辑实证主义等文化思潮，直接或间接地影响了不同时期英国的教学论。其中，经验主义和功利主义对英国教学论的影响最为明显。在英国教学论的发展历程中，始终闪现的一对矛盾就是古典主义教学和科学主义教学的矛盾，这从培根、洛克以及斯宾塞等人的教学思想中可以看出来。

二、美国文化传统观照下的教学论

美国的文化传统直接左右了其教学论发展的走向和进程，教学论的学科建设与发展烙上了美国文化的印记。美国的教学论在吸收英国教学思想的基础上，超越了英国教学思想的范畴，形成了一套颇具特色的美国教学论体系。

（一）教学价值取向

美国教育学家詹姆斯认为，进步主义是美国教育学的语言，实用主义

---

① 罗生全：《英国教学研究的基础、特点及走向》，《教师教育学报》2014年第3期。
② 同①。

是它的意识形态①，这表明了进步主义在美国教育发展史上的重要作用，并且指出了它与实用主义之间的密切联系。美国教学论研究者"以求实的态度进行教学论研究，发现并提出了解决教学实际问题的办法，形成了独特的教学理论，不仅成就了他们自己的学术人生，也共同铸就了美国现代教学论的辉煌"②。

概览美国20世纪至今教学论的发展历程，主流价值取向为进步主义指导下的科学主义价值观和人本主义价值观，其他价值取向都是对进步主义批判或支持的产物。科学主义价值取向以发现教学论为代表。发现教学论指出，儿童智力的发展要建立在发现学科基本结构的基础之上。但是，发现教学论存在一些固有的缺陷，这些缺陷也反映着科学主义价值取向的片面性。发现教学呈现的教学内容偏难，只适合少数自觉且学习能力强的儿童，忽视了儿童的个体差异性和情感的发展，对教师的要求也过高且表现出了较为严重的唯理智倾向等。科学主义取向的发现教学论到20世纪60年代中后期在教学实践中面临困境，这不仅仅是由于理论本身的缺陷，还在于人们对它的误解甚至歪曲，导致发现教学论在实践中被严重地形式化——重视发现学科结构的形式，而轻视通过发现而获得学科结构的实质内容③。发现教学论对施瓦布、奥苏贝尔和布卢姆等学者的教学理论都产生了重大影响，换言之，后来者通过对发现教学论的缺陷进行弥补，进一步巩固了科学主义价值取向在教学论发展中的地位。

人本主义价值取向教学论的代表为罗杰斯的人本主义教学论，即他提出的非指导性教学思想。如果从人本主义的角度考量发现教学论，其唯理智、对儿童丰富人性的压抑等问题都充分暴露了出来。虽然布鲁纳也曾意识到这一偏向，但是他的警觉被当时科学主义的大潮淹没了。④ 同时，发现教学论忽视儿童情意发展这一缺陷严重阻碍了教学实践，而人本主义价值取向的教学论为弥补该缺陷应运而生。非指导性教学坚持人本主义，开辟了美国现代教学论研究的新领域。

（二）教学目标

在美国，实用主义是教学目标确立的主要哲学根据。杜威提出"教育

---

① Kaminsky, J. S., 1993: "A New History of Educational Philosophy", Westport, Conn., Greenwood Press, 102.
② 李森、潘光文：《从美国教学论流派的创生看中国教学论的发展》，《课程·教材·教法》2008年第3期。
③ 同②。
④ 钟启泉、黄志成：《美国教学论流派》，西安，陕西人民教育出版社，1993，第28页。

即生长",也就是说,事先不为教学活动设定一个外在的目的,教育的目的隐藏在教学过程之中。传统教学的目标是确保学生的成长,这不仅体现在机体上,更体现在学生的智力上,其最基本的方式就是让学生掌握学科的基本结构。依据有意义学习理论,教学的目标就是要造就学生良好的认知结构,以适应终身学习和解决问题的需要。当教育者努力影响学生的认知结构以便形成与保持有意义的学习时,教育者便深入教学过程的核心了。认知结构一旦形成,就是影响后续学习质量的关键变量。①

现代社会日新月异,传统教学已经不能适应现代社会快速变化的趋势。教学活动应引导学生学会学习而不是仅仅掌握现有知识。所以,教学应该以培养学生学习经验、学习态度和学习兴趣等为目标。② 如果学校仅仅传授知识而忽视学生现有能力和水平,致使很大一部分学生无力承担,那么,在接下来的学习阶段,学生就很可能失去进一步学习的兴趣。学校必须发展学生积极的学习兴趣以及学习技能,确保学生在思想活动以及自我发展方面取得成功的体验。③ 从教学的功能来看,教学是一种有目的的活动,旨在促进个人的发展。每个学生的潜能在学校教学活动中都应得到充分的培养与发展,学校不应该成为甄别和选拔少数人才的场所。④ 同时,基于个人主义文化,教学应该为教学对象——不同的个体——创造自由的学习环境,使其成为一个个独特的、富有创造性的独立个体,而不能仅仅将其看作社会发展的工具和手段。创造通常最具活力和吸引力,它不仅是人的价值和意义的最高表现,也是人的高峰体验。⑤

可见,美国主流教学目标是基于不断变动和发展的个体特殊情况与社会发展形势而确立的,其关注点在于引导学生持续健康发展并促进教学机制的不断更新,而不是为二者设定一个固定的目标。在这种要求下,教学目标论也必须具备灵活的目标理念,时刻审思自身的发展状态和提高效率。这一点也符合美国文化传统中个人主义的思想,即只有将个人的权益置于主要地位,才能保障社会整体的持续发展。

---

① 钟启泉、黄志成:《美国教学论流派》,西安,陕西人民教育出版社,1993,第118~119页。
② 江光荣:《人性的迷失与复归——罗杰斯的人本心理学》,武汉,湖北教育出版社,2000,第193页。
③ 同①,第52页。
④ 同①,第55页。
⑤ 刘庆琴:《美国个人主义文化影响下的教育价值观论述》,《天津市教科院学报》2011年第4期。

(三) 教学过程与方法

美国大多数教学论都把教学过程视为在教师的帮助和引导下学生经验增长的过程，重视学生在教学过程中的主动性和积极性，强调"知识不能被灌输到儿童的心灵中去，只能让儿童自己来掌握。在学习的过程中，与其让他们作为被动的接受者，不如让他们成为主动的参与者"①。

教学过程是教师引导学生主动发现的过程。在这个过程中，学生可以以任何形式亲自获取知识而不是仅仅局限于探寻人类未知的事物。学生自己需要去探寻学习内容并且将其纳入原有的认知结构，而不是等待教师将教材内容原原本本地呈现出来，这是发现学习的关键所在。确切地说，发现学习的具体过程是：首先由教师创设问题情境，提出学生感兴趣的问题，使学生在此情境中产生矛盾，从而提出要解决的或必须解决的问题。之后，学生利用教师和教材提供的某些材料，对问题提出解答的各种假设、推测，并寻找联系，从理论上或实践上检验、审查、补充自己的假设，对不同的意见进行讨论。最后，教师引导学生总结争论、提出结论，从而解决问题并掌握知识、提高能力。

教学过程也是一个促进学生自由学习的过程，但自由学习离不开教师予以必要的方法指导，其要点如下：从学生的真正问题开始；提供学习的材料；利用合同（教师和学生签署关于学习计划的合同，这样学生可以自由选择自己感兴趣的内容和材料，明确自己的学习目标和应该努力做的事情）；充分利用社会平台进行实践活动；自我评价，由学习者负起考核自己的责任。②

在美国，教学活动重在创设实际教学情境以促进学生积极、主动地参与。在这一理念的指导下，出现了各式各样的教学法，比如设计教学法、道尔顿制、发现法、掌握学习法等。教学组织上也进行了多种多样的革新，主旨是改变或调整按年龄或年级分级（班）教学，关注个别化教学，诸如个别指导教学、个别规定教学、小队教学等。③ 美国的课堂教学气氛较为活跃，学生作为主人翁积极参与课堂教学活动。这一类方法既是学生获得知识的方法，也是增进学生道德修养的方法。按照杜威的解释，在理解与

---

① Button, H. W., Provenzo, E. F., 1983: "History of Education and Culture in America", Englewood Cliffs, Prentice-Hall, 99.
② 江光荣：《人性的迷失与复归——罗杰斯的人本心理学》，武汉，湖北教育出版社，2000，第202~205页。
③ 马骥雄：《战后美国教育研究》，南昌，江西教育出版社，1991，第71~82页。

适应环境的过程中，学生也会发展出一系列积极的工作、交往态度和价值理念。①

（四）师生关系

在杜威之前，对美国教育影响最大的是赫尔巴特的教学思想，其"三中心"论在美国教学论界之所以会被后来杜威的"新三中心"论所取代，根本原因在于前者并不契合美国的文化传统和文化发展趋势。在崇尚实用与个人主义的氛围下，"教师中心、课堂中心和书本中心"是同美国教学谋求知识的实用性和促进个体发展的理念相违背的。因此，杜威在批判赫尔巴特思想的基础之上，提出了"儿童中心、活动中心和经验中心"，这与实用主义文化和个人主义文化高度契合。儿童中心或者学习者中心至今仍在美国师生关系中占有主导地位。无论哪一种师生关系模式，对于儿童中心的强调都是相同的。②从根本上讲，儿童中心的主张与个人主义的文化价值观，以及实用主义的文化精神都有密切的联系，反对它们就是脱离美国的文化传统，在一定意义上说也是反文化的。③这也说明了为什么众多的美国教学论学说赞同以儿童为中心的师生关系。

论及美国教学论中的师生关系思想绕不过罗杰斯。罗杰斯结合自己的心理治疗实践，提出了对于师生关系的新理解。罗杰斯认为："如果我信任人类个体具有发展其潜能的力量，我就会给予他（她）大量的机会，并且允许他（她）在自己的学习中选择自己的方向，自己的路线。"④他认为教学活动就是为了促进学生学习，"衡量一个教师优秀与否的标志是看他有多大的创造性以促进学习，以保持或激发学生对学习的热爱"⑤。相应地，在教学过程中，教师和学生应相互信任、共同承担责任、共同制订课程与教学计划；学生探寻自己的兴趣，选择自己努力的方向，教师则主要是提供各种学习资源，其中包括教师自己个体化的经验；师生之间形成促进学生学习的良好心理气氛。这种心理气氛的主要成分就是真实、珍视和相互理解，而其中最为关键的就是真诚。总体来看，虽然罗杰斯对于师生关系的看法仍然是以儿童为中心，但是其重点或者亮点在于强调了师生关系中的情感等非智力因素，这在杜威的基础之上又向前迈进了一大步。

---

① 石中英：《教育学的文化性格》，太原，山西教育出版社，2007，第257页。
② 同①，第256页。
③ 同①，第256~257页。
④ 江光荣：《人性的迷失与复归——罗杰斯的人本心理学》，武汉，湖北教育出版社，2000，第200页。
⑤ 同④，第193页。

（五）教学论研究范式

在美国教学论发展史上，杜威意在勾画现代教学论的研究框架，而布鲁纳则对一系列事关教学论本身发展的理论问题做了较为深入的探讨。他在认知结构主义的立场上，围绕教学论的性质、研究课题以及研究任务等有关元教学论的问题提出了一系列主张，从相对微观的层面描述了教学论研究发展的具体路向。美国教学论研究自成一个领域始于20世纪70年代，塔沃斯（R. Travers）主编的《教学研究手册（第二版）》对此有详细的阐述①，其教学论研究也反映了美国特有的文化传统。

分析哲学在元教学论的研究中得到了应用。分析哲学视域下的教学论研究把教学论中的定义分为规定性定义、描述性定义和纲要性定义，并对教学的概念做了分析。教学概念的用法分为意图方面（教学是一种活动，不绝对包括学习）和成就方面（教学必然包括学习）。教学的三种图示是X教Y什么（事实陈述句、规则陈述句，对此可做行为性的解释和非行为性的解释）、X教Y做（命令）、X教Y如何做（表达技能、技巧的获得）。②

教学论的建构方式基本上遵循了实用主义的方法论，具体来讲，就是沿着问题解决的思路来建构看起来并不宏大的教学理论，不追求理论的抽象和严谨，重在针对和解决实际问题。美国人往往不管你怎么说，而主要看你怎么做和做的效果。这种思维方式也完整地体现在教学论的研究中。

此外，美国学者在建构教学论的过程中，积极参考了心理学理论，兼顾哲学和其他形而上的学说。所以，只要教学实践中的新问题被发现，或者出现一种新的心理学理论，就会催生新的教学理论。例如，学科结构运动的落幕，形成了罗杰斯人本主义教学论产生的背景。学生认知与情感的对立，是当时美国学校教学活动中面临的主要问题。这个问题只有在人本主义心理学思想的观照下才得以浮出水面。站在人本主义的价值立场上，依据非指导性的心理治疗理论，罗杰斯认为传统教学的主要问题在于教师总是居高临下，告诉学生如何去做，指导学生如何去学，学生缺少主动性和安全感。因此，学生与生俱来的巨大的潜能也就不可能得到充分的释放和发展。可以看出，循着现实中的问题，基于新的心理学理论，人本主义

---

① 金建生：《当代美国教学研究的发展特征及对我国教学研究的启示》，《课程·教材·教法》2010年第8期。

② 吴式颖、任钟印：《外国教育思想通史（第十卷）》，长沙，湖南教育出版社，2002，第234~239页。

教学论或者非指导性教学就这样被建构出来了。

　　总体而言，美国教学论在实用主义指导下，重在解决社会实际问题，各流派相互启发和批判；心理学构成教学论的重要基础；进步主义教学思想等为教学论的研究划定了大致的疆域。美国各派教学理论是在不同流派理论的相互批判中生长起来的，但实用主义文化是美国不同流派教学论的共同基础。现实中的政治、社会问题引发了构建不同教学论学说的需要，美国的教学论学说大多以解决实践中的问题为己任，而且相当多的教学论学说在教学实践中进行了实验和检验。

第三节　英美文化圈中教学论的共性

　　英美两国的文化有着千丝万缕的联系，无论是英国人的经验主义、功利主义，还是美国人的实用主义、个人主义，其内在要素都具有一致性或相似性，共同的文化使得两国的教学论研究也存在一定的共性。在考察英美两国教学思想的联系时，可以发现一个有趣的现象：许多在英国产生的思想或理论，却在美国找到了实验和发展的基地，英国学说在美国掀起的轩然大波甚至是英国本土所不可比拟的。例如，至19世纪中叶，英国古典主义教学和科学主义教学之争已持续半个世纪，但古典主义仍处于支配地位，社会上和知识界对古典知识非常重视，而对科学知识的价值很不理解，乃至于"一些被发觉把希腊文学中人名的重音读错就会脸红的人，却毫不羞愧地承认不知道欧式管在哪里，脊椎神经有什么作用，正常脉搏是多少次或肺是怎样充满空气的"[①]。这种迂腐的风气和教育教学在美国早已受到社会舆论的嘲笑。自富兰克林以来，美国社会和学校中的功利主义文化日益取得中心地位，最终导致了美国特有的文化——实用主义的产生。整个社会注重实际，倡导个人奋斗的精神，或许这就是斯宾塞等人的学说一传入美国，就受到大众青睐的原因。[②] 这在理解英美教学论的共性时是一个值得关注的问题。

一、教学价值取向

　　在20世纪美国教学论的发展过程中，其主流的价值观念是进步主义思

---

　　① 〔英〕赫·斯宾塞：《教育论：智育、德育和体育》，胡毅译，北京，人民教育出版社，1962，第14页。

　　② 贺国庆：《近代欧洲对美国教育的影响》，保定，河北大学出版社，1994，第42~43页。

想指导下的科学主义价值取向和人本主义价值取向，这与英国在培根时期就建立起来的经验主义价值取向和科学主义价值取向具有承接关系。英国的思想价值观念是源，而美国的思想价值观念则是流，是美国结合本土文化和时代要求对传统科学主义价值取向与经验主义价值取向的扬弃。

以科学主义价值取向为例，两国教学论研究关注的重点各有侧重。美国教学论以布鲁纳为代表，关注的是儿童所认知和掌握的学科结构，重在让儿童发现一种能够接受的学科知识结构。而培根强调让学生摒弃传统的逻辑方法（如演绎推理、简单枚举），提出了新的科学认识方法——归纳法。斯宾塞所倡导的科学主义倾向的教学理论更加贴近知识层面，他主张科学的知识才是最有价值的，能够为未来完满生活做准备，这一主张推动了近代科学教学的发展。由此可见，以上三种教学论研究的出发点都是科学主义的文化价值观，它们虽然在教学研究的理论层面各有侧重，但是殊途同归，最后都落到了一个点上，即教学应当有助于人类认识世界、认识自然，从而获得更好的生活体验。

二、教学目标

教学目标的价值取向来源于教学哲学和文化价值观。在教学目标上，英美两国的教学论研究都注重学生智力发展，考虑当前，立足实用。美国的主流教学目标是立足于变动和发展的个体情况与社会形势而确立的，关注的是引导学生个人的持续发展和教学机制的不断更新，而不是单纯地以达到一个固定的目标为最终追求。因此，美国教学论研究秉持灵活的目标理念，时刻审视师生的发展能力。这一点也符合美国文化传统中的个人主义思想，个人主义认为只有将个人的权益置于最主要的地位，才能保障社会整体的持续进步。具体而言，以认知主义心理学为基础的众多教学论流派基本上都支持以发展学生的智力为教学目标，其中的代表人物包括布鲁纳和奥苏贝尔。布鲁纳明确提出教学的目标是促进学生的智力发展，让学生掌握学科的基本结构，奥苏贝尔则认为教学的目标是让学生获得合理的认知结构。

洛克等学者所倡导的教学目标不是教给学生各种知识，而是获得思想和思维的自由，增进心灵的活动能力。由此可见，在教学目标方面，英国更加崇尚以自由主义为基点，追求心灵和思想的自由，重视学生个体智力的发展而轻视具体知识的获得。因此，在教学理论的研究中，对教学目标的定位就更加灵活和思辨，不以单纯的知识作为教学目标。英国的这种自由主义视野下的教学目的观，具有较强的理论优势，但是还有待教学实践的持续检验。

总的来看，在教学目标方面，两国的教学论研究都超越了具体知识的获得，充分贯彻了以人为本和以社会需求为导向的目标诉求。教学理论研究具有高度敏感性，以具体知识的获得为手段，将最终目标指向学生个体思维的成长和智力发展，这样的成长和发展也契合了个体发展和社会发展两方面的需求。

三、教学过程与教学方法

实用主义是对近代经验主义传统的发展，从这一点来看，二者有着十分密切的联系。也就是说，英美两国的教学论在教学过程与教学方法上也有共同之处。美国现代教学方法的改革是从19世纪引进欧洲尤其是英国的教学理论和方法的基础上起步的，例如实物教学法、五段教学法、贝尔-兰卡斯特教学法等。①

美国主流教学论学说把教学过程视为在教师的帮助和促进下，学生丰富自身经验的过程，教师的帮助和促进直接体现在适当的教学方法上。在教学中强调真实情境的创设和激发学生在情境中的主动行为，让学生在实际操作和直观感受中获得认知的发展。在这种理念的指导下，教学方法就具有较大的灵活性和多样性。例如设计教学法、道尔顿制等方法，既可以使得学生获得知识，又可以帮助学生掌握方法，同时还能增进个体的道德修养。而英国文化传统认为知识来源于经验，只有通过感觉才能达到科学。作为认识依据的经验并不能自然获得，必须经过审定、仔细考察和衡量，通过观察方法、实验方法求得。杜威认为经验就是尝试，当然杜威的经验既指经验行为、过程，还指经验的结果，超越了认识论上的经验内涵。由此可见，两国关于教学过程与教学方法的认识虽然存在着不同的表现形式，但最终的落脚点都是为了增进学生个体经验性的认识。

不管是英国的经验主义，还是美国的实用主义，都认为学生通过教学活动，包括实验可以丰富自身的经验。两国教学论在这一点上是一致的，这也是美英教学论有着共同之处的根本原因之一。

四、师生关系

美国教学论研究者几乎都同意学生是师生关系的中心，教师是学生学

---

① 赵昌木：《浅谈美国教学方法改革的经验——兼论对我国教学方法改革的启示》，《比较教育研究》1994年第6期。

习的引导者和促进者。其中，人本主义教学论学者不仅重视师生关系的理性要素，更加强调师生关系中的情感成分。罗杰斯通过自己的心理治疗试验，提出在教学过程中为有效达成教学目标，师生需要相互信任、共同承担教学责任。学生依据兴趣朝着自己的方向努力，而教师则要为学生提供各种必要的学习资源。基于此，师生之间要形成良好的情感氛围，这种情感氛围的主要特征是真实、珍视和相互理解，其关键在于真诚。

而类似观点在洛克的著作中也能找到踪影。洛克把培养儿童和青年绅士的教师称为导师，认为"亲切的交谈，如果合于父亲用来对待儿子，它就更合于导师用来对待学生。师生相处的时候，不可把全部的时间都用在教训上面，也不可尽由导师摆布，吩咐学生遵守这样那样。导师也要听听学生的意见"①。这里虽然没有提出以学生为中心的师生关系，但是他对师生关系中的情感因素及其作用做了入情入理的分析，在一定程度上和罗杰斯的观点是相通的。尼尔对师生关系做了进一步的阐述，他认为师生之间是完全平等的伙伴关系。教师不应当对学生发号施令或者直接施加各种压力，而应该为学生提供和安排轻松自由的学习环境，让他们快乐地生活，快乐地成长。② 英美两国的师生关系最终都落脚在以人为本的情感关联上，试图让良好、和谐、平等的师生关系成为学生成长与发展的良好平台。

五、教学论研究范式

英美两国教学论研究都深受分析哲学思想的影响。分析哲学的主阵地早期在英国，后来转移到了美国，两国都涌现出了颇具影响力的分析教育哲学家，诸如谢弗勒（I. Scheffler）、彼得斯（R. S. Peters）等，他们对教学论学科发展以及与此相关的问题做了哲学分析。

英国分析教育哲学家主要探讨了教学论研究的地位、表述等问题，认为教学理论应该是一套由观察来验证的有逻辑联系的假设，它既能被驳斥，又能被解释。教学理论的逻辑陈述系统囊括了三种类型，即形而上的陈述、基于价值判断的陈述和基于经验的陈述。科学的经验性陈述要基于教学实验而不仅仅是教学实践。然而，英国教学论研究往往把三种陈述都混合在一起，使其既不能被证实，又不能被驳斥，无法证明从一种陈述推演到另一种陈述的逻辑关系的合理性，从而降低了英国教学论研究的理论性和科学性。美国的分析教育哲学家主要分析了教学的概念，澄清了人们对于教

---

① 张焕庭：《西方资产阶级教育论著选》，北京，人民教育出版社，1979，2版，第74页。
② 滕大春：《外国教育通史（第六卷）》，济南，山东教育出版社，1994，第199页。

学这个概念的认识。谢弗勒将教学理论中的定义分为规定性定义、描述性定义和纲要性定义,并基于分析哲学对这些概念做了分析。此外,布鲁纳还从认知结构主义心理学的立场出发,直截了当地探讨了教学论的性质、研究主题以及研究任务等理论问题。借助心理学和分析哲学的优势,美国学者在教学理论的概念认识方面比英国学者走得更远。

总体来说,英美两国教学论呈现出继承与超越的态势,形成了颇具个性的英美文化圈教学论。在发展过程中,英美两国基于不同的实际情况,逐渐形成了自己的教学理论研究风格。英国基于自身的文化传统,在教学论研究中体现出了更强的思辨性,同时也注重经验性。而美国则在英国的分析哲学基础之上吸纳了其他学科的观点,以完善自身对元教学论的认识,使得当代美国教学论发展的速度和深度都超越了英国。

第三章 欧洲大陆文化圈中的教学论

"欧洲文化就是犹太-基督教-希腊-拉丁的文化。犹太、基督教、希腊、拉丁的文化源流似乎是为形成一种完美的结合而汇聚一堂。它既是欧洲文化特有的基质,也是欧洲的共同的文化分母。"① 这种古典文明奠定了欧洲大陆文化圈的底色。在强大的古罗马帝国的世俗政权推动之下,古希腊文明实现了罗马化,从而奠定了欧洲大陆文化圈的文化心理疆域。源于希腊的欧洲古典文明在罗马共和国晚期和罗马帝国早期得到了极大的补充,这个时期的"希腊化"进程使古希腊文明与古罗马文明相互交融,共同造就了欧洲文明的框架。② 伴随着古罗马帝国的分裂与解体、蛮族入侵,表面上的分裂却蕴含着两种关乎统一的思想趋向:一是对罗马帝国政治制度的追忆,二是人们对心灵拯救的渴望。于是,借助世俗政权不断追求统一的趋势,基督教倡导"一个上帝、一个信仰、一个教会"的宗教信仰,逐渐将神权凌驾于政权之上,利用精神信仰统一欧洲不断裂变和频繁更替的世俗政权,历经了两个世纪的"十字军东征"进一步确认和扩大了欧洲大陆文化圈的文化心理认同。以重拾古希腊文明为发轫的文艺复兴,举起了反对基督教神权与神性压制人权和人性的大旗,从恢复人性出发弘扬了自古希腊以来就倡导的以"自由、民主、个性"为核心的人文主义,由弘扬古希腊"形而上"认识传统而形成了理性主义,并在近代工业革命的大背景下致力于实证而形成了科学主义。在此历史演进过程中,欧洲大陆文化圈形成了一个以基督教为精神信仰,人文主义、理性主义及科学主义杂糅的文化世界。这种文化传统深刻地"规定"着欧洲大陆文化圈内的社会生活,以育人及传递文化为己任的教学活动也概莫能外,对教学活动的认知与思考自觉地彰显着这种文化特质。

---

① 〔法〕埃德加·莫兰:《关于欧洲文化》,鸥岩编译,《西欧研究》1991年第1期。
② 计秋枫:《论欧洲一体化的文化与思想渊源》,《世界历史》1998年第1期。

第一节　欧洲大陆文化圈的特质

欧洲大陆文化圈的典型代表有德国、俄罗斯等，德国处于东西欧文化交汇之地，俄罗斯则是欧亚文化交汇点。德国地处欧洲中部，左边是法国，右边是波兰，北部是海洋，南部是阿尔卑斯山。这样的地理位置使得德国在较长时间内难以相对独立地孕育和发展自己的文化，而是不断受到外来文化的冲击，故有"德国的特殊道路"之说。从欧洲民族多样化与不断追求统一的互动发展趋势上看，德国的文化发展过程是在天主教影响地区欧洲文化发展过程的一个典型代表。相比之下，在受东正教影响的区域内，俄罗斯的文化既受西方文化的熏陶，又受东方文化的熏陶，既非西方，又非东方，集中呈现出另一种欧洲文化特色。这两种文化既各具特色，又有共性。

一、德国文化性格

在日耳曼民族毁灭了罗马帝国之后，日耳曼民族被罗马化，受到先进的罗马文明的"洗礼"，接受了基督教和拉丁文，但是同时一部分日耳曼人保留了原来的语言与更多的原始特点。在查理曼帝国分裂以后，处于莱茵河以东的斯拉夫民族形成了德意志民族。于是辉煌的罗马文明与蛮族的原始野性共存于德意志民族的血液中，使得德意志民族性格具有双重性，导致德意志民族文化具有分裂与冲突的特质。由于文明和野蛮的分裂，形成了两种不同的文化传统。① 一种是西方主流文化传统，强调自由与解放。另一种是强烈的反西方文化传统，反对罗马精神，反对法国文化，甚至反对世界文明。

（一）德国文化的双重性格

德国著名作家艾米尔·路德维希指出，德国的历史和文化是"双重的"，具有"分裂"的性质。德国文化中思想与制度、理智与情感、科学与宗教、自由与专制错综杂糅，剧烈冲突，突出地体现为人文主义与反人文主义并存、理性主义与非理性主义共在等的典型文化特征。②

德国的人文主义思想开始于16世纪的宗教改革。为了反对罗马天主教

---

① 陈锐：《论德国文化和德国哲学的双重性》，《学术月刊》1989年第5期。
② 石中英：《教育学的文化性格》，太原，山西教育出版社，2007，第195~211页。

对宗教事务的独断专行和对《圣经》的任意解读,马丁·路德(M. Luther)领导了德国的宗教改革,用德语翻译《圣经》,倡导人们不再通过罗马教廷这一中介,而是通过理解《圣经》教义而与神直接沟通。这使德国迈开了从神权下解放人性的重要一步。进入18世纪,在欧洲资产阶级革命过程中,受到启蒙思想家孟德斯鸠、卢梭等的影响,德国掀起了古典人文主义改革。歌德是古典人文主义的典型代表,"除了歌德以外,没有别的人物更能代表这个时期的特点了。他把一个作家和诗人……的杰出才能与使他在世世代代受过教育的德国人心目中成为古典人文主义化身的一种生活态度结合起来。这种态度并不是自然而然产生在他身上的,而是要经过斗争才具有,这种有意地培养内心平衡与和谐,使他对德国教育传统中的自我修养有了一种塑造性影响"①。古典人文主义的核心是彰显人性及保持人性的完整,如歌德就不相信机械原理可以应用于所有活的东西,不相信用分析的方法可以把有机生命本体所系的整个存在分解开来。② "人必须把他的所有能力——他的感官,他的理性,他的想象力,他的理解力——发展成为一种真正的统一体。"③ 19世纪末以来,面对科学技术对人的异化问题,德国产生了新人文主义,致力于在现代技术的规制之下追求人的幸福。但是,在德国人文主义发展过程中,反人文主义的现象与之齐头并进。宗教改革时期不少人文主义者受到罗马教廷的迫害,古典人文主义时期封建邦国拉拢人文主义者并让他们为封建专制服务,而新人文主义者如海德格尔则效忠于军国主义。这表明德国人文主义在理念和思想上是彻底的,但在行动中不能被有效地贯彻和实践,当面对反人文主义的强大社会现实时,人文主义者就极容易屈服与顺从。

同样,德国人既有高度发达的理性思维,又从来不缺乏由非理性主义所导致的激情,甚至狂热。一般来说,德国人既讲秩序又热爱幻想,既严谨又浪漫。这种风格不仅表现在哲学研究上,也表现在广泛的文化生活中。德国理性主义具有以下特征:假定在现象之外还存在本质,本质是恒定的、普遍的,可以借助人类的理性能力加以认识,而且人类必须去认识事物的本质;认为人类的本质即理性;注重概念的清晰和逻辑的推演;注重观念的内在一致性,崇尚体系的建设;强调思想原则对于现实的优先性;认为理性取代了上帝,成为万能的工具。注重理性的文化传统使德国产生了康

---

① 〔英〕阿伦·布洛克:《西方人文主义传统》,董乐山译,北京,生活·读书·新知三联书店,1997,第147页。
② 曾艳兵:《歌德与卡夫卡》,《华中师范大学学报(人文社会科学版)》2013年第6期。
③ 同①,第149页。

德、黑格尔等哲学家,他们构建了具有完善系统的近代哲学体系。另一方面,批判理性主义、崇尚非理性主义的思想家也不少,比如叔本华、尼采等。德国非理性主义具有以下特点:否认在现象世界之外还存在普遍的、永恒的本质;并不否认理性,只是认为不能把理性看作人的存在与活动的本质与核心,人的存在与活动远非理性所能解释;认为理性主义只是人类众多认识形式和生活态度中的一种,而且并不总是可靠的、有效的,理性有其自身限度。相应地,非理性主义强调直觉、体验、想象、比喻、唤醒、启发等等,主张生活的意义不能由理性预先设定,生活意义是不断变化生成的,意义世界才是真正的人的世界,对意义世界的关怀才是对人的真正关怀。

(二) 德国的文化民族主义

人类学家指出:"真正把人们维系在一起的是他们的文化,即他们所共同具有的观念和准则。如果一个民族不把诸如共同血统遗传作为一种象征,也不把它作为口号……那它就会用现实主义思想取代那种因其误引方向从而是很危险的象征主义。"① 在德意志文化聚合德意志民族的过程中,因德意志民族具有特殊的社会基础,德国产生了独特的文化民族主义。文化民族主义是以宣扬本民族文化的鲜明个性为标志,以本民族的整体利益高于一切为原则,以维护本民族国家的政治主权、领土完整和文化独立为目标的思潮和运动。② 德国小邦专制主义和封建主义过于强大,使得德国在政治层面处于分离状态,由上千个封建庄园及邦国组成,没有形成统一、强大的政治实体。这造成了德意志文化所覆盖的民族边界没有与国家边界完全对应,使得德意志文化统一"悬浮"于支离破碎的德国现实社会之上。一个突出的表现就是在欧洲其他国家和美洲具有社会现实意义的"自由"——政治自由、经济自由、舆论自由——到了德国就蜕化成了理性自由、意志自由。③ 席勒所称的自由就是精神上的解放,康德也论述了意志自由的问题,费希特说自己的哲学体系从头到尾都在分析自由的概念。"对个人权利的追求与政治上不能满足之间缝隙的努力弥合,是'文化民族主义'产生的内在推动力量。"④ 于是,德国的文化精英在现实的社会国

---

① 〔美〕露丝·本尼迪克特:《文化模式》,王炜等译,北京,生活·读书·新知三联书店,1988,第18页。
② 张淑娟、黄凤志:《"文化民族主义"思想根源探析——以德国文化民族主义为例》,《世界民族》2006年第6期。
③ 〔英〕阿伦·布洛克:《西方人文主义传统》,董乐山译,北京,生活·读书·新知三联书店,1997,第201页。
④ 同②。

家层面难以彰显德意志民族，就以"思想中的自由"方式在文化层面构建德意志民族，使得德意志文化与德意志民族主义在理论层面上实现了结合，产生了独特的德国文化民族主义。

德国的文化民族主义在内核上继承和强化了德国的政治文化传统。神圣罗马帝国为德意志民族留下了两个传统：一是自卑情结——源于相较于罗马文明的日耳曼蛮族的原始性；二是"双重性格"——既肯定人的自身价值又崇尚宗教自由，既尊重道德自我和宗教自由又服从世俗权威。这种政治文化传统使得德国的文化民族主义强化着文化层面民族统一与政治层面国家分裂之间的妥协。德国的文化民族主义还受到宗教的强化，"文化生命之基本动力当在宗教，了解西方文化不能只通过科学与民主政治来了解，还要通过西方文化之基本动力——基督教来了解"①。德国人尽管拒绝基督教干预世俗的民族国家，不过却期望上帝呵护人的尊严并给予德意志民族独立与强大。因此，德国的文化民族主义无比强烈地渴望德意志民族在国家层面的实际统一，某些时候甚至可以文化形式的民族统一替代民族国家的实质性统一。

二、俄罗斯文化性格

俄罗斯最初是欧洲东部边缘上的邦国，988年基辅罗斯大公接受了东正教为国教，俄罗斯成为基督教世界的一部分，并接受了拜占庭的政治体制，成为东罗马帝国成员。从此，俄罗斯"逐渐形成了'以拜占庭基督教价值观念为核心'的民族价值观，从而形成了以这一价值观为核心的民族文化"②。在13~15世纪，俄罗斯受到东方的蒙古人侵入并建立俄罗斯公国，按照蒙古"游牧帝国"的模式强化了专制体制，截断了其与拜占庭文化的联系，广泛接受并吸收了东方文化。在17世纪，彼得一世又转向西方，以基督教正宗自居，全面学习西方文化。随着18~19世纪不断扩张尤其是向东扩张，俄罗斯民族极大扩展了其地理空间，融合了更多民族的文化。俄罗斯民族在这一发展过程中，形成了独特的俄罗斯文化。

（一）融合东西方文明的"双头鹰"文化

俄罗斯首先接受以东正教为核心的西方文化，然后吸收以游牧文化为核心的东方文化，再通过全面改革吸收西方文化，最后在不断地向东扩张中融合了更多民族的东方文化。这一文化演进路径使得俄罗斯文化融合了

---

① 牟宗三：《中国哲学的特质》，台北，台湾学生书局，1963，第92页。
② 雷丽平：《俄罗斯文化的历史变迁》，《光明日报》2013年7月4日。

东西方文明，呈现出既俯瞰西方文化又俯瞰东方文化的"双头鹰"特征。

俄罗斯民族的统一体，是由早期出现的宗教统一体发展而来，是东正教使俄罗斯保持着统一思想，俄罗斯的民族意识也是东正教思想发展的结果。俄罗斯皈依基督教使得俄罗斯以森林为崇拜对象的多神崇拜统一起来，"创造出一个文化奇迹——开创了一个以俄罗斯为主体的独立的文明区域——东正教文明或称俄罗斯文明。东正教文明在当代世界，足以与历史悠久的西方文明（基督教文明）、东方文明（儒佛教文明）、伊斯兰教文明并驾齐驱，成为当代世界最能发挥作用的文化能量实体"①。在近代全面学习西方文明之后，俄罗斯文化就习惯地被归属于欧洲文化体系。俄罗斯国学大师利哈乔夫直截了当地指出，"我们是欧洲文化的国家，基督教培养我们习惯这种文化。与此同时，我们还接受了拜占庭文化"②。俄罗斯的地理条件也支持这种文化观念。俄罗斯人认为，"不错，我们住在欧洲的东部，但我们从来都没有属于过东方。东方有自己的历史，它们的历史与我们完全不同"③。

事实上，俄罗斯文化也受到东方文化的深刻影响。蒙古人入侵将东方文明带入俄罗斯，蒙古式专制强化了俄罗斯的专制体制，蒙古社会制度改变了俄罗斯的社会运转方式，大量的蒙古语言与习俗改变了俄罗斯的社会文化。蒙古文化阻断了俄罗斯文化与西方文明的联系，实现了欧洲文化与亚洲文化的融合。"俄罗斯在国家进行扩张的同时，不断拓宽本民族的文化范畴，将欧亚文化合并为一。"④ 俄罗斯以西方文化征服西伯利亚及东部地区，同时吸收这些地区的土著文明，将土著文化融入俄罗斯文化之中，使得俄罗斯文化具有明显的东方文化特质。按照别尔嘉耶夫的说法，"俄罗斯的思维方式和俄罗斯的文化完全区别于西欧，比起西方的思维重视范畴的分化与分析来看，俄罗斯思维更加讲究注重集聚和讲究整体化"⑤。在一定意义上，这种思维方式上的整体化就是东方文化所秉持的整体思维方式对俄罗斯文化的改造与影响。

从宏观上看，俄罗斯文化既不是纯粹的西方文化，也不是纯粹的东方

---

① 雷丽平：《俄罗斯文化的历史变迁》，《光明日报》2013年7月4日。
② 〔俄〕德·谢·利哈乔夫：《解读俄罗斯》，吴晓都等译，北京，北京大学出版社，2003，第6页。
③ 同②，第21页。
④ 郑芷莲、于长春：《俄罗斯民族文化特征》，《西伯利亚研究》2004年第1期。
⑤ 〔俄〕尼·别尔嘉耶夫：《俄罗斯思想：19世纪至20世纪初俄罗斯思想的主要问题》，雷永生、邱守娟译，北京，生活·读书·新知三联书店，2004，2版，第42页。

文化，它是处于两者之间兼有两者文化特征的一种独立的文化体系。① 因此，俄罗斯文化具有非常鲜明的"兼容性"。这种"兼容性"使得俄罗斯文化呈现为"边缘文化"，处在强大而稳定的欧洲文化和亚洲文化的交汇之处。外来文化与俄罗斯文化经过一个融合的过程，才发展为具有俄罗斯民族风格的文化。② 但是，俄罗斯吸收东西方文化采用的是一种休克式的方式，吸收东方文化时与西方文化隔离，吸收西方文化时与东方文化隔离，这使得东西方文化在俄罗斯内部存在冲突，使得俄罗斯存在明显的文化分离。在彼得一世进行了彻底的西化改革之后，"俄罗斯文化的上层不断向西欧文化靠拢，其下层（主要是农民）则固守中世纪的传统。两种文化鸿沟极深，造成俄国文化上下层的二元性。这是俄罗斯形成所谓'西方派'（启蒙主义者）和'斯拉夫派'的原因"③。这种文化分离也体现在俄罗斯民族的性格之中，"在俄罗斯人身上，各种矛盾的特点奇妙地结合在一起：专制主义、国家至上与无政府主义；自由放纵、残忍、倾向暴力与善良、人道、柔顺；保守的宗教仪式与追求真理；个人主义、强烈的个人意识与无个性的集体主义；民族主义、自吹自擂与普济主义、全人类性；追随上帝与战斗的无神论"④。

（二）文化沙文主义

俄罗斯民族的祖先是古斯拉夫人，起源于欧洲的内陆森林，依靠森林而生活。他们在森林中砍伐树木或耕种土地，同时又因自身力量的弱小而对森林产生惧怕心理，于是人们以村社的形式在森林中讨生活。这使得人们在广袤的森林中需要形成相对独立的、封闭性较强的共同体，尤其需要个人服从集体。在引入了拜占庭式的西方专制体制和吸收了蒙古专制体制之后，村社与专制体制共同造就了俄罗斯文化中强调个人对集体依附的宗法关系和集体对个人的控制。于是，东正教文化、个人服从集体的宗法政治文化与强调封闭统一的村社文化一起造就了俄罗斯式的斯拉夫文化。而在后来俄罗斯民族狂飙突进的扩张过程中，形成了专制与征服相混合的俄罗斯民族沙文主义。这种民族沙文主义文化传统有如下鲜明特点：宗法共同体内部自给自足的简单协作经济制度，轻视自由个性、强调整体和谐的

---

① 雷丽平：《东北亚文化圈中的俄罗斯文化》，《东北亚论坛》2000 年第 3 期。
② 同①。
③ 雷丽平：《俄罗斯文化的历史变迁》，《光明日报》2013 年 7 月 4 日。
④ 〔俄〕尼·别尔嘉耶夫：《俄罗斯思想：19 世纪至 20 世纪初俄罗斯思想的主要问题》，雷永生、邱守娟译，北京，生活·读书·新知三联书店，2004，2 版，第 3 页。

价值观念，崇拜权威和村社观念，并基于此产生了皇权主义以及从宗法角度对西方民主的鄙视，严重的轻商抑商传统。① 村社宗法共同体将对个人的束缚与保护有效地结合起来，使得俄罗斯文化中崇尚集体价值的斯拉夫文化与崇尚个人价值的西方文化之间长期存在纷争与冲突，不过源于俄罗斯社会底层的斯拉夫文化顽强地占据着主导地位。

三、欧洲大陆文化圈的文化特性

德国和俄罗斯由于地理位置、历史传统等因素的影响，在文化方面有很多共同之处，比如受基督教的影响比较深，民族性中都有服从的一面，文化传统中都有冲突与融合并存的某种分离特质，等等。这些特性是历史发展的结果，也是德国和俄罗斯民族特质的体现。

（一）受基督教的影响深远

911年，法兰克公爵康拉德一世被选为国王，在历史上他被视为德意志的第一位国王。962年，他的儿子奥托登位，在罗马接受教皇的加冕，德意志帝国有了实际的统治权。这一时期，教会拥有较大的权力，实际上成为国王的"帮君"。随着教会权力的日渐膨胀，天主教会和传教士的腐败堕落导致了广大教徒的强烈不满。14~15世纪，发端于英国和捷克的"宗教异端运动"对德国也产生了重大影响。随着矛盾的进一步激化，出现了以马丁·路德为代表的宗教改革运动。宗教改革导致宗教分裂，产生了新教，形成天主教和新教在德国乃至欧洲的对峙。② 一直到1919年，魏玛共和国宪法确立，政教才得以分离，但这未完全消除其历史的联结。时至今日，德国也是一个拥有众多教派的国家，70%的人口信仰宗教。在信众中，基督教福音教会和天主教会拥有众多的信教人数。③

古罗斯人在10世纪中叶前大多信奉多神教，多神教主要源于人们对自然、祖先和图腾的崇拜。由于罗斯各部落只信仰本地诸神，排斥其他部落的神，因此很难将罗斯各部落的宗教意识和传统统一起来。为了建立一个统一的思想体系，维护和巩固现存制度，988年，基辅罗斯大公弗拉基米尔将基督教定为基辅罗斯的国教，俄罗斯从此成为一个传统意义上的东正教国家。自从基辅罗斯受洗后，基督教成为俄罗斯的国教，基督教精神逐

---

① 金雁：《俄罗斯传统文化与苏联现代化进程的冲突》，《陕西师大学报（哲学社会科学版）》1988年第4期。
② 王志强：《历史文化地理视角下的德国国民特征研究》，《德国研究》2010年第2期。
③ 刘建平：《德国的宗教》，《中国宗教》1999年第4期。

渐与俄罗斯民族的天性相融合,这种融合沉淀在俄罗斯文化的深层结构中,宗教性也就日渐成为俄罗斯民族性格中的首要特质。① 基督教主要有三大分支:天主教、东正教和新教。在现今俄罗斯,前三大宗教分别为东正教、伊斯兰教、佛教。在俄罗斯境内大约有7000万名(或者更多)的东正教教徒,几乎占据俄罗斯人口的一半。在全球15个东正教会中,俄罗斯东正教会的规模最为庞大。②

可以说,两国在长期的发展中,都受到了基督教的极大影响,也正因如此,国民才形成了看似矛盾的双重性格。比如,德国人在理性主义传统和基督教的影响下,既讲秩序又热爱幻想,既严谨又浪漫,等等。而俄罗斯东正教在长期的发展过程中形成了一套完整的行为规范体系,这些已经深深地进入俄罗斯民族意识的深层,"善良、舍己、无私、友好、温顺、忍耐、禁欲、虔诚——俄罗斯民族所有这些以及其它许多特点都是在东正教影响下形成的"③。

(二) 具有民族和国家认同的爱国主义传统

在中世纪时,德意志地区处于分裂的局面。虽然有"神圣罗马帝国"的称号,实际上处于四分五裂的状态。尤其是三十年战争之后,1648年《威斯特伐利亚和约》的签订,从法律上确认了各封建诸侯和自由城市的主权,进一步加剧了这种分裂状态。正如马克思所说:"德国的联邦制度(反联合的)被巩固下来。其实,这是一项支解德国的条约。"④ 到了近代,德国的政治局面也没有多少改变。1800年前的德意志地图就仿佛一件"狂欢节里穿的短上衣"。它包含314个邦和1475个庄园,总共有1789个独立的拥有主权的政权。⑤ 而德国人寻求国家统一的声音从未停止过。早在12~13世纪,诗人瓦尔塔·芳特阿·伏该尔华特就在诗中写道:"德意志民族啊,我为你悲伤!对秩序的嘲弄——这就是你的景况,甚至蚊子也有自己的国王——而你的威信今天却遭到了如此的灾殃!站起来吧!站起来吧!我的人民,制止住可鄙的王侯的骄横。许多小国把你来压迫……向他们说:

---

① 包塔娜:《俄罗斯民族性格背后的宗教传统》,北京,中央民族大学,2011,第24页。
② 陶丽:《宗教文化与俄罗斯民族性格》,《东北史地》2014年第2期。
③ 程家钧:《现代俄语与现代俄罗斯文化》,上海,上海外语教育出版社,1999,第90页。
④ 马克思、恩格斯:《马克思恩格斯全集(第44卷)》,北京,人民出版社,1982,第387页。
⑤ 〔美〕科佩尔·S. 平森:《德国近现代史——它的历史和文化(上册)》,范德一译,北京,商务印书馆,1987,第13~14页。

'滚开'!"① 长期的经济停滞和政治分裂,加上周边国家的扩张威胁,使德国人对国家的前途和命运倍感焦虑。知识阶层逐渐觉醒,哲学、历史、文学、艺术等作品表现了文化独立、国家统一的愿望,力求从文化角度寻找民族延续的动力和民族统一的道路。德国的文化民族主义主要表现在三个方面:反对外族压迫,反对封建专制,崇尚民族团结和国家统一。外族压迫是激起文化民族主义的外部原因,封建专制是文化民族主义发展的内部阻碍,民族团结和国家统一是发展文化民族主义的潜在动力和最终目的。②

俄罗斯地理位置独特,横跨欧亚大陆,且国土面积广大。古斯拉夫人生活于内陆森林,由于相对于自然个体十分弱小,人们以村社的形式聚居,靠砍伐树木和耕种土地谋求生存。1223年,西征的蒙古军队入侵俄罗斯,拉开了蒙古征服和统治俄罗斯的序幕。在蒙古人统治的200多年时间里,"他们并没有给俄罗斯带来代数学,也没有给它带来亚里士多德",然而他们却熟悉中国的治国策略和征敛方法。③ 15世纪末,俄罗斯民族从蒙古人的统治下获得独立。为了维护统治地位,莫斯科大公承袭了集权和专制的体制,建立了以莫斯科为中心的中央集权国家。马克思曾经说过:"不是诺曼时期的野蛮光荣,而是蒙古奴役的血腥泥潭,形成了莫斯科公国的摇篮,近代俄罗斯只不过是它的变形而已。"④ 16世纪中叶,莫斯科大公伊凡四世改称沙皇,并确立了沙皇个人专制的政治制度。自此之后,俄罗斯形成了高度集权的政治体制,这对于领土面积广阔、民族众多的俄罗斯政权的巩固起到了重要作用。著名哲学家洛斯基认为,俄罗斯民族最主要的性格或民族精神可归纳为五个方面:集体主义精神,崇尚精神文化而轻视物质功利,极端主义、夸张倾向,权力崇拜,爱国主义。而这种爱国主义与皇权崇拜有密切关系,甚至俄国士兵在作战时所喊的口号也是:"为信仰、为沙皇、为祖国。"⑤

总的来看,德国由于其政治上的分裂,国家认同和爱国主义主要体现在文化层面,即文化民族主义,力求用文化来凸显和聚拢德国的国家精神和国家意志,形成本民族的文化传承和文化特色,实现国家的独立。而俄罗斯人对国家、集体的认同源自古斯拉夫人特殊的生存空间、生活方式,

---

① 张国臣、王三明:《论德国文化民族主义的兴起》,《许昌师专学报(社会科学版)》1994年第4期。
② 常乃文:《近代德国的文化民族主义与国家统一》,太原,山西大学,2010,第10页。
③ 刘玲:《俄罗斯——民族性格与文化特征》,《天府新论》2002年第6期。
④ 董瑞芳:《浅析俄罗斯文化东方特征的形成》,《文学教育(上)》2017年第5期。
⑤ 同③。

以及蒙古统治时期东方政治文化的进入和影响,主要体现在对国家利益的维护和服从国家意志方面。二者虽然在路径上有所区别,但是在国家、民族认同和爱国主义方面,是有一致性的。

(三) 文化的两极性与矛盾性

在欧洲历史上,莱茵河曾被看作是文明世界和蛮族的分界线。德国的西部和南部地区位于莱茵河附近,曾经被罗马人征服过,并长期受法国影响,形成了同法国相近的自由主义的制度。这部分地区是罗马化的德国。而莱茵河东部地区是更为原始的日耳曼人的德国,受罗马精神的影响小,其文明和教化程度远不及西部。由于历史的原因,"二战"后德国分裂成德意志联邦共和国和德意志民主共和国两个主权国家。1990年,德意志民主共和国和德意志联邦共和国最终统一起来。长期的分裂状态,加之受到的文化浸染不同,德国的文化表现出了不同的面貌。一方面,尽管德意志对罗马世界、拉丁文明进行了反抗,但在此过程中又不断融合、吸收罗马元素。也就是说,德意志的反抗不是简单地绝对地否定和排斥,而是融合包含,以更高的形式把对方包含在自身中。① 可以说,由于受到意大利和法兰西民族的影响,德国文化中带有一些拉丁民族的文化特点。而另一方面,德国东部气候寒冷,被森林覆盖,作为"森林部落"的东德人性格中逐渐形成了勇敢、坚毅的特质,融入了深沉、稳重、内敛的森林精神内蕴。这也造就了德国人"感觉迟钝、动作笨拙、表情冷漠,理智的力量十分执著,不容易受到外界的诱惑"② 的特质。

俄罗斯独特的地理位置,决定了其文化特性是在东西方文化的不断碰撞中形成和发展起来的。10世纪时,俄罗斯吸收了西方的基督教,并将其定为国教,开始了学习西方的历程。到了13世纪,蒙古统治俄罗斯,带来了东方式的管理思想和权力实施方式,但是也使俄罗斯远离了欧洲的文艺复兴。15世纪末,俄罗斯摆脱蒙古人的统治,实现了民族独立。1689年,彼得一世为振兴俄罗斯实行了"西化"改革,面向西方开放,学习西方的启蒙思想和科学文化,使俄罗斯一跃成为欧洲的强国。1917年,俄国发生了"十月革命",建立了世界上第一个无产阶级政权。可以说,"东方与西方两股世界之流在俄罗斯发生碰撞,俄罗斯处于二者的相互作用之中,俄罗斯民族不是纯粹的欧洲民族,也不是纯粹的亚洲民族,俄罗斯是世界的一个完整部分,是一个巨大的东-西方,它将两个世界结合在一起,在俄

---

① 陈锐:《论德国文化和德国哲学的双重性》,《学术月刊》1989年第5期。
② 同①。

罗斯精神中东方与西方两种因素永远在相互角力"①。也正是因为这个原因，俄罗斯文化形成了两极化，甚至矛盾的特性。"他们既有国家观念，主张专制主义，却又渴望有随心所欲的自由，有时也有对无政府主义的向往；他们有时是暴力、血腥、残忍的'战斗民族'，有时却又充满了善良、温和的人道主义光辉；他们有着强烈的个人意识，灵魂中却又渗透着集体主义……"②

从以上的分析中可以看出，独特的民族发展历史和地理环境使德国和俄罗斯的文化都呈现出两极化，甚至矛盾的分离特质。德国东西部的差异形成了德意志民族文化内部的冲突，比如西部和南部地区受意大利和法兰西影响显现出了拉丁文化色彩，而东部和北部地区保留了原始文化风貌。但是，在长期的交融和浸润下，德国的文化一方面保留了二者的对立，另一方面又使这种对立在运动和变化中消解了③。而在与东西方碰撞的过程中，俄罗斯文化中既有西方的影子，又有东方的色彩。比如，他们既有基督教的人道主义，又有蒙古人的征服、强制的欲望；既有西方的个人自由意识，又有东方尊崇集体、服从国家的爱国情结。

第二节　欧洲大陆文化圈中教学论的个性

德国传承与发扬了希腊-罗马文明，同时融合了日耳曼文化，并在长期的封建政权制度的规约下，形成了特有的德意志民族文化传统。这种文化传统深刻地影响到德国教学论的发展。俄罗斯文化具有鲜明的个性，例如宗教性、追求形而上学的精神性、自觉的国家性等。俄罗斯曾经是苏联最大的加盟共和国，苏联时期教学论发展成就斐然，苏联教学论实质上代表着俄罗斯民族在教学论方面的最高成就。俄罗斯文化对俄罗斯民族教学论的影响就集中体现在俄罗斯文化对于苏联教学论的影响上。

一、德国教学论的个性

随着德国文化的演进与发展，德国教育科学化也在同步进行。从文化

---

① 〔俄〕尼·别尔嘉耶夫：《俄罗斯思想：19世纪至20世纪初俄罗斯思想的主要问题》，雷永生、邱守娟译，北京，生活·读书·新知三联书店，2004，2版，第25~26页。
② 向璐瑶：《浅析俄罗斯文化特点及成因》，《东方企业文化》2015年第17期。
③ 陈锐：《论德国文化和德国哲学的双重性》，《学术月刊》1989年第5期。

的演进看，德国主要经历了文艺复兴与宗教改革、启蒙主义文化、古典人文主义文化、浪漫主义文化、民主主义文化、社会主义文化和融合文化等发展阶段，这些阶段有许多是交叉并存的。① 在宗教改革之后，德国资产阶级的启蒙运动致力于摆脱基督教教义对人的思想和权利的束缚。德国教育逐渐实现了世俗化和现代化，从教会手中收回教育权利，倡导教育与学术的自由讨论，在神学课程之外增设自然科学与哲学课程，以思想自由和教学自由为基本原则开办了欧洲第一所现代意义上的大学——哈勒大学。在古典人文主义运动时期，德国文化实现了从神性崇拜到人性崇拜的历史性转变，构建了以民间传统为基础的德意志文化系统。康德在《纯粹理性批判》中首次把哲学从神学与形而上学的桎梏中解放出来，引发了欧洲的哲学革命，接着以人的本性为行动唯一目的的原则，建立了以先验论为基础的伦理学。在此基础上，康德形成了自己的教育理论，对道德教育及心理功能训练做了大量探讨，从而开启了教育科学化道路。浪漫主义文化源于过度的理性主义。理性主义在过度思辨之后走向了神秘主义，沉醉于对人的内心的神秘性的探索，进而形成了具有"美学化崇拜"特征的非理性主义。特别是在法国占领普鲁士之后，德国以浪漫主义作为思想武器反对法国和法国革命。这种对人的心灵的探索运动拓展了教育科学的领域，为教育关注人性中的非理性因素开辟了道路。

在德国的文化运动过程中，德国教育的科学化呈现出独特的特征。一是强调理性的哲学思维方式推动了德国教育科学化。在古希腊时代，哲学是百科全书式的知识体系。而在近代科学从哲学中分离出来之后，哲学的作用转向为科学的合理性提供证明与支撑。康德首先将教育作为一个科学研究的领域与主题，运用理性的力量去分析教育原理，并在教育实践中去验证与检验，从而"改变了当时普遍存在的视教育为'艺术'的狭隘认识，唤起了人们对教育的理性认识和'科学'意识"②。在此基础上，赫尔巴特强调教育学必须建立在心理学之上，并指出"心理学作为一门科学，应建立在形而上学、数学和经验的基础上"③，他以带有浓厚的哲学意味的心理学概念"统觉"与"观念团"为基础构建了教育教学科学理论。赫尔巴特开启了以理性主义的逻辑演绎为主要方式研究教育学和指导教育实践的主导性潮流。二是"非功利化"的文化价值取向使得德国教育科学直接

---

① 朱晓斌：《德国文化与教育科学化进程》，《华东师范大学学报（教育科学版）》1997年第4期。

② 同①。

③ 同①。

指向人的发展。德国的文化精英继承了古希腊"学术目的在于学术本身"的传统，在学术活动中少有功利化的政治经济目的，愿意以自己的思想去引领、教化和启迪他人。尤其是在民主主义文化的影响之下，德国教育科学自动地摒除社会政治经济的过度影响，直接指向人的发展，研究如何促进学生的个性发展、才能培养、人格完善等问题。

　　虽然德国教育科学强调以哲学思考方式在理论层面分析教育对于人的发展的作用与价值，但还是谨慎地关注到教育的经验与实践，使得德国教育科学化具有了实证主义的特征。19世纪以来，德国教育科学受到精神科学理论、批判理论等哲学思潮的影响。如果说康德想通过他的"纯粹理性批判"为自然科学奠定可靠的认识论和方法论基础的话，那么狄尔泰也想通过他的"历史理性批判"使精神科学即人文科学关于人类历史的知识，能够像自然科学关于自然界的知识那样确凿可靠。[1] 狄尔泰区分了精神科学和自然科学，认为精神科学需"从人的全部身心发展，从人的心灵的内宇宙出发去发展作为主体的人是怎样感受世界、体验生活世界，表达自我意识，理解人类历史，从而追问人是如何获得自己潜能的全面伸张，最终成为'整体的人'的"[2]。狄尔泰所倡导的"体验-表达-理解"的思考方式在一定程度上改变了德国教育科学"纯粹"理论思辨的传统，将"整体的人"置于实际的现实世界之中，通过对现实世界的体验、感知、理解而促进"整体的人"的自我建构。

　　20世纪批判理论对德国教育科学产生了很大影响。批判理论具有以下三个特点：一是强调主体性。批判理论弘扬人的主体性，主张要唤醒个体独立思考的能力，个体不能去维持现存社会体制中僵化的思维模式和行动模式，而应该成为掌握自己的命运和创造历史的主体。二是强调整体性。批判理论运用开放的辩证法，将研究的焦点对准历史进程中的社会整体，力图建构"社会发展的一般性图像"。三是强调实践性。批判理论要改变人在认识中是旁观的、被动的看法，把人看作是在各种社会实践中行动的人，即人是主动的行动者，他不断提出新的假设，积极地检验它们，不断地接受批判，改造自身和环境。批判的教育研究方法可以归纳为以下几个步骤：确认哪些社会群体或运动的兴趣是进步的；发展一种为社会中所有群体所共有的主体间性、价值与动机的诠释性理解；探究社会情境的历史发展与探究当前的社会结构，这些社会结构会约束行动并形成理解；以

---

[1] 刘放桐等：《新编现代西方哲学》，北京，人民出版社，2000，第488页。
[2] 邹进：《现代德国文化教育学》，太原，山西教育出版社，1992，第28页。

社会情境、主体间性以及参与者的行动三者之间的关系来建立模式；阐明基本的矛盾，包括对情境的理解与比较，批判其意识形态，并发现行动的可能性；参与某种教育计划，为参与者提供一些新的方式来观察自身的处境；参与某种有理论基础的教育计划，以改变社会情境，并产生新的理解和需要。① 批判理论在反思精神科学及以往的哲学传统的基础上，促使德国教育科学在一定程度上更加关注教育领域的实践经验、社会情境、实际应用等。

从文化与教育的关系出发，德国教育科学自觉地显现了德国文化发展脉络与文化性格对德国教育的深刻影响，而教学论作为教育学的核心成分和关于教学活动发展变化的基本理论，必然更为深沉地彰显、融合了本国文化及其特色。

（一）教学价值：符合社会需求的教养中心取向

德国教学论受到思辨哲学、精神科学、人文主义等的影响。思辨哲学关注"什么是完整人格""何为整体的人"，并从理论层面进行论证，提出教育实现的方向与路径。精神科学强调质性研究，尤其倡导采取"体验-表达-理解"的方式让人感知宇宙、世界、自然、社会、人等，依据自我的独特体验对这些要素进行诠释。人文主义把人及人性放在认知的中心，新人文主义更是把培养人作为学校教育教学的主要目标。由此，德国教学论着眼于人，注重分析人性的完整性、促进完整的人的培养等，并最终集中到人的教养问题上，"无论从理论层面看，还是从实践层面看，（它）都是与人类的教养及有关人的抚养和教育交织在一起的"②。教养在本质上就是人的品性与道德。"教学论最初的任务是追寻文化所赋予的知识与技巧在形成品德上的意义。……首要的问题是要追问，为什么学生要学习这个课题？……首要的任务是依据教养找出将要学习的对象的意义，然后再去追问它能够和应当对学生有何意义，以及学生如何能够自己体验这种意义。"③ 随着社会的发展，教养的内涵发生了变化，也影响到教学论的演进。在17世纪教学论的萌芽时期，人的教养就是要符合社会及宗教的统治需求，在社会和教会许可的范围内讨论"人皈依上帝"的方式。在18~19世纪教学论的形成时期，为了维护德国教会和国家统治的等级制度，教学

---

① 林瑞荣：《批判理论与教育研究》，《台南师范学院学报》1992年第25期。

② Nielsen, F. V., 2007: "Music (and Arts) Education from the Point of View of Didaktik and Bildung", *International Handbook of Research in Arts Education*, 16(1).

③ Westbury, I., et al., 2000: "*Teaching as a Reflective Practice: The German Didaktik Tradition*", Mahwah, New Jersey, Lawrence Erlbaum Associates, 46.

需要维护这种社会所需要的有序。在此基础上，赫尔巴特依据学生在课堂中的兴趣发展进程，提出了层层推进的"形式阶段理论"。

自此，关注符合社会发展需要的人的教养成为德国教学论的一个主流传统，并在20世纪形成了系统完备、影响甚大的教养中心教学论。即使是在20世纪德国教学论的多样化特征非常突出，以克拉夫基为典型代表所构建的教养中心教学论仍然居于德国教学论中不可撼动的主流地位，德国其他流派的教学论大多是在反思教养中心教学论的基础上形成的。以海曼为代表的柏林教学论学派在反思教养中心教学论过于着眼于学生的基础上，从教师信念的角度提出了一套系统的教学艺术与方法，主要是强化了教师的作用，从具体的实践策略方面完善了德国教学论，但在本质上并未改变德国教学论的教养价值取向。至于最近几十年备受瞩目的学习中心教学论，即使其核心关注点是教学目标、内容、方法以及媒介之间的相互作用[①]，但其实质是在建构主义、神经教育学等理论的基础上讨论如何有效地促进学生深度学习，在一定程度上仍旧沿袭了德国教学论强调教养的传统。

（二）教学目标：注重知识与能力的统一

德国教学论受到德国传统文化和哲学中整体性思维的影响，在教育目的上更多指向培养"整体的人""全面发展的人""完美的人"。在这种背景下，在教学目标上出现了是传授知识还是发展能力的争论。柏拉图认为人的一切知识都是由天赋而来，潜在于人的灵魂之中，知识不是对物质世界的感受，而是对理念世界的回忆。柏拉图将世界分为理念世界和现象世界，认为理念世界是真实的存在、永恒不变，而人类感官所接触到的这个现实的世界，只不过是理念世界的微弱的影子。[②] 教学目标实际上就是重新点亮人的理念世界中天生具有的灵魂之光。柏拉图将知识与能力同一化，认为传授、发现知识是手段和过程，而发展能力才是真正的目的。

柏拉图关于教学目标的认识引发了"形式教育"与"实质教育"孰轻孰重的长期争论，到18世纪这一问题成为欧洲教育界争论的焦点，也影响到德国教育家对教学目标的理解与建构。德国教育家第斯多惠认为传授知识目标取向的实质教育与发展能力目标取向的形式教育均不完善，教学应当达到两种目标，且这两种目标是相互依存的：学生在掌握知识的同时也

---

① 彭正梅、张玉娴：《德国普通教学论传统、危机与新方向——对德国教学论专家迈尔的访谈》，《全球教育展望》2014年第12期。

② 陈建华：《论基础教育、素质教育与博雅教育的内在关系》，《南京社会科学》2013年第9期。

发展着自己的能力，而能力的发展又促进着知识的掌握，不过，发展能力的教学目标更为重要。当代德国教学论研究代表人物克拉夫基进一步批判了实质教育和形式教育对于教学内容、教学和教育关系的传统观点，运用意识与存在的同一性原理，将形式教育与实质教育二者辩证结合起来，提出了范畴教育理论，将受教育者获得包括实质教育论主张的知识和形式教育论主张的能力两个方面统一为一个范畴。克拉夫基认为，教学目标不仅仅是使青年一代掌握知识，也不仅仅是发展他们的能力；同时既不能只给予他们普通教育，又不能只给予他们专门化教育。他强调，只有使青年一代既具有知识又具有能力，既受过普通教育又受过专门化教育，他们才能做到对世界的积极适应。①

赫尔巴特提出了著名的教育性教学原则，把教育和教学融为一体，统一在整个教育活动中。他认为，因理性、情感和意志都源于观念，道德意识和行为应以掌握一定的知识为基础，因此智育是培养道德和养成教养的基础。在这个意义上，教学目标涉及发展能力的范畴，甚至突破发展能力的范畴而达到了促进学生情感养成的高度。由于批判理论的影响，德国教学论中的教学目标还有"解放"的意涵。在当代，交往教学论把"解放"作为学生学习的最高目标，旨在让学生最终摆脱受教育的状态，具有独立的人格和独立的能力。而解放的目标必须通过解放的教学来达到。为了达到这个目标，教学需要反对权威，引导学生逐渐摆脱来自社会、技术、自然及他人的各种压制，把"解放""自治参与""人道主义"等作为目标，强调学生自决能力、参与能力和团结能力的培养。

（三）教学内容：从百科全书式课程走向范例化的选择

古希腊时期为了促进人的多方面的发展，教学内容非常广泛。苏格拉底主张促进学生德智体协调发展：首先要培养人的美德，教人学会做人，成为有德行的人；其次要教人学习广博而实用的知识；最后要教人锻炼身体。② 而柏拉图吸收和发展了智者的逻辑、语法、修辞"三艺"及斯巴达人的军事体育课程，总结了雅典的教学实践经验，在教育史上第一次提出了"四科"，即算术、几何、天文、音乐，其后，这些便成了古希腊课程体系的主干，支配了欧洲的中等与高等教育达1500年之久。③ 受此影响，夸美纽斯提出了"把一切事物教给一切人们"的教育口号，其中"一切事

---

① 李其龙：《克拉夫基的教学论思想（上）》，《外国教育资料》1982年第4期。
② 王兴海：《西方先哲的教育教学思想》，《山东教育》2012年第1期。
③ 同②。

物"是指一个包罗万象、百科全书式的体系。

为了人的多方面的发展而设置百科全书式的课程体系的传统影响了德国教学内容的设置。在康德之前，哲学就是所有知识的汇总或总体体系，这在一定程度上反映了教学内容囊括人类文明成果的取向。赫尔巴特在其道德目的的指导下，依据观念心理学论述了教育的内容，提出了多方面兴趣的理论。他将兴趣分为两大类：一类是知识的兴趣，它源于人与自然接触的经验，包括体验的兴趣、沉思的兴趣和鉴赏的兴趣；另一类是同情的兴趣，它源于人与人的交往，包括对人的兴趣、对社会的兴趣和对宗教的兴趣。这种关于自然、社会、思维等方面知识的课程体系，有助于学生获得较为全面的教养，形成完善的道德。

随着知识体系日益复杂和知识总量不断增加，百科全书式的课程体系越来越成为学生的沉重负担。根据人的全面发展需求和社会发展需要，选择人类文明中的精华作为教学内容就成为必然选择。德国教学论出现了范例化的教学内容选择方式。在范例教学论中，教学内容的选择遵循三个要求：基本性、基础性、范例性。"基本性"强调教学应教给学生基本的知识，也就是基本概念、基本科学规律或知识结构；"基础性"强调教学内容应适合学生的智力发展水平，符合他们的基本经验，切合他们的生活实际，也就是说教学内容对受教育者来说是基础的；"范例性"是指要教给学生经过精选的"基本性"和"基础性"知识，而不是全部带有"基本性"和"基础性"的知识材料。① 范例教学认定的教学内容是反映事物规律、原则、结构和相互关系的内容。克拉夫基认为在教育中居于中心位置的必然是能反映基本事实、基本问题的教学内容，是既对学生现在有意义又对其将来有意义的教学内容，是可以帮助学生获得基本知识、基本能力的教学内容。这在一定意义上表明范例化的教学内容也具有百科全书式的课程形态并且能够适应学生全面发展的需要。德国其他教学论流派也受这种范例化教学内容的影响。在柏林教学论看来，教学内容就是课题，是以一个问题或知识点为中心构建的全景式的内容体系，具有科学性、技术性和实用性三个特性。

由此看来，德国教学论中关于教学内容的基本观点，实际上就是在理性主义认识论指导下，反映人类文明的基本事实、基本规律等，以引导学生基于自身经验构建新的知识结构，满足学生全面发展的需求。

---

① 李其龙：《克拉夫基的教学论思想（上）》，《外国教育资料》1982年第4期。

（四）教学过程：心理学基础上的知识理解与掌握

受德国教育科学心理学化的影响，赫尔巴特基于观念心理学，认为教学过程须包含"专心"与"审思"两个相互联系的基本环节。"专心"指心智集中于某一对象而排斥其他思想活动，"审思"指通过深入理解与思考把在"专心"活动中获得的对个别事物的认识联合成统一的整体。基于自己的教育实践和激发学生学习兴趣的目的，赫尔巴特认为教学过程是一个直观、连续、令人振奋的过程，形成了包含明了、联想、系统、方法的教学阶段理论。之后，莱茵与齐勒尔等人经过改造，从教师在课堂中处理教材及传授知识的角度形成了包含复习、引导、讲授、总结、练习的课堂形式阶段理论。这虽然在一定程度上弱化和偏离了基于学生心理及兴趣的立场，却因为便于课堂教学操作而在具体的教学实践中产生很大影响。由此看来，着眼学生发展与立足知识传授这两种教学过程取向，并存于德国教学论之中，影响着德国教学论的后续发展。

范例教学论在思考教学过程的时候，将重心投向学生的主动学习，认为范例教学方式就是让学生主动学习的方式。为了让学生主动学习，教学过程需满足两个条件：首先，教学必须符合学生当前的发展水平。其次，教学应当提供给学生可以理解和掌握的基本规律、基本原则、基本结构及其相互关系。范例教学论所倡导的教学过程包括四个阶段：范例性地阐明"个"的阶段；范例性地阐明"类"的阶段；范例性地掌握规律和范畴的阶段；范例性地获得关于世界以及生活经验的阶段。[1] 这表明范例教学过程存在明显的重视知识结构掌握的痕迹。

控制论意义上的教学论把教学过程首先视为一个使学习者始终处在一定控制之下，达到特定教学目标的过程。[2] 由于学习者始终处于有意或者无意、内部或外部因素的影响之下，所以教学过程中的控制不是一成不变的，而是要根据实际情况进行调整。教学控制系统的运行过程是教师按照教学目标制定出教学方案，采取教学策略，通过控制纽带把信息传递给学生的过程。由于学生始终受到各种因素的影响，教学结果可能与教学目标不一致。因此，需要通过对学生学习结果的反馈来确定是否要修正控制过程。该理论以控制论、信息论为基础，在一定程度上弱化了教学过程的心理学化，将教学变成一个外在于学生兴趣和心理变化的可控过程，注重通过对知识的理解与掌握而实现既定教学目标和获得较好的教学效果。

---

[1] 李其龙：《克拉夫基的教学论思想（上）》，《外国教育资料》1982 年第 4 期。
[2] 杜惠洁：《德国教学设计的理论与实践研究》，上海，华东师范大学，2006，第 58 页。

交往教学论跳出控制的圈子，用交往的观点来审视教学过程，认为教学过程是一种交往过程。教学过程是基于教学内容和师生关系而形成的一种交往过程，教师在教学中不仅要重视教学内容，还要重视围绕教学内容构建师生双方的交往关系。这在一定程度上强调了知识传授与发展能力的统一，明确要在教学过程中将学生心理发展特性与知识结构规律协调起来。

（五）教学方法：遵循启发式教学路线

苏格拉底认为，一切知识都是从疑难中产生的，越是要进步疑难越多，疑难越多进步越大。苏格拉底承认自己本来没有知识，而又要教授别人知识，于是他采用"产婆术"，帮助别人产生知识。"产婆术"自始至终以师生问答的形式进行，在教学生某种概念时，不是把这种概念直接告诉学生，而是先向学生提出问题，让学生回答，如果学生回答错了，也不直接纠正，而是提出另外的问题引导学生思考，从而让学生一步步得出正确的结论。① "产婆术"源于苏格拉底的教学实践，它奠定了西方启发式教学的基调。依据人的知识与美德存在于理念世界和人的灵魂之中的观念，柏拉图继承了苏格拉底的问答法，把回忆已有知识的过程视为一种教学和启发的过程。他反对用强制性手段灌输知识，提倡通过问答获得知识，即提出问题，揭露矛盾，然后进行分析、归纳、综合、判断，最后得出结论。②

德国存在一种追问人的存在、宇宙是什么的形而上学传统，习惯于不断提出问题并探索答案。在中世纪以后，德国长期处于战乱与分裂之中，德国人对国家、社会、自己产生怀疑和不安，不断追问国家统一、民族独立等问题，经过数百年的追问与求索，在文化上形成了标志国家统一和民族独立的文化民族主义。德国特殊的文化社会样态使得德意志民族形成了追问问题的认知习惯。这种认知习惯自然也强化了教学中以"问答法"为底色的启发式教学。第斯多惠认为教学要充分考虑学生的年龄特征和个性特点，主张采用启发式教学法，让学生探求、思考、判断和发现。他认为，如果使学生习惯于简单的接受或被动的工作，任何方法都是坏的；如果能激发学生的主动性，任何方法都是好的。在这个意义上，第斯多惠将直观教学法作为教导儿童最重要的方法，因为直观教学法符合人类从直观到抽象的认识路线，有利于智识较浅和认识能力较弱的儿童去认识世界和追问世界。在这个意义上，第斯多惠实际上把启发式教学置于教学认识论的高度，也反映了德国教学方法的基本层面。赫尔巴特强调教学方法要符合学

---

① 王兴海：《西方先哲的教育教学思想》，《山东教育》2012年第1期。
② 同①。

生的思维进程、接受程度及个性特征,他将教学方法分为单纯提示教学、分析教学和综合教学三类,也反映了教学过程中学生的心理变化。

二、俄罗斯教学论的个性

俄罗斯文化的东西方二元结构,使得俄罗斯教育受到东西方教育的影响,并在此过程中逐渐实现了教育的自主发展。如在彼得一世改革时期,俄罗斯政府机构德意志化,俄罗斯教育由学习波兰转向完全学习德国。伊丽莎白·彼得罗夫娜1741年登位后,禁止德国人干预朝政,自主发展的思想成为主流。相应地,俄罗斯教育也走上自主发展的道路,在学习改造外来教育的同时自主构建本国的教育。倡导俄罗斯教育自主发展的代表人物罗蒙诺索夫提出,俄语是一种丰富、灵活、生动有力的语言,具有欧洲其他语言一样的优点,他针对彼得一世改革以后出现的语言混杂现象,创立统一的俄罗斯语言,为俄罗斯教育自主发展打下了语言基础。

(一) 教学价值取向:强调民族性、集体性及社会性

俄罗斯文化的民族性、集体性及社会性规约着俄罗斯教育。而相应地,教学活动也必然服务于俄罗斯教育在弘扬俄罗斯文化的民族性、集体性及社会性方面的价值取向。

罗蒙诺索夫在提出统一俄罗斯民族语言的同时,站在国家民族的高度重视俄语教育,并制定了文法中学教学法。在叶卡捷琳娜二世进行俄罗斯教育改革的过程中,奥皇二世推荐的塞尔维亚人、著名斯拉夫教育家扬科维奇被聘为俄国国民学校委员会顾问,他的著作《教师手册》成为俄国教学条例的基础,但后来国民学校委员会认为扬科维奇的《教师手册》的内容安排有欠缺,于是莫斯科大学教授符·弗·斯维托夫将《教师手册》修改为《教师指南》,去除《教师手册》中的宗教性,倡导教育教学的世俗性。[1] 这实际上是俄罗斯民族发展需求在教育教学价值方面的体现。最明确地提出俄罗斯教育民族性主张的人是乌申斯基,他认为民族性是每个民族在其特定历史、地理和自然条件下所形成的特点,主张将民族性原则作为教育学体系的基础。教育的民族性原则要求教育具有本民族特色,不盲目照搬别国的教育制度,将本国语言作为教学的基础。

源于村社的集体主义文化使得俄罗斯教育教学文化具有强烈的集体主义价值取向。马卡连科就明确提出形成良好的集体,通过集体进行教育,

---

[1] 王长纯:《俄罗斯教学论的系谱研究》,《外国教育研究》2010年第10期。

基于共同的目的展开一致的行动，形成正确的集体舆论，制定必要的制度和纪律，培养集体义务感、责任感和荣誉感。在苏联时期，这种教育的集体性在马克思主义的指导下演化成了教育的社会性，如凯洛夫提倡培养全面发展的苏维埃国家的积极建设者和勇敢的保卫者，维果茨基认为人从出生起就是社会历史的产物，苏霍姆林斯基指出将学生培养成全面和谐发展的人、社会进步的积极参与者。这也说明俄罗斯教育教学具有鲜明的集体主义及社会性价值取向。

当然，俄罗斯教学论研究者也关注教育教学对于个人发展的价值。乌申斯基就提出了学生德智体劳和谐发展的教育教学观念。在 18～19 世纪，反对宗教性、追求人道主义与民主主义成为俄国教育教学改革的基本价值观念。在这种观念的影响下，20 世纪 80 年代阿莫纳什维利认为儿童个性培养非常重要，甚至重于知识掌握，这也为后来俄罗斯推行民主化、个性化教学改革提供了支持。不过，俄罗斯教育教学的个人发展价值取向是服从于民族发展和社会发展的价值取向的。马卡连科就指出，个人要在社会集体中发展社会认可的行为，在与社会成员的相互作用、共同工作和生活中来建构个性。

（二）教学目标：重视知识技能掌握并兼顾情感养成

在教学目标方面，俄罗斯教育首先重视的是知识技能掌握，强调在掌握知识技能的同时发展能力。凯洛夫强调教科书是学生获取知识的主要来源之一。赞科夫强调学生的知识与技能是在尽可能深刻理解和掌握有关概念、法则、关系等知识的基础上获得的。苏霍姆林斯基在论述教学与发展的关系时就明确指出师生应通过教学有效地进行知识传授和获取，掌握知识的人才是一个真正幸福的人，并且坚决反对只传授知识而没有培养能力的教学活动。这在一定程度上体现了俄罗斯教育兼顾东方重视知识教育与西方注重能力发展的文化传统。

与俄罗斯文化注重集体主义、社会发展等特点相关，俄罗斯的教育不仅非常重视知识技能理解，强调促进学生能力发展，也十分关注学生的情感养成。俄罗斯教学论建立时期的教育家奥伯多夫斯基在其著作《教学论指南：教学的科学》中明确指出，激发并形成道德感从一开始就是教学过程中的教育目的。[①] 苏霍姆林斯基在论述教育性教学时，提出世界观教育、

---

① 王长纯:《俄罗斯教学论的系谱研究》,《外国教育研究》2010 年第 10 期。

道德教育也必须在科学知识的教学中进行。① 而斯卡特金明确地提出了情感教学思想，认为情感是学生认知能力发展的动力，教学需要积极情感做支撑，从而创造和谐的教学气氛。赞科夫也非常重视情感教学目标，认为一般发展区别于智力发展之处，就在于它的含义中不仅包括认识过程，而且包括意志和情感②。并且，与情感密切相关的个性品质也像行为方式一样，是以一般发展为基础的，是在各种材料上、在多种多样的情境中表现出来的。

（三）教学内容：偏向西方教育的自我建构、重视完善的知识体系

俄罗斯经历了在不断模仿西方教育中构建俄罗斯教育内容的发展过程。据俄罗斯历史记载，基辅罗斯大公最早于988年开设了第一所公立学校，将贵族子弟送到学校学习书本知识，从而开启了俄罗斯学校教育传统。到了13~15世纪，俄罗斯出现了"字塾"，教师教孩子读、写和祈祷。在俄罗斯的古希腊学院中，课程主要有神学、修辞学、逻辑学、物理学、数学等。中世纪时期俄罗斯的课程与教学内容具有明显的宗教特征，不仅借鉴了古希腊的课程，引入了中世纪西欧的自然科学课程，也有本民族的基础性教学内容，尤其是俄罗斯语言。

在俄罗斯帝国时期，这一教学内容得到进一步发展。在18世纪叶卡捷琳娜时代，学校的课程包含阅读、书法、文法、绘画、神学、俄文、算术、几何、地理、自然、物理、机械，以及希腊语、拉丁语等。③ 这一时期宗教课程被弱化，更加强调教育教学的世俗性。而在尼古拉一世时期，俄罗斯教育走向封闭。1828年教育法令规定：为最低阶层儿童开办教会学校，教授四则运算、读、写和"上帝的律令"；为中产阶级即市民和商人子女开办世俗学校，教授几何、地理、历史；为贵族和官员子女开办7年制高中，帮助他们为升入大学做准备。④ 此外，托尔斯泰等受欧洲民主主义思想和新教育运动影响而在俄罗斯开展民主主义、人道主义教育，课程与教学内容不再预先设定，而是随学生兴趣产生。这为20世纪初学习以杜威为代表的西方教育思想开启了道路，但也带来了轻视教学内容的问题。不过

---

① 叶红英：《重新认识苏霍姆林斯基"个性全面和谐发展"教育思想的深刻内涵》，《现代教育科学》2012年第9期。

② 〔苏〕列·符·赞科夫：《教学论与生活》，俞翔辉、杜殿坤译，北京，教育科学出版社，1984，第15页。

③ 娜斯佳：《近20年俄罗斯教学论研究和教学实践改革》，哈尔滨，哈尔滨师范大学，2012，第11页。

④ 同③，第9页。

在 20 世纪 30 年代以后，苏联迅速扭转了这种局面，重新重视知识化的教学内容，也引入了基于学生兴趣和个性而创生的教学内容。如重视情感教育的斯卡特金就认为，教育的目的是传递前人积累的经验，这些经验具体体现在知识、技能、创造性和对待世界的态度上。由于人类活动的复杂性和多样性，超越具体活动的共同要素包括：关于自然、社会、思维技术、活动方法的知识体系；关于活动方式的经验；创造性活动的经验；关于情感方面的思想体系。①

（四）教学过程：凸显基于整体的系统性与控制性

因俄罗斯民族重视集体主义、强调集体对个人控制的思维特征，俄罗斯教学理论对于教学过程的基本观点是：教学过程具有一定的结构，既是一个系统化的过程，也是一个控制的过程。总体上看，教学过程是一个不可分割的整体。传统、主流的教学理论基于夸美纽斯的集体教学原则，将赫尔巴特从认知性教学出发的教学过程系统化，总结出了组织教学、复习旧课、讲授新课、巩固新知、课后练习等基本环节。这一以知识掌握为出发点的教学过程，强调通过严密系统的环节控制而保证知识掌握的有效性。正如凯洛夫指出的，通过教科书学习，学生在短时间内获得大量的知识。为解决忽视学生在教学中的作用的问题，苏联接受和采用了以杜威为首倡导的探究式教学理论。但是在教学实践中由于对学生的过于放纵而产生了与俄罗斯集体主义文化传统相违背及教学质量低下等问题，探究式教学实践被中止了。20 世纪 70 年代以后，作为一种折中的方式，从关注学生发展出发，赞科夫和达维多夫主导的教学与发展实验、阿莫纳什维利倡导的合作教学等，以适合俄罗斯文化特性的方式，有效地吸收了探究式教学的内涵，整合了认知教学与发展教学的优点，对控制性和系统性过强甚至僵化的传统教学过程进行了调和。正如有学者指出的："赞科夫学派和达维多夫学派的共同点在于都试图在传统教学的基础上，在班级授课制条件下实施发展性教学。"② 在民主思想的影响下，俄罗斯出现了教学人性化思潮，主要是出于对教育个性化的文化社会学思考，实质上缺乏针对教学的有效理论与改进方略。

俄罗斯教学过程的控制性和系统性更为具体地体现在一些教学理论之中。教学控制理论从控制论的原理和方法出发来研究教学问题，试图对教学系统进行全面控制。所谓全面控制，是指这样来安排教学：学生的心理

---

① 康宁：《高中〈音乐鉴赏〉教科书的实证研究》，长春，东北师范大学，2018，第 90 页。
② 王长纯：《俄罗斯教学论的系谱研究》，《外国教育研究》2010 年第 10 期。

过程是按照教学规划所精确拟定的方向进行的,教师掌握了影响、调节和控制这些过程的手段,排除了这些过程发展的自发性。是否对教学进行控制,其结果大不一样。控制这种学习过程与没有这种控制,二者完全不同。其主要不同之处在于:在有效控制的情况下,学习过程就没有偏离基本方向的种种现象。合作教育学虽然认为师生关系要民主、平等,但仍然认为"应该把教学理解为这样的一个过程,通过这一过程形成和学生的学习和认识活动,以及他们对这种活动的完全合乎要求的动机。正因为没有一定的学习和认识的对象、教材,就不可能有学习和认识活动,所以,控制学习和认识活动,也就是形成对知识本身的一定态度"①。这种动机的重要来源是学生正在成熟的和趋向发展的心理力量与教材的相关度,教师要基于最近发展区理论分析这种相关度。

将教学过程视作一个系统的典型代表是巴班斯基。他认为研究教学的方法论是系统结构法,他"根据对广泛的社会过程与教导过程(教学过程是其中的一个成分)之间相互联系的分析"②,提出教学过程受社会需要制约,教养、教育和发展三个方面相互联系,教与学相互联系,教学过程中所有成分相互联系等系统性特征明显的教学规律。借鉴马克思对劳动过程的分析方法,巴班斯基认为教学是在一定条件下师生实现交往和认识统一的双边活动,具有社会目的性,学生在活动中形成认识的兴趣和动机。教学过程是一个系统,由目的、激发动机、教学内容、操作-活动、检查-调整、效果-评价六个部分组成。

(五)教学方法:基于认识论的知识掌握及能力发展

俄罗斯存在重视知识的文化传统,于是教学方法侧重对知识文化的传授、学习、理解、掌握等,实际上是将知识认识论作为教学方法研究的起点。首先,教学方法具有人类认识知识世界的特征。凯洛夫认为教学遵循人类的认识规律,教学方法在深层次上遵循从生动的直观到抽象的思维、从抽象的思维到实践的认识论路线,并提出了直观性原则、系统性和连贯性原则、教学的通俗性和可接受性原则等,有效地促进了学生对系统知识的掌握。其次,强调教学内容与教学方法相互匹配。巴班斯基在教学过程最优化理论中,提出需要选择教学内容并将其具体化,然后再根据具体情

---

① 朱佩荣:《学习动机的源泉——阿莫纳什维利实验教学的理论前提之二》,《外国教育资料》1990年第3期。
② 〔苏〕巴班斯基:《论教学过程最优化》,吴文侃等译,北京,教育科学出版社,2001,第227页。

况选择教学方法。最后，在注重知识认识论的同时，也关注学生的心理发展、学习方式等。莫斯科大学教授斯维托夫在《教师指南》中就明确指出，教师应当根据学习的方式去教授自己的学生。乌申斯基更为全面地强调，应注意考虑儿童的年龄和心理特征，遵循直观性和连续性的原则，从具体到抽象地实施教学。① 赞科夫、苏霍姆林斯基等从教学与发展的关系角度出发，更为鲜明地提出使学生理解学习过程的原则、使全体学生都得到发展的原则，强调教师要在教学中激发学生的求知欲，引导学生积极思考，使学生体验到学习取得成绩的快乐。由此看来，俄罗斯的教学方法还是以如何认识知识世界为出发点的，只是引入学生的心理特点，这样可以让学生更有效地掌握知识，并在此过程中发展能力。

第三节　欧洲大陆文化圈中教学论的共性

德国和俄罗斯在文化方面有很多相似的地方，比如受基督教的影响比较深，民族性中都有服从的一面，文化传统中都有冲突与融合并存的某种分离特质，等等。文化方面的相似性，使得德国和俄罗斯的教学论呈现出某些共同的趋向。

一、在分离与冲突中走向融合

从古希腊时代开始，欧洲文化的分裂特质就非常鲜明。在城邦时代，斯巴达的专制控制主义与雅典的人文民主主义相互冲突，两者不断争夺爱琴文明的主导权。在中世纪，席卷欧洲的基督教神学与世俗社会文化相互冲突，一方面神权为了维护自己的精神统治地位而竭力维持欧洲社会的分离形态，另一方面世俗政权为了壮大自己而不断腐蚀欧洲的神权统一性。这两种冲突使得欧洲文化具有冲突与分裂的基因。欧洲文化的分离性在国家层面也展露无遗。德国文化呈现理性与反理性、自由与反自由、人文与反人文等相互冲突与分裂的趋向。俄罗斯文化具有基于村社的集体主义与西方个人主义的冲突以及东西方文化共存一体中的分离倾向。在这种冲突与分离的过程中，德国形成了融合古希腊罗马文明与日耳曼蛮族文明的"双重"性格的德意志文明及文化民族主义，而俄罗斯则形成了融汇东西方文明且偏于西方文明的"双头鹰"文明及文化沙文主义。

---

① 王长纯：《俄罗斯教学论的系谱研究》，《外国教育研究》2010年第10期。

这些使得欧洲大陆文化圈的教学论具有一种在分离与冲突中不断融合的特征。柏拉图将世界分为现象世界与理念世界，使得感觉与理性对立起来，认为教学过程中现象只能通过感觉而理解，而理念只能通过沉思而获得。这在一定程度上与他接受的启发式教学相脱节，也与自己所倡导的学思结合模式相违背。后来在欧洲教育界发生的论争，更好地反映了欧洲教学论在分离与冲突中实现融合的文化特质。形式教育与实质教育的论争较好地体现了知识传授教学与能力发展教学两者由分离走向融合的趋势。古罗马教育家昆体良首先明确提出形式教育，认为教学主要不是交给学生知识，而是提高学生能力。这种教育教学观念在后世逐渐发展，形成了注重学生能力发展的形式教育流派。而自从夸美纽斯提出百科全书式的课程体系之后，教育就被认为是传授知识的活动。尤其是在工业革命之后，教育传授实用性知识的趋向更为明显。在经历了最为激烈的论争之后，教学在传授知识与发展能力方面逐渐实现了统一。裴斯泰洛齐基于教育适应自然的基本原则，认为知识体系中存在一些基本"要素"，教学需要从简单要素教学逐渐走向复杂要素教学，以促进儿童各种潜能的和谐发展。赫尔巴特从兴趣的角度规定了知识体系，并基于"统觉学说"构建了促进知识教学的教学过程，同时也提出了教学教育性原则，这实际上开展了知识教学与发展能力相互统一的探索。第斯多惠明确指出学生在掌握知识的同时也在发展着自己的能力，而能力的发展又促进着知识的掌握，因此教学时不能将这两者割裂开来。进入20世纪以后，大多数教育家在教学理论与教学实践层面认可知识传授教学与能力发展教学的内在统一性，认为它们是同一个问题的不同侧面。如赞科夫、维果茨基等就从教学与发展的关系出发，论证和实践了通过教学活动促进学生一般发展。

二、以理性主义为主导

理性主义在欧洲文化中源远流长。柏拉图认为通过感官知晓的现象世界是不可靠的，而通过沉思掌握的理念世界才是可靠的。这实际上开启了认为理念世界高于感性世界、理性高于感性的理性主义传统。理性通过论点和具有说服力的论据来发现真理，通过符合逻辑的推理获得结论，而非依赖表象。笛卡尔将理性方法推向极致，从数学及科学的认知与形而上学出发构建了"单子说"，认为只有一些永恒真理才可以单纯由推理而发现，其余的知识需要通过生活经验和必要的科学手段来获得。由此，理性主义在欧洲得以正式确立并扩展开来。哲学作为反映"思想中的时代"的学科，依靠的主要方法就是理性推理。此外，与理性主义相伴，符合逻辑的知识体系构建起来了，典型的事实就是哲学曾经被当作人类知识的总形式。当黑格尔建立了体系最严密的欧洲古典哲学体系时，欧洲在理性主义方面达到了巅峰，这对德国及欧洲的教育产生了广泛而深刻的文化影响。

理性主义要求概念明确清晰、合乎逻辑，讲究思辨，重视演绎并致力于完整概念体系的建立。"人们总是想在一个公理一样的原则基础上通过思辨来获得对教育问题的真理性认识，而且也深信可以并且必须通过这种方式才能达到目的。理性和概念本身是无可质疑的，需要的就是理性的贯彻到底和概念的不断地定义。实际的教育经验只是在需要的时候偶尔地被允许进入思维的流程和理论的体系之中，成为补充与说明体系的材料。"① 理性主义的教育教学研究框架是由康德和赫尔巴特建立起来的，是地道的德国文化的产物。德国是理性主义最强的国家，赫尔巴特也是接替哲学家康德的教席，长期在大学里教授哲学。他在其系统的实践哲学与观念心理学基础上，以伦理学阐述目的，以心理学论证方法，以实验为实践基础，建立起近代教育史上第一个具有严密系统的经验教育学体系。② 可以说，赫尔巴特赋予了教学论以强烈的理性主义色彩。由于德国古典哲学传入俄罗斯后，迅速获得了优势地位，这种研究框架同样也深深地影响了俄罗斯的教学论研究。确实，俄罗斯和德国的教学论基本上都遵循理性主义的研究路径，从认识论出发重视演绎和完整体系的建立。当然，理性主义占据主导地位的教学论传统还体现在适应知识传承的教学过程中："赫尔巴特并不仅仅着眼于如何使主体活动这一技术性的问题，而是环绕着教学内容的问题，明确了和谐的、统一的发展基于教学内容逻辑之上的兴趣与知识的学科课程的结构，明确了有机的、统一的发展知识的教学过程的组织原理。"③

三、倡导教学心理学化

卢梭倡导自然主义教育，指出教育需依靠人性中的原始倾向和天生的能力，遵循人的自然天性，儿童在自身成长中应居于主动地位，成人不需要进行灌输、压制和强迫，其作用在于为儿童创造学习环境、防范不良影响。卢梭将人的教育与事物的教育回归到自然的教育中，其出发点是摆脱当时的专制社会对于儿童自然本性的压抑与扭曲。裴斯泰洛齐承袭了自然

---

① 石中英：《教育学的文化性格》，太原，山西教育出版社，2007，第226页。
② 贺国庆、刘向荣：《赫尔巴特教育心理学化的理性分析》，《教育学报》2006年第5期。
③ 〔日〕佐藤正夫：《教学论原理》，钟启泉译，北京，人民教育出版社，1996，第23页。

主义的教育传统，重视儿童心理发展规律与教育工作的结合，首次提出了"教育心理学化"的主张①，这实质上是将教育需符合儿童身心发展规律的要求明朗化了。赫尔巴特将心理学与哲学分开，最早明确强调教育学必须以心理学为基础，还试图依据心理学的知识与规律来揭示教育和教学的规律，对教育目的、教学过程、教学内容、教学方法进行心理学化分析。②于是，赫尔巴特将自然主义教育传统延伸到教学活动范畴，其实质是引导教学活动符合儿童心理发展规律。第斯多惠认为教学的主要任务是发展儿童的思维、注意力和记忆力，他从形式教育的角度强调了教学对学生心理发展的作用，将教学活动与心理学的关系由心理学是教学活动的理论基础深化为学生的心理发展是教学活动的目标。由此，教学心理学化在理论层面及实践层面得以全面实现。之后的许多教育家将这一传统延续、深化与扩展。乌申斯基非常强调教学要注意考虑儿童的年龄和心理特征，培养学生积极的注意力。赞科夫从促进儿童心理发展的角度开展了长达近20年的教学改革实验。随着心理学的蓬勃发展和心理学研究成果不断地被引入教学理论与教学实践之中，教学理论体系日益丰富，对教学实践的影响日益深刻。

四、强调教学的教育性

教学的教育性问题一直是教学活动涉及的重要问题，如中世纪教学强调对基督教教义和上帝的理解与认同，教学的教育性就体现为培养学生的宗教信仰。赫尔巴特从理论上提出了教学的教育性原则，把教育和教学融为一体，统一在整个教育活动中。他认为智育是培养道德的基础，因为理性、情感和意志都源于观念，道德意识和行为应以掌握一定的知识为基础。③虽然这一观点将人的德性养成过于局限于知识基础，但它改变了教学与教育的分离状态，明晰了教学活动所具有的德性培育功能。第斯多惠从发现"人的自动"本质出发，认为教育的目的是发现人自身之中自动生发的真善美——自动的认识以真为目的，自动的感觉以美为目的，自动的意志以善为目的。这种真善美统一的教育观念，也从一个侧面反映了教人求真是教学的基本要义，求美与求善需要统一于教学活动之中。在俄罗斯，教学的教育性原则显现得更为充分和鲜明。俄罗斯民族为了在艰苦的自然

---

① Kimball, E. P., 1932: "*Sociology and Education*", New York, Columbia University Press, 126.
② 中国教育史研究会：《杜威赫尔巴特教育思想研究》，济南，山东教育出版社，1985，第202页。
③ 贺国庆、刘向荣：《赫尔巴特教育心理学化的理性分析》，《教育学报》2006年第5期。

环境中求得生存和反抗蒙古人的压迫,形成了崇尚集体主义、爱国主义及道德感的文化传统。① 这深刻地影响着俄罗斯的教学论。俄罗斯教学论的建立者奥伯多夫斯基在《教学论指南:教学的科学》中就指出激发与形成道德感是教学过程中的目的,凯洛夫也非常重视道德教育、爱国主义教育,而赞科夫将道德养成、集体主义的发展纳入一般发展的范畴,通过教学促进这些一般发展的实现。事实上,"俄罗斯教学论浸透着俄罗斯文化,强调爱国主义、道德感,……是欧洲教学理论具有特色的一部分"②。

此外,强调教学教育性的基本目的是引导学生学会处理人与人、个体与群体的伦理关系问题,而在教学活动中最为直接的伦理关系就是师生关系。20世纪上半期,受赫尔巴特教育学的影响,德国与苏联的教学论在师生关系方面比较强调教师的地位和作用,比较强调控制,倾向于认为师生关系是一种控制与被控制的关系,对学生进行控制既是应该的也是可能的。后来,随着批判理论的兴起以及传统师生关系弊端的彰显,两国的教学论不约而同地对传统的师生关系进行了有力的否定,不再认为师生关系是传统的控制与被控制的关系,而倾向于认为师生关系是一种主体之间的合作和交往关系,比较强调师生关系中的情感、人文因素。这种师生关系有利于在更深层次上完善教学活动的伦理性,培育具有民主平等精神的社会公民。

---

① 王长纯:《俄罗斯教学论的系谱研究》,《外国教育研究》2010年第10期。
② 同①。

第四章 东方文化圈中的教学论

对东方文化圈有两种不同的理解。从区域上看,是指以中国古代文明为主体的文化传统影响下的亚洲诸国所形成的区域,最为典型的是东亚国家。从文化的角度看,则更多地指以儒家伦理为代表的文化传统。我们这里所谈及的东方文化圈倾向于后一种理解。据此,东方文化圈中的文化传统以儒家伦理为代表,一般具有这样几个特点:一是信奉儒家伦理或以儒家思想为治理国家的思想体系,并营造与儒学相一致的阶级秩序。二是信奉儒家伦理道德体系,在社会生活、人际关系中尊奉忠孝礼义等价值观念,营造符合儒学的国家伦理价值体系和意识形态。三是信奉并推行儒学的秩序体系,特别是推行类似于科举制的全国性考试选官制度,以营造维护皇权及大一统的文化运行体系。[1]

尽管东方文化圈中的国家的文化具有多元性,每一个国家都有各自的文化主体和独特的文化体系,但在这些国家中又有着相类似乃至趋向一致的文化体,因而具有文化圈的性质。教育教学活动作为人类文化传承与发展的主要途径,不可避免地受到特定文化及文化传统的制约。同时,教育与教学本身作为一种文化主体,其价值取向、行为模式等方面的特性也自然会受到特定文化传统的影响。因此,同一文化圈中不同国家教学论的发展在表现出各自特点的同时,也具有诸多共性。本章将以中国和日本两个国家为代表来探讨相关问题。

第一节 东方文化圈的特质

在东方文化圈中,由于不同的文化传统,中国和日本的文化呈现出相异的文化特质。

---

[1] 冯增俊:《教育创新与民族创新精神》,福州,福建教育出版社,2002,第197~198页。

一、中国文化传统及其特质

文化传统是特定民族在长期发展过程中逐步积淀形成的，对现实社会仍产生巨大影响的文化特质或文化模式，它具有稳定性、连续性、持久性、群体性等特征。作为一个民族独特的认识和把握世界的方式，文化传统有着自己特殊的价值取向和制度规范，体现着独特的民族心理和经验。中国文化传统也不例外，中国的文化传统以儒家思想为轴心和代表，经过长期的积淀与发展，形成了其独特的个性特征。

（一）"天人合一"的思维方式

中国哲学在总体上有一种把天、人合观的特点和趋向。在宇宙观和自然观上，中国古代大多数思想家总是把天与人看作一个整体。他们对于人虽然各有界说，却都认为人源于天，是天地的产物，是万物造化的一部分，人类社会与自然遵循着一个总的规律和法则。儒家素有"天人合一"的传统命题，从孟子开始，就提出了较为完整的"天人合一"思想。《孟子·尽心上》曰，"尽其心者，知其性也；知其性，则知天矣。存其心，养其性，所以事天也""夫君子所过者化，所存者神，上下与天地同流"，明显地把天与人看成一个统一的整体，要人通过修心养性以达到"至诚""知天"的天人合一境界。汉代董仲舒提出了"天人感应说"，《春秋繁露·同类相动》曰："天有阴阳，人亦有阴阳，天地之阴气起，而人之阴气应之而起；人之阴气起，而天地之阴气亦宜应之而起，其道一也。"《春秋繁露·深察名号》曰："事各顺于名，名各顺于天，天人之际，合而为一。"董仲舒依据唯心主义的神秘观点阐释了天与人的对应和相近关系。

儒家"天人合一"的思想反映了中国古代人对天、人关系的看法。但是儒家思想所论及的"天"，主要不是指自然，"人"也不是指从自然中分化出来并与自然对立的人和人类社会。儒家思想认为，天是最高的主宰，其本质是道；人是天地的产物，其本质是德。道与德是相通的，道即是德，德亦是道，二者共同构成宇宙和万物的生命灵魂。因此，儒家思想中的天主要指"天道""天理"，而所谓的"天人合一"就是天之道与人之德的合一。具体来说，在政治层面，强调历史变迁（天道）和人们的道德变化的内在统一性，认为自然中的异常现象、朝代的兴衰和更替都与人们的道德修养有关，是社会施教的结果，强调道德修养和社会发展的内在关联性以及道德价值的终极性和内在超越性。在日常生活层面，强调天理与人的内在道德修养的统一性，认为个人可以通过对自身内部道德进行体悟的方法达到对天之规律的认识,也就是说,个人可以在道德修养过程中,达到主体与对象的融会贯通,实现对世界本质的直觉体悟和整体把握。① 因此,儒家所谓的"天人合一"就是强调天道与人性的统一,即天理存在于人的内心之中,通过日常生活中"向心求圣"的道德修养过程,人人都可以达到与天地合一的境界。这样,儒家思想就把天道人道化了,赋予天道以人伦精神。总的来看,儒家"天人合一"的思想是以人为中心来思考天人关系的,对宇宙和自然的理解附上了对现实社会关系的主观投影,带有伦理和政治色彩。也就是说,儒家对于天人关系的理解一开始就把主体的社会价值观强加于自然,使自然不仅成为客观自然规律的承担者,也成为社会伦理原则的承担者。

(二) 伦理本位的价值取向

中国自古被高山、海洋环抱,长期以来形成了以农耕为主的农业文明,经济结构形成了相对稳定的特点。在社会结构上,人际关系由原始亲权关系发展而来,形成了以宗法等级制度为特征的大一统局面。正是由于这种地理位置、生产方式及社会结构的影响,中国文化孕育了一种"伦理类型"的文化传统,并渗透到中国古代社会生活的各个方面。孔子身处乱世,提出了"仁为核心、以仁释礼、仁礼结合"的思想体系。他的仁学思想植根于宗法血缘关系之上,其伦理学说、人生价值诸问题的提出与展开,以调整人间秩序为旨归,具有强烈的政治意识。孟子和荀子进一步发展了孔子的思想。孟子立足于孔子重"仁"的一面,提出了历史上影响深远的"仁政"思想,以性善论肯定了人的价值在于道德性。荀子则以"性恶论"为出发点,阐发了"礼表法里""隆礼重法"的礼治思想,提出了向外求助的人性改造方法和道德修养理论。这一时期,儒学的宗法伦理价值系统以"仁礼"为核心,旨在论证中国古代社会以宗法血缘为核心的宗族制度的合理性及其伦理意义。"仁"的核心是"爱人",强调人与人之间的亲善关系,这表现在人的道德行为中,首先为遵守孝悌、亲亲等家族宗法道德。儒家把社会上几种基本的人伦关系概括为"五伦",即君臣、父子、夫妇、长幼、朋友。"五伦"实际以君臣之间的政治关系及宗族间的血缘关系为两种主要关系,又以血缘关系为基石。这样,儒家把礼与仁统一起来,通过"践礼""行仁"的构想,把政治理想与伦理道德不可分割地联系在一起。后来几经发展,儒家学说的"伦理"精神得到进一步强化,与封建君

---

① 王来金:《论中国文化从传统儒家形态到马克思主义形态的现代转型》,《首都师范大学学报(社会科学版)》2001年第1期。

主政治密切结合在一起。

儒学的伦理本位价值取向主要表现在三个方面：一是在人际关系上，受宗法制度的影响，形成了严格的等级尊卑制，如君尊臣卑、父尊子卑等。二是道德的异化。道德内容被赋予了政治意义，统治阶级与被统治阶级在道德上的双向权利与义务关系变成了单向的权利和义务关系。三是重群体利益。儒家认为"仁"的实现，不仅在于个人的自我完善、主体修养的升华，还要推己及人，即"己欲立而立人，己欲达而达人"，强调要保持整体的和谐统一，维持群体的利益。

（三）"中庸"的行事特点

中国传统文化一向以万物和谐为最高宗旨，由此形成了以"中庸之道"作为解决人与自然、人与社会、人与人之间关系问题的主要手段和方式。传统文化认为任何事物都是由阴阳两方面构成的矛盾统一体，要保持事物的平衡和谐发展，就要中道而行。中，就是指中正；庸，指常道。中庸即既"不过"，又无"不及"，用中为常道。它要求以适中的原则解决问题，"叩其两端""执两用中"。中的作用就是求"和"，使矛盾各方面统一起来，维持总体的和谐。可见，中庸思想的本意在于强调虚一而静、和谐共处，而非不求原则、万物同一。

"中庸之道"这种处理问题的方式主要具有以下几个特点。①

1. 重整体和综合

中国传统哲学重视整体和谐的思维模式，思考天地人等整体关系。《周易·系辞上》指出，"圣人有以见天下之动，而观其会通"，即强调要以整体的角度观察事物的发展变化情况。中国古代的"天人合一"论、道论、阴阳化生论等都是整体的、思辨性的社会自然观，强调事物之间的联系。这种处理问题的方式包含一定的辩证因素，体现了唯物辩证法中的系统观和整体观。

2. 重直觉感悟和体验

中国传统文化重视整体综合的行事方式，必然会偏向直觉思维，因为人的思维水平是有限制的，而事物的发展变化是无限的，力求把握事物的整体往往会强化认识者的主观体验和理解。中国古代的认识论强调认识主体对认识对象的感悟和体悟。比如孟子讲尽心、知性、知天，养至大至刚

---

① 李永伟、杨静：《中国文化传统与人的主体性》，《河北师范大学学报（教育科学版）》2002年第5期。

的"浩然正气";庄子讲"天地与我并生,万物与我为一";魏晋玄学讲"言不尽意""得意忘形";等等。这些都表达的是一种感悟、体悟的意境。

3. 重内向思维和反省

在中国古代思想中,认识论与伦理学是融合在一起的,由此形成了道德至上的思维方法,并贯穿于社会生活的各个方面。它强调扩展、发挥人的"心性",以人的道德观念去统一客观世界,实现天道与人德的统一。这种内向思维对中国的文化发展、社会进步产生了极大的影响。同时,中国古代思想还重视反省,如孔子主张"躬自厚而薄责于人",孟子主张"行有不得,皆反求诸己",朱熹主张"省察",等等。

二、日本文化传统及其表征

日本是典型的东方国家,与中国、韩国、朝鲜及新加坡共同组成儒家文化圈。在东方文化圈中,日本与中国一衣带水,隔海相望,受儒学影响极大,对传播和发展儒家文化起了关键作用,是东方文化圈的核心国之一。儒学传入日本已有1700多年,在政治和社会道德上都有所体现,深刻地影响着日本国民的生活。由于日本的地域特点、历史因素等影响,日本的文化经过长期的积淀与发展,形成了本民族的独特个性,其三个主要特征如下。

(一)"忠"本位的伦理道德取向

日本是一个多山的岛国,自然条件的限制使人们被分割成一块块的地域集团(村落),地域集团间又人为地划定了明确的界限(村界)。这种人为的村与村之间的界限在日本从远古时代就已有之,这种界限因为不易超越,致使不同村落的人对自己赖以生存的单位集团的依赖性逐渐增大。而且,这种界限又抑制了迁移和流动,人们往往祖祖辈辈都生活在同一地域集团中,集团内部由历史形成的等级性的人际关系非常牢固和复杂。加上日本又是单一民族的岛国,从未有过异民族混入的外部冲击,本身具有天然的纯粹性,这种纯粹性又进一步增强了集团内部的稳定性和内聚力。

在这种自然条件下,最初统一日本的大和朝廷,在政治上采取了封建郡县的统治策略。但朝廷没有实际的统治权,大部分的部落仍然继续由原有的统治者管理,作为代价,各部落统治者向天皇纳贡和履行其他义务。公元645年,日本发生宫廷政变,进行了大化革新。大化革新采取了一系列措施,但也只是在表面上实现了以天皇为最高统治者,其律令实际上从未得到真正的贯彻落实。奈良、平安时代,朝廷实行了一元统治,但尽管如此，也未曾出现以天皇为绝对权威的统治秩序。因此，从历史上看，虽然日本天皇始终统治天下，但各自相对独立的、由私人关系建立起来的自治机制推动着日本社会的运转，它的典型发展形式就是幕藩体制。以幕府将军、各地藩主、直系武士的关系为中心，全社会由小到大、自下而上，以单位集团层层递进的形式，结成金字塔形的主从关系。每一个人都在自己所属的直线关系网中受到主人的保护，作为回报，为主人履行自己的义务。在自己的领地内，各藩主有自己独立的行政、立法、司法等权力，其所享有的统治权和独立性俨然是一个小国家享有的。在小国家内部又层层以臣服与分封的形式，建立了更为细密复杂的主从关系，每一层次、每一系列的主从关系之间，都有明确的权力和义务。这种关系使得各集团内部具有自己的系统、序列和凝聚力，主人给予成员生命上的保护及劳动的机会，这是"施恩"；而作为报答成员则为主人赴汤蹈火，勤奋劳动，这是"尽忠"。人人都处于这种受恩尽忠的关系中，作为主人不能保护手下，作为从者不能为主人尽忠都是最大的耻辱。

各藩统治者与天皇的关系，也是靠"忠"来维持的。日本历史上，虽然天皇长期占据着最高统治地位，但实际上并不具有无上的权力，也未真正形成"大一统"的秩序。即便如此，日本的历次社会变革也未曾出现过推翻天皇统治的现象，诸如足利尊氏、源赖朝、德川家康等掌握实权的将军，也在忠于天皇的幌子下，实现个人的专制统治。后来发动明治维新的倒藩志士，采用的也是"尊王攘夷"的口号，仍然是以"忠"作为其伦理观念的。可以说，日本将儒家"忠"的传统发挥到了极致。

基于以上原因，可以发现，尽管儒学较早传入日本，对于日本的统一、对于其政治体制的形成具有极大的贡献，但由于日本特殊的地理环境、人际关系等因素的影响，其对儒学伦理观的吸取体现了本民族自身的独特个性，日本的伦理道德更为看重"忠"。同"忠"相比，"孝"与"仁"在日本传统伦理中只占有次要地位，且都以"忠"作为其思想基础。这是因为日本人对血缘关系较为淡漠，历史上多次出现的战乱使岛国之内的人口流动较大，地缘关系往往比血缘关系重要。所以，嫡传父子的观念和宗法家族的观念相对来说比较淡漠。

（二）功利主义的价值取向

日本由于自身资源、条件的限制，自古以来就是一个善于吸取外来文化，并对其进行改造以为己所用的国家，其对别国文化的学习、引进都带有极强的目的性和实用性。日本历史上曾经历过两次大的文化引入：引入中国古代文化，奠定了封建社会的立国基础，促进了社会的发展；明治维新时引入西方文化，走上了强国之路。

日本引入中国文化最早可追溯至汉代，当时中国的汉字传入日本。公元285年，朝鲜百济的汉学家王仁渡海赴日，带去《论语》十卷和《千字文》一卷等儒书，并且专门设有学问所，负责向王子、大臣们传授儒家经典，使儒学得以在日本传播。之后，大批朝鲜的中国人后裔及百济人、新罗人等移居日本，带去先进的技术和语言文字，使得日本的生产和教育逐渐发展起来，奠定了日本民族文化发展的基础。公元5世纪，大和统一了日本。然而，由于奴隶制下贵族的穷奢极欲，部民生活窘迫，景象凄惨。日本圣德太子摄政后积极推行改革。他于公元604年颁布了宪法十七条，极力以儒家的思想来教育臣民百僚如何忠君治国、立身处世。尽管他去世后复归旧制，但复古思想不得人心，反而激起了革新派变革图强的决心。645年，日本发生以推翻奴隶制为目的的大化革新，以仿唐制为契机，发动宫廷政变，建立封建制的新政权，开启了日本社会发展的历史新阶段。大化革新把唐朝的政治体制、管理方式运用于日本，对日本的经济、制度、法律、教育等各方面进行了改革。自此以后，儒学成为日本封建社会的立国基础，日本通过儒化教育，维护了封建秩序。

1853年，美国海军率舰来日，强迫闭关200余年的日本打开门户。在西方列强坚船利炮之压迫下，日本被迫放弃闭关锁国政策，经历了从王政复古到尊王攘夷运动，到夺权改政，再到维新变革的过程。明治维新的核心纲领是"富国强兵、殖产兴业、文明开化"。在推进废藩置县、改身份制度和废封建制等变革中，最重大的当推"文明开化，求知于世界"。因此，日本全面引进西方生产技术、社会制度以及法律法规，并在17世纪"兰学"的基础上全面学习西方教育制度。可以说，这是继大化革新吸取中国唐代文明以变革社会之后的又一次重要的文化变迁，并使日本逐渐走上了强国之路。

值得注意的是，日本在引入外来文化时从一开始就带有明确的目的性和实用倾向，所以其对外来文化并不是全盘照搬的，而是有选择标准的，即选择适合日本国情、对自己有利的东西，而不吸收对自己无益或不利的东西。比如，中国的科举制适用于"大一统"的政治体制，而日本各藩割据，因此，科举制并未被完全采用；日本在吸取西方文化的同时排斥西方文化中以"我"为中心的个人主义价值观，因为这对国家建设不利，与日本民族的传统格格不入。总之，日本在引进外来文化时，总是小心谨慎地保持着自己的传统文化，它在不同时期提出的"和魂汉才""和魂洋才"

"和洋并举"等口号，便是这一取向的体现。

（三）坚持集体主义主导

前面已经提及，由于日本是一个单一民族国家，加之其社会结构长期以各集团分立统治为主，因此日本人的"集团"意识较强，较为注重地缘关系。同时，从日本文化的早期构成来看，其在社会政治层面具有"神人合一"的基本特征，并由对自然神灵的崇拜引申出天皇崇拜的道德观念。古代日本人视天照大神为其神祖，而天皇正是天照大神万世一系的神裔，是民族守护神的最高首领，这就是日本神道教的主要思想。其最大的特点在于对天皇及其祖先的神化，由这种崇拜后来又延伸出所谓的"日本魂""大和魂"的观念，它们是日本民族精神的最高体现。正是这种"神国""神民"的精神，使日本人产生一种强烈的民族向心性和内聚力，表现出较强的集体主义倾向和民族主义倾向。在同一集团内部，成员为集团的生存发展而尽心尽力，个人对集体无条件地归属、服从。当国家面临困难时，各个集团又作为一个整体的、更大的集团互助、共济，为国家的生存发展而尽职尽责。

这种集体主义表现为：一是集体圣化，即每个人都重视和维护集体的统一与和谐，集体具有高于个体的意义，个人应无条件地服从集体，按照集体的利益采取统一的行动。这促使每个人都追求同一性，并使个体从中获得归属感。二是集体序列，即每一个体都按辈分和功名列入相对稳定的序列和次位，使群体得以和谐、步调一致。三是互助共济，即通过互帮互助来协调群体间人与人的关系，具有患难与共、同舟共济的报恩性群体情结，使每一成员在群体中以互助为荣，对别人、上级的施予还报，维系群体的发展。在集体与个人关系上，日本人认为只有在集体发展的前提下个人才能得以发展，因此他们对集体的效忠并不是出于高度的觉悟和自觉，而是因为通过互相协助、配合促进集体发展能够给自己带来好处。

第二节 东方文化圈中教学论的个性

共性总是隐藏在个性之中，离开了个性就无从谈及共性，只有深刻分析事物的个性才能揭示事物之间的共性。因此，探讨东方文化圈中教学论的共性，首先要从分析不同国家教学论的个性入手。这里主要以中国和日本两个国家为代表，探讨两国文化传统影响下的教学论的个性特征。

一、中国文化传统观照下的教学论

中国文化传统反映了中华民族独特的民族心理和民族性格,对古代社会乃至近现代社会具有深远的影响。教育教学活动是文化传播的重要渠道,而学校是一个文化主体,因此学校教育的主要方式——教学必然会受到文化传统的影响。中国文化传统对教学论的影响也是十分明显的。尽管我国当代教学论的研究发生了一些思维、范式及理论上的转换,但在相当长一段时期内,我国教学论的发展受文化传统的影响较深,这从以下的剖析中可略见一斑。

(一)教学价值取向:功利主义倾向

中国传统文化尚人伦、重道德,这是与封建君主官僚统治方式相适应的。隋唐时期我国出现了科举制的人才选拔方式,这种考试制度体例严谨、形式划一,一定程度上禁锢了人们的思想,使得读书人多是按照统治阶级的要求来学习、思考。"学而优则仕"成为教学的主要价值追求,学习多是为了通过科举考试,为仕途的发展铺平道路,教学也严格按照科举取士的要求来进行,学习和教学与功名利禄紧密联系起来。这也影响了我国近现代教学的价值取向。在以升学率作为衡量学校教学质量好坏的唯一标准下,教学带有极强的功利性,学校工作完全以考试为中心,严格执行教学计划、课程标准的要求。教学的目的就是使学生取得高分,提高升学率,完成学校的预期指标;学生学习的目的是通过考试进入高一级学校,为未来生活做准备,对知识本身的追求几乎不被提及。这使得教与学带有浓厚的功利色彩,师生心怀各自的目的来共同应对考试,学生的和谐发展在一定程度上被忽视了。

(二)教学目的:满足社会对人才的需要

中国古代的教学以满足社会需求为本位,教学主要是为了培养统治阶级所需要的治国人才。在各种需具备的才能中,德占首位。儒家思想的创始人孔子有明确的教育目的,就是把"士"培养成有道德、有理想和有治国才能的"君子"。可见,孔子要培养的人,一要有较高的道德修养,二要有治国安民之术。即是说,人才要为国家服务,有治国之道,其中德是主要方面。荀子也提出,要施行礼义教育,使"圣人明知之,士君子安行之,官人以为守,百姓以成俗"(《荀子》),其礼义教育的最终目的还是培养"积文学,正身行,能属于礼义"的"贤能之士",为实现"礼治"服务。也就是说,教学的目的不是张扬个人固有的天性,而是使人接受并遵守外在社会中存在的"礼"并以此来改变人性,以确保社会的长治久安。

到了近现代,我国学校的教学也较多关注满足社会发展的人才需要,对教学促进个体全面、和谐发展的功能有所忽视。尽管我们的教育方针明确提出要培养德智体美劳全面发展的社会主义事业的建设者和接班人,但由于受统一考试制度的影响,实际教学过程仍然以考试为指挥棒,以国家统一规定的教学科目、内容为标准,力图将学生培养成国家需要的人,并输送到各个领域和岗位,这使得教学忽视了个体因素,抹杀了个体作为独立实体的"自为"特征。

(三) 教学内容:强调统一要求

在中国古代君主统治体制下,科举制成为选贤与选能的方式。儒家的选举制度本意并不在于控制思想,但由于历代统治者总是把维护自身的阶级利益作为基本价值取向,他们对儒家思想加以利用,或改造、舍弃,或只用其形式,或利用儒学钳制人们的思想,致使科举制成为禁锢知识分子思想的有效手段。以清代为例,清代的科举考试内容大体以儒学为主,规定了考试书目、方式,同时兼及识见才能。考试共分三场,第一场考四书五经等儒家基本义理,第二场考论说、判语、草拟诏诰章表等,第三场考经史及诗赋等。这就使得读书人为求取功名,终日诵经记典,教学内容也以儒学经典为主。

新中国成立后相当长一段时期内,我国各个地区不分地域、城乡之别执行统一的教学计划、教学大纲,并配以统一的教科书,这使得教学形成了"一纲一本"的局面,忽略了地区、学校、学生的差异。学生往往只学规定的科目、教材,在教师的控制下亦步亦趋地达到某种知识储备标准。这种过分强调一致性的教学实际上否认了学生个性、爱好的差别,把学生看成可以加工、塑造成统一产品的"物件",在一定程度上具有不平等性。

(四) 师生关系:强调教师权威

在中国传统伦理中,教师在教学过程中具有绝对的权威。尊师传统是由荀子开创的。荀子作为一个"性恶论"者,认为教育的作用在于"化性而起伪"(《荀子·性恶》),即改造人的本性。而"礼"可以矫正一个人的思想和行为,教师是"礼"的传授者和榜样。"有师法者,人之大宝也,无师法者,人之大殃也。"(《荀子·儒效》)他把教师与"天""地""君""祖"并列,"天""地"是生物之本,"先祖"是族类之本,"君""师"是治人之本。因此,荀子视教师为知识的绝对权威,学生必须绝对服从教师的教诲,所谓"师云亦云"。荀子的主张强化了中国历史上教师的权威地位，所以民间有"一日为师，终身为父"之说。南宋俞文豹提出："是师者固与天地君亲并立而为五。"（《吹剑三录》）清初廖燕在《续师说》中有云："宇宙有五大，师其一也。一曰天；二曰地；三曰君；四曰亲；五曰师。师配天地君亲而为言，则居其位者，其责任不綦重乎哉！"这些都充分论述了教师的地位和重要性，也体现了如"君臣之道"一样不可侵犯的师道尊严。自此以后，教师权威深刻地影响着我国的教育教学。

时至今日，我国教学实践中教师的权威仍然存在。教师被视为真理的拥有者，学生是知识的被动接受者，受教师的管理、监督和控制，完全按照教师的要求进行学习。这样，师生之间就形成了一种统治与被统治的关系，学生必须绝对服从教师，不能对教师有任何怀疑，师生之间的交往、合作被阻断，学生的创造性、个性被压抑，从而影响了教学促进学生个体全面和谐发展的有效性。

（五）教学方法：以讲授法为主

中国古代的教学理论阐述了丰富的教学方法。孔子提倡启发式教学，重视"因材施教"，强调"举一反三""闻一知十"，把"学"与"思"看得同等重要。他的诸多思想对当代教育具有极大的启示作用。由于封建专制统治以及科举取士制度的长期影响，社会的文化氛围日趋保守，任何不符合统治阶级意图的思想都不被接受，因此，教学方法主要以讲授法为主，教师将规定的典籍传授给学生，培养学生的博学、思辨能力，以便日后通过科举步入仕途。讲授法是教师通过口头语言向学生描绘情境、叙述事实、解释概念、论证原理和阐明规律的教学方法。[①] 从历史的视角来看，讲授法伴随着教育的发生而产生，无论是原始初民时期的口耳相传，还是古代社会私塾教育中的一对一讲授或者小班化教学，讲授法都发挥了特定的功能。尤其是在工业化时期，由于生产力的发展和生产方式的变革，国家亟须大规模培养人才，班级授课制应运而生。鉴于讲授法具有能够使教师面对大量的学生有效地进行知识讲授的优越性，其在班级教学中备受青睐，并被广泛使用。在今天的教育教学中，教授法仍然具有一定的生命力，尤其是在课堂教学中，课堂讲授始终是难以回避和缺少的环节。然而，课堂讲授也存在着自身的弊病，如对学生的学习性向、学习动机、言语和思维发展水平有较高的要求，对教师的教学能力、教学艺术的要求也较为严格，

[①] 中国大百科全书总编辑委员会《教育》编辑委员会、中国大百科全书出版社编辑部：《中国大百科全书·教育》，北京，中国大百科全书出版社，1985，第142页。

同时难以满足认识活动特别是实践或物质活动的需要。①

（六）教学评价：以选拔性评价、终结性评价为主

在我国历史上，考试一度是统治阶级选拔人才的主要方式。唐代有帖经、墨义、口义、诗赋、策问五种考试方式。明清则考儒家经典的义理、论说、判语、草拟等。自科举制度产生以来，考试完全支配了学校教学，成为国家选拔人才的有效工具。学校无论从教学目的上，还是教学内容上，都以考试要求为中心，教师为考试而教，学生为考试而学。直到今日，考试仍然是衡量学校教学效果的主要手段，学生的成绩仍然是评价学生、学校的重要尺度。这种以考试为主的评价方式重视的是学生的学习结果，事先规定了学生的学习目标和学习内容、范围，在学习活动结束后，将学生的实际表现与预先设定的目标、指标加以对照，以确定学生的学习效果和水平。这种评价方式容易使教学过程成为"书本中心"的接受知识的过程，忽视了学生学习过程中态度、情感、意志等非智力因素的发展变化，阻碍了学生个性的发展。

二、日本文化传统观照下的教学论

在长期的积淀与发展中，日本形成了具有本民族特色的文化传统，对日本政治、经济、法律及教育等社会生活领域都产生了深远的影响。在日本社会中，至今仍依稀可见自古以来形成的文化传统对日本社会及国民性格、民族心理打下的烙印。日本文化传统对教学理论的影响也是较为明显的，这也使得日本政府自20世纪40年代起采取了一系列措施来改革传统教育及教学的弊端。

（一）教学价值取向：学历主义倾向

日本自从引入中国儒学后，将儒学伦理观的"忠"发挥到极致，极力强调成员与首领之间以及各首领与天皇之间的忠恩关系及等级关系。1887年，明治政府颁布了《文官考试试补及见习规则》，规定了官员必须以一定学历作为就职资格。自此，寻求一定学历，以便进入官场角逐，就成为社会成员的重要追求。当代由于学历水平和毕业学校对青年人的就业谋职、工资待遇、社会地位都有很大的影响，日本人对学历和升入名牌大学的追求达到了激烈的程度。学历主义使日本教育教学竞争激烈，片面追求升学率，造成了学校大搞应试教育和过度激烈的考试竞争，学生学习的动机已

---

① 丛立新：《讲授法的合理与合法》，《教育研究》2008年第7期。

变成获得某种文凭，而不再是学习技能和发展自我了。这种学历主义的教学价值取向使学习成为一种苦旅，升学、考试的压力对学生心理产生了诸多不良影响，使教学培养出许多"高分低能""有才无德"的畸形人才。

（二）教学目的：促进国家发展

日本自古以来就善于吸取、借鉴别国的发展经验并为己所用，以达到富国、强国的目的。日本历史上的两次重大变革，即大化革新和明治维新，都是在引进、吸收别国文化与经验的基础上进行的。大化革新以中国儒学为基础，并由此奠定了日本封建社会的统治基础；明治维新则以效仿西方国家先进的科技、制度等为基础，带动了日本经济的快速发展，并促进了日本社会的变迁。受国家主义的影响，日本历来重视国家的发展，力图通过改革、引进与借鉴实现自身的强大。这也使得日本尤其重视教育的作用。自明治维新开始，日本就把教育作为国家之"大本""大略"置于重要的战略地位。但其对教育的重视是以"教育立国"思想为指导的，是出于教育为国家服务，而非发展自我的目的的。1873年伊藤博文在发表政令时指出："伟大的文明意味着使'上下层人'都受教育，这个任务必须迅速实现，以便日本在世界富强之国中能占有适当的位置。"[①] 1885年，日本第一位文部大臣森有礼大力推行国家主义教育方针，强调"国民的教育不是为了个人的出人头地，发财致富，必须是为国家的兴旺发达"[②]。受这种国家至上思想的影响，日本的教学目的也一度以培养国家和社会发展所需的人才为主，并且较为重视培养学生为国家服务的态度和价值观，较多强调学生作为一个社会成员的积极态度，如献身、忠诚、参与等。"国家本位"的教学目的对日本社会的转型、国家的富强产生了重要作用，但由于对学生自身成长与发展的关注不够，因此，也促使日本进行了多次关注个人发展的教育教学改革。

（三）教学内容：讲求实用性

日本引进外来文化时的"国家功利主义"思想对教育领域的影响是十分明显的，每一次社会变革都带来了教育教学内容的变化。大化革新后，统治者十分重视儒学的教育，如奈良时代全面推行《大宝律令》，大学和国学学习内容均以经学为主；平安时代的400年间，上至天皇下至文武百

---

① 张瑞璠、王承绪：《中外教育比较史纲（近代卷）》，济南，山东教育出版社，1997，第91页。

② 袁振国：《对峙与融合——20世纪的教育改革》，济南，山东教育出版社，1995，第69页。

官都要接受儒学教育。明治维新后，日本全面学习西方教育制度，大力兴办各种实用性科目。1872年，日本颁布的教育法令《学制》中，就明确规定应兴办各种实业（职业、技术）教育。1871年日本成立工学寮，先后设立灯台工部学校、电讯技术学校等。1872年日本重建两所造船学校，培养技术人员。1893年，政府又公布实业补习学校规程。文部省在颁行规程时特做训令，强调发展技术教育乃富强国家之关键，"近世界各国的富力年年倍增，而且有进而不止之势，此乃由于科学盛兴，……我国尽管已有文明之进步，但科学的知识能力尚未浸润到普遍人民之中，……今欲增强国家未来之富力，必须向国民之子弟实施科学、技术与实业相结合的教育，特别是在普通教育补习之时机，必须传授实业所需要的知识技能"①。由此可见，日本国家功利主义的文化传统使其学校教学科目的设置也体现出了较强的功利性和实用性倾向。这种实用性主要表现在，强调教学科目的设置要有利于国家的秩序和发展，也就是说，设置的教学科目主要是以国家的政治需要为出发点，国家某一时期的发展需要什么样的课程就设置什么样的课程，而不是以人自身发展的需要作为课程设置的依据。

（四）师生关系：统治与被统治

日本受儒家伦理影响至深，教育中深刻地浸染着"忠君报国"等传统思想。明治维新以后，日本虽然走上了近代化之路，但在"和魂洋才"的教育纲领中，这种文化传统仍被作为精华保留了下来。受这种等级制意识及国家至上文化传统的影响，学校中充斥着上至天皇，下到教师、父母的"至高理念"，学生必须完全服从教师。教师按照自己认可的模式来要求学生，在教师的眼里，学生是被教育者，必须遵从教导，按照教师的要求行事。师生之间形成了统治与被统治的关系，教师成为权力的拥有者，学生成为教师管束的对象，这使得师生关系僵化，且学生的个性发展也受到束缚。

（五）教学方法：以注入式为主

日本文化孕育了群体主义的传统，将个人纳入群体中，个人的价值只有在群体中才能得以实现。这种文化传统也催生了教育上的一些弊端，使教育出现了追求统一、简单类比和机械刻板的现象。表现在教学方法上，就是以注入式为主要教学方法，注重教师的讲授，学生只是被动接受教师的"灌输"，就好像成员遵从首领的命令一样。在统一考试的压力下，这

---

① 梁忠义：《日本教育发展战略》，长春，吉林教育出版社，1993，第62页。

种注入式的教学方法虽然可以面向大多数学生，有利于统一知识的传授，但它对学生个性、创造性的压抑也是显而易见的。

（六）教学评价：以考试为手段的结果评价

在日本，随着儒家伦理所强调的封建等级制度的发展，在教育领域出现了学历至上的倾向，学历是决定一个人社会地位的十分重要的因素。学历高，则社会地位高；学历低，则社会地位低。人与人之间往往被学历分成三六九等。学历主义强化了考试这一教学评价手段的应用。一个人能否进入大学、进入什么样的大学则完全依据入学考试成绩的高低，出现了"一考定终身"的局面。这种以考试为主要甚至唯一手段的教学评价只关注教学结果，而忽视了教学过程，只注重学生的知识掌握情况，而忽视了学生非智力因素的发展。

第三节　东方文化圈中教学论的共性

在历史发展过程中形成的东方文化圈，是一个文化意义上的整体。由于具有较为一致的发展环境和经济发展特性以及区域文化取向和运行体系，东方文化圈形成了与西方截然不同的文化传统，具有鲜明特色的东方文化传统对文化圈中各国的政治、教育及社会生活的诸多方面产生着重要影响。通过分析中日文化传统对各自教学论的影响，我们可以从中探寻到东方文化圈中教学论的一些共性。

一、受儒家文化传统影响较深

东方文化圈中各国受儒家文化的影响较大，这一方面有地域因素的影响，即彼此邻近有利于儒家文化的传播，另一方面也与儒家思想本身适合时代需要有关。儒家文化注重"人伦"精神，崇尚道德，符合封建社会统治阶级的政治需要。在战争频繁、部落分裂的年代，儒家文化有利于国家统一，这使得它成为封建社会的立国基础。儒家文化的等级观念、群体和集体至上的价值体系对教育教学的影响是较为深刻的。这在师生关系和教学方法的运用上都有所体现：师生之间出现了统治与被统治的关系，学生成为教师控制和支配的对象，教学进程是按照教师的要求完成的。教学成为照顾多数人的教学，而不是针对个别人的教学。教学方法也是如此，教师主要采用讲授法，进行集体授课，以注入式为主，将教学内容完全呈现并传递给学生。这些在一定程度上体现了专制主义对社会的影响。

二、功利倾向明显

教育作为社会结构的组成部分，必然与社会的政治、经济有着密切的联系。一方面，教育传递一定的价值观念、文化知识体系；另一方面，教育担负着为社会培养所需人才的重任。受文化传统的影响，东方文化圈中的教学无论是从教学目的、教学内容还是从教学评价上看，都表现出了明显的功利倾向。东方文化圈中的许多国家，其教学目的都是与考试联系起来的，考什么，教师就教什么，学生就学什么，学生学习的最终目的都与求功名、追求优越的社会地位相联系，而教学促进个体发展的功能几乎被忽视了。教学内容也是以考试为导向的，国家规定了统一的教学科目，教师则以此为标准，按照考试的要求进行教学，以使学生获得高分数，提高学生升学率。教学评价以终结性评价为主要形式，所谓"一考定终身"，分数的高低决定了学生能否进入大学以及进入何种层次的大学，考试成为学生改变人生、追求高社会地位的最有效途径。这使考试失去了其原有的评价、诊断功能，被抹上了浓厚的功利性色彩。

三、局限于教学本体论的研究

理论来源于实践，并用以指导实践。教学理论也不例外。教学理论是人们在长期的教学实践中总结出来的，并作用于教学实践，指导实际教学活动。离开了教学实践，教学理论就无从产生；教学理论如果不能指导教学实践，也就失去了其存在的价值。因此，教学理论研究理应关注教学实践。分析东方文化传统影响下的教学理论，我们不难发现，这些教学理论所涉及的诸多问题，如教学目的、教学内容、师生关系、教学方法、教学评价等，都是与教学实践密切相关的，直接来源于对教学实践层面问题的思考。它是教学本体论的问题，而不是对教学理论本身的思考，也就是元教学理论的研究，如教学理论的基础、教学研究的范式、方法论等。当然，教学论学科的发展与其他学科一样，经历了一个从不完善到逐步完善的过程。

四、教学本体论存在着共性

东方文化圈诸国由于受儒家思想影响较深，在思维方式、行为模式等方面表现出了某些相似性。在教学领域，其对教学问题的研究也呈现出诸多相似之处。具体来说，有以下几个方面。

在教学价值取向上，都具有较浓的功利色彩。教学的价值被限定在个体社会地位的提高以及功名利禄的获取上。无论是"学而优则仕"还是"仕而优则学"，教学都与个体的社会权威和政治仕途密切相关，并异化为一种纯粹的工具性存在，其本体价值则被隐匿在对功利的追逐之中。同时，由于以考试为主要评价手段，教学中出现了"为考试而教，为考试而学"的不正常现象。教学目的与考试、与追求社会地位联系起来，使教学偏离了促进个人发展的价值取向，不利于教学的个体功能和社会功能的充分发挥。

在教学目的上，都以"国家本位"为终极取向，注重对国家发展所需人才的培养，教学往往围绕国家需要进行，根据国家统一设定的科目、要求来培养社会发展所需的各领域人才。教学的"国家本位"取向是教学的社会功能的体现，反映了特定历史时期和文化背景下教学所担负的职责。然而，由于过于注重教学的"国家本位"取向，教学促进个体发展的功能在一定程度上被淡化了，教学功能最终被归结到促进社会发展上。

在教学内容上，都受考试科目和内容的限制。教学科目的设置和教学内容的安排都以考试为中心，围绕考试进行。教学内容被限定在考试范围之内，无论是教学内容的选择、教学内容的设计，还是教学内容的讲授都以考试为中心，这无疑窄化了教学内容的范围，不利于教学世界和生活世界的拓展。同时，这也导致了教学出现整齐划一的局面，即同一年级的学生不分地区、学校开设相同的教学科目、使用同样的教材，从而忽视了不同地区、不同学校、不同个体的差异。

在师生关系上，都表现出"教师中心"倾向。教师在教学中具有绝对权威，学生必须服从教师的领导，在教学内容、教学进程上受教师的支配与控制，这使得教学过分强调教师的主导作用，而忽视了学生的主观能动性。"教师中心"倾向突出教师的主体地位和主导作用，有利于塑造教师的权威地位，加强教师对学生以及课堂教学过程的管理和控制。然而，过于突出教师的中心地位，容易导致学生的地位及其权利的式微，学生异化为课堂中的"听话者"、教师教授内容的"接受者"、教学过程中的"被动者"，这不利于学生主体作用的发挥、学习兴趣的激发、质疑意识的形成以及批判精神的养成。

在教学方法上，都以讲授法为主，面向全体学生。尽管讲授法有助于教师面对大量的学生进行系统知识的讲授，提高教学效率，但这种看似公平的教学实际上忽略了学生的主体作用，使学生成为被动接受教师灌输的"容器"。在飞速发展的全球化时代以及充满不确定性和变革性的信息化环境中，社会对人才素养的要求已大大不同于往昔，讲授法在培养学生的质疑能力、协作能力、交往技能、实践能力、批判性思维以及创新精神等方面已是捉襟见肘、力不从心。因此，为提升学生综合素质，需要在适当使用讲授法，发挥其积极功能的同时，促进教学方式的现代转型，根据不同的教学对象、教学内容和教学情境合理运用合作教学、探究教学、对话教学等，实现多种教学方法的有机合理运用。

在教学评价上，都形成了以考试为主要方式的终结性评价。考试成为检查教学和学习效果的主要甚至是唯一方式，这种方式注重的是对学生学习结果的考查，有助于学生了解自己在群体中的位置，不足之处是无法测量学生纵向的发展变化情况。而且，考试的内容多是对学生智力因素的测试，无法衡量其非智力因素的发展状况。其弊端具体表现在四个方面：一是评价目的单一，教学评价主要是一种结果性评价，以促进学生获得知识和提高考试分数为目的，对学生综合素质的提升关注较少。二是评价对象单一，主要检测教学过程中学生对知识的获得情况和应试技能的掌握程度，对学生情感、道德、价值观等方面的素养则有所忽略。三是评价主体单一，即教学评价通常由教师承担，一般以考试分数为评价的核心依据，同时结合教师平常的课堂观察，对学生做出定性诊断。四是评价方法单一，主要体现为终结性评价，强调对教学结果和学生成绩的终极判定，缺乏对教学过程、学生课堂表现等的充分考量。单一性的教学评价由于其目的的畸形、对象的窄化、主体的限制和方法的偏颇，往往难以对整个教学活动做出全面的认定和判断，因而不利于教学质量的提升和学生的发展。为此，必须充分发挥教学评价的诊断功能、反馈功能、激励功能、教育功能和发展功能，针对不同的教育对象、情境综合运用多样化教学评价方法，通过多元化评价促进教学的发展。

第五章 中国教学论变革与发展的文化审视

中国现代意义上的教育学研究始于20世纪初。教学论是直接源自教育学的一门独立二级学科，伴随着教育学的发展而兴盛。在过去的一百多年里，教学论也许不是中国教育学大家族中发展得最好的学科，但却是最能凸显教育学研究所具备的独特领域、独特问题和独特风格的二级学科。① 在中国教学论的前学科发展时期，古代分散的、个别的教学思想，都是教学经验的总结，可以说是现代教学论学科的萌芽。② 这个时期的教学论主要受中国传统文化的影响。进入20世纪以后，教学论学科随着教育学的引进而"降临"中国。③ 新中国成立后，受政治大环境影响，中国教育界开始全面学习苏联教学论思想。改革开放以后，中国教学论研究才算真正意义上开放了国门，在积极吸收各种外来教学论学说的同时，立足自身的传统与现状，力图构建具有"中国特色、中国气派、中国风格"的本土教学论。

教学论学科经过借鉴移植、独立探索、停滞徘徊这条曲折发展之路后，在新时期走向了空前的繁荣。当前，中国教学论界一方面积极介绍、引进国外各种新兴教学论学说，并展开比较研究、移植研究等；另一方面整理、继承和发展历史上传统的教学理论。随着国人思想的进一步解放和观念的更新，学术研究和争鸣氛围逐渐活跃，教学论研究的新领域、新课题、新思想、新学说不断涌现，人们多维度、多视角地深入探讨了教学论的学科基础、学科性质、研究对象和研究方法等问题，专题论文大量发表、专著教材相继问世。与此同时，教学理论与教学实践的关系问题也成为学者关注的课题，教学理论与教学实践的结合日益紧密，各种类型的学校教学试验蓬勃兴起。从文化圈视角审视百年来中国教学论发展的历程，把握每个阶段教学论发展的主要特点及核心问题，对于切实推进中国教学论学科建

---

① 李森、赵鑫:《中国教学论学科发展的反思与建设》，《中国教育科学》2013年第3期。
② 王策三:《教学论稿》，北京，人民教育出版社，1985，第3页。
③ 叶澜:《中国教育学发展世纪问题的审视》，《教育研究》2004年第7期。

设、有效提升教学质量具有重要价值。

第一节 中国教学论变革与发展的文化历程

从20世纪至今，中国教学论的变革与发展历程可以大致分为四个阶段，每个阶段的更替都源自社会文化的变迁，同时也倚重不同文化圈的先进理论。新中国成立之前是中国教学论学科的萌芽阶段，这一期间社会形势跌宕起伏，同时，西方新思想和文化来华，促成了中国现代教育学及教学论的诞生。第二阶段开始于新中国成立初期，是中国教学论全面学习苏联的阶段。第三阶段则是从20世纪50年代末到"文化大革命"结束，也可以称作教学论的批判和停滞阶段。一方面，中国教学论界开始在批判域外教学论的基础上探索本土化的发展道路；另一方面，由于受国内政治局势尤其是"文化大革命"的消极影响，中国教学论非但没有进展，反而陷入停滞甚至倒退的状态。第四阶段则是改革开放至今，中国教学论的发展正式步入快速发展的轨道，在继续学习和扬弃外来教学理论及思想的同时，积极探索并构建具有中国本土特色的教学论体系。

一、中国教学论发展的历程

中国古代的优秀文化思想源远流长，可回溯到春秋时期乃至更早的时代。悠长的传统教育文化是中国教学论的来源之一，也是其发展的重要源泉。中国当代教学论要完成本土化构建并彰显自身特色，必须扎根于传统文化思想，立足于先哲们创建的教学思想和文化精华。现代教育学在中国作为一门独立学科被引入也不过是一百多年的历史，教学论的创建与发展伴随着教育学而行。20世纪初，"教育学"作为舶来品是从日文的教育著作里翻译而来，这也意味着中国教育界开始创建系统化的教育理论，教学论作为教育学的核心应运而生。1903年朱孔文编撰、出版的《教授法通论》是中国第一本现代意义上的教学论著。1919年陶行知在发表的文章《教学合一》中，为强调教学互动与教学相长，改"教授法"为"教学法"。在此期间，一批教学论著作先后发表和出版，标志着中国教学理论探讨日益深化、教学论学科逐渐形成。[1]

---

[1] 张传燧：《中国教学论发展的世纪回顾与前瞻——兼与蔡宝来先生商榷》，《教育研究》2002年第3期。

（一）教学论的萌芽时期

20世纪初到五四运动前夕，当时思想相对先进的知识分子主张学习日本的教育教学模式和方法，其路径主要是通过大规模地翻译日文教育著作来引进欧洲尤其是德国的教学思想，这类引进几乎就是大规模地复制、机械照搬并直接应用。不少学者希望以此为手段来拯救濒临衰亡的民族文化，但实际上收效甚微。不过这一时期的努力也为后来的现代中国教学论的创建奠定了理论和思想基础。1919年到1949年是中国教学论发展史上非常重要的一个阶段。受五四运动的先进思潮影响，这一时期学术界不再通过借道日文著作的方式学习西方理论，而是直接翻译西方的教育教学著作，并在此基础上尝试创建中国的教育学和教学论。在借鉴西方教学思想的基础上，中国学者立足本土文化和本土教学实践撰写了大量教学论著作。至此，中国现代史上的第一代教育学家群体逐渐产生。值得注意的是，这一时期教学论研究者不仅翻译欧洲大陆文化圈的教学著作，也积极学习英美文化圈中的教学论学说，从而形成了当时教学论建构的三大取向。

第一种取向是效仿美国，这个取向在当时居于主流地位。一个主要原因是，杜威应北京大学等几所高等学府的邀请来华讲学，历时两年，足迹遍布13个省，广泛地宣传了美国实用主义教学理论。庄泽宣、吴俊升、王西征、余家菊和陶行知等都是这一取向的主要代表人物，例如，庄泽宣十分认同杜威"教育即生长"理念，他以杜威学说为基础，提出："由上观之，吾人之生长不在于求达某种固定之境地，而在于尽其能；教育既为生长，亦不应悬格以求效，一方面视社会为进化的，一方面视受教人为活的，彼之每个时期之自身皆有价值，此之谓新教育之精神。"① 余家菊在其所著的《教育原理》中也论述了杜威的教育思想，主张在"教育历程与生长历程相表里"的前提下，将教育整体结构划分为资质论、目的论、课程论、方法论、学校论五个部分。② 从大教学论的角度而言，这五个部分也可以看作是教学论的重要组成部分。除了对杜威教学思想的借鉴，学者们还系统学习了美国的设计教学法、道尔顿制、文纳特卡制等教学方法，这对当时的中国教学论建设和发展产生了深远影响。

第二种取向是积极借鉴欧洲大陆文化圈中德国的教学思想，以石联星和杨贤江等为代表人物。在学习德国教学思想的过程中，石联星对当时中国的教学思想持批评态度。他认为自清末新教育运动以来，中国时而抄袭

---

① 庄泽宣：《教育概论》，福州，福建教育出版社，2006，第5页。
② 郑金洲、瞿葆奎：《中国教育学百年》，北京，教育科学出版社，2002，第29页。

日本，时而模仿美国，处处仰人鼻息；一般的教育研究者没有开展较为深刻的本土研究，只是草率地引进一种方法或一个制度，进行热烈的鼓吹乃至试验，但最后都烟消云散。他在所著的《教育学概论》一书中提出：教育教学理论"虽不能把教育事实、教育作用和教育方法的本质作一个详细地检讨，要不外于以阐明此等本质为其中心任务，然而教育事实、教育作用和教育方法等，和其他学科一样，跟着教育史的变迁，有种种不同，所以我们要想研究教育活动的本质，在起首的时候，就应该确定一个出发点为原则，掌握不定，一定要失败的。……作者根据这个原则，并针对当前的思潮，拟从文化与教育的内部关联出发，去谋求解答本书所要讨论的有关教育上的根本问题。简言之，要想阐明教育活动的本质，就必须以探讨文化与教育的内部关联作为出发点"①，并借此进一步阐释了"教育是一种精神文化""教育理论，在于阐明教育与文化相互密切之关系"② 等观点。但实质上，他也未能逃脱模仿某一对象的命运。以这样的观念为起点，他所建构的教学论框架主要为文化与教学、人与教学、民族与教学、教学意识之本质、教学活动之原理等。由此可见，石联星将文化放在了教学论的首位，突出文化的重要性。

第三种取向是以唯物主义为导向，学习苏联的社会主义教学理论，这为新中国成立之后的教学论建设奠定了基础。就时代背景而言，当时的中国社会受到多重压迫，既有资本主义、帝国主义的榨取，又有封建主义的毒害。近代以来的数次改革和革命证明，中国需要一种全新的社会体制，即社会主义。在这样的背景下，这一取向的主要代表人物钱亦石等提出了教学论原理发展的大致方向，概言之：首先，比封建时期的原理进步；其次，与资本主义时期的原理不同；最后，与社会主义时期的原理又有差距。它以教学本质为起点，包括以下内容：教学目的、教学原理的生物学基础、教学原理的社会学基础、教学原理的哲学基础、政治教育、生产教育、文化教育等。③ 这些主张独树一帜且具有鲜明的时代特色。

以上所列举的这些教学论虽然代表着当时先进的教学理论，但是由于受动荡的社会局势所制约，它们对学校教学实践没有产生实质性影响，其主要价值在于为新中国教学论的发展奠定了基础。

（二）新中国建立初期的教学论发展

这一时期中国政治经济制度和社会文化发生了重大变革。教育学尤其

---

① 石联星：《教育学概论》，上海，中国文化服务社，1946，第1~2页。
② 同①，第11~20页。
③ 郑金洲、瞿葆奎：《中国教育学百年》，北京，教育科学出版社，2002，第32页。

是教学论领域改变了过去以学习英美文化圈理论为主的状态，转向全面学习苏联教学论。这一时期可以划分为两个阶段，即从1949年至1950年，是旧教育学和教学论的改造阶段；1951年到1956年则是全面"苏化"阶段。

改造旧时期的教学论既与新时代的需要密切相关，更与学校教学实践所发生的翻天覆地的变革联系在一起。毛泽东曾在《论联合政府》中阐述过新时期文化教育的性质、任务，构想了新中国成立之后文化教育方面应该开展的工作："中国国民文化和国民教育的宗旨，应当是新民主主义的；就是说，中国应当建立自己的民族的、科学的、人民大众的新文化和新教育。"① 人们对新中国成立之前的旧教育进行了重新审视，并提出了批判，认为传统教学的最大问题就在于脱离群众、脱离实际，使学校教学与劳动分离，导致知识与知识应用脱节。只有通过改造旧教育和旧教学才能把知识的学习与应用充分结合起来，满足新时期社会发展和群众的实际需要，即新教学论研究和发展必须服务于新民主主义的建设；同时，要把新教学活动与生产劳动联系起来，学校教学培养的是新公民，其不仅要有文化知识，同时还要能够参加劳动生产和新社会的建设工作。②

此外，《中国人民政治协商会议共同纲领》系统地、明确地规定了新中国教育的性质、任务和教学方法。其主要内容可概括为：中华人民共和国的文化教育应是民族的、科学的、大众的，具有新民主主义性质；各级政府和教育部门应该有计划、有步骤地改革旧教育制度、内容与方法，实行普及教育，加强中等教育和高等教育，注重技术教育等；教育方法应强调理论联系实践。教育方针的变革，使得以学校教学实践为研究对象的教学论发生了较大变化，它们大都是在"从实际出发""与实际结合""为人民服务"的基本原则下提出的。例如，有研究者提出：在旧的解释中，不同的社会角色对教育教学有着不同的认识，心理学家认为教育教学是在改变人的行为，社会学家认为教育教学是为生活做准备，生物学家认为教育教学是在帮助人类去适应环境，……在新的解释当中，依据新民主主义论，教学是文化领域里的重要环节，新的教育教学要为新的政治经济服务；生活即教育，到处是生活，则到处是教育，过什么生活就受什么教育。从以上两种解释的对比之中可以看到，旧教育、旧教学看重个人的改造与发展，只求独善其身，专门服务于地主阶级、资产阶级，具有极大的消闲和装饰

---

① 郑金洲、瞿葆奎：《中国教育学百年》，北京，教育科学出版社，2002，第101~102页。
② 董纯才：《论国民教育的改造》，《解放日报》1942年9月4日。

效用。而新教育、新教学看重集体的改造与发展,服务于人类社会,有益于人民大众。①

在对旧教育、旧教学的改造过程中,一方面,对新中国成立前学习的英美文化圈中的教学论持全盘否定批判态度(这在今天看来存在矫枉过正等问题);另一方面,新教学论的建立及教学论研究是立足于全面学习苏联经验的基础之上的。首先,当时的国际环境直接决定了中国只能向苏联学习,教学论也是如此。但是苏联教学论能够快速登陆中国学术界,其原因还主要在于当时中国缺乏系统的、以马克思主义和社会主义为导向的教学论著作,而苏联的著作较为先进,深受政治界、学术界的欢迎和青睐,可以作为高等师范院校的教材。

新中国成立后,只有以苏联为首的社会主义阵营愿意承认、支持和援助新中国。1917年十月革命后,苏联一直在探索社会主义建设道路,不论是在经济建设方面还是在文化教育事业方面,苏联已经达到了较高水平。1952年,《人民教育》发表评论《进一步学习苏联的先进教育经验》,其中对为何要开展这一学习活动做了说明,其大致内容是:建设新民主主义教育需要系统地向苏联学习先进的教育经验,然而,我们在过去做得还不够彻底也不够系统。我们的社会,不会走资本主义道路,而会走全新的社会主义道路,苏联是开拓者和先行者,我们唯一能借鉴的只有苏联的先进经验。而苏联的教育理论、教材以及教法,已经凭借马列主义的观点、方法和30多年社会主义建设的经验,批判并吸取了国际科学的最高成果,最接近中国的社会需求。② 在这样的大背景下,中国教学论界迅速掀起了学习苏联的热潮。首先是翻译了一批苏联的教育教学著作,为国内的教学论研究积累了较为丰富的文献材料。其中,凯洛夫主编的《教育学》对中国学校教学实践以及教学论研究影响最大、最为深远,它认为教学首先在于以知识、技能和熟练技巧的体系去武装学生,并在这一过程中有计划地促使学生的认识能力和才能得到发展③。此外,我国还邀请了大批苏联教学论专家来华讲学、授课。北京师范大学、华东师范大学和中国人民大学等高校都组织了教师集体学习苏联教学论。在学习苏联教学理论的同时,中国学者也积极地开设辅导性或者普及性的报告和讲座。孟宪承、张腾霄、曹

---

① 周意彪:《教育通论提纲》,湘乡,湘乡简易师范学校,1950,第2页。
② 郑金洲、瞿葆奎:《中国教育学百年》,北京,教育科学出版社,2002,第105~114页。
③ 〔苏〕凯洛夫:《教育学》,沈颖、南致善等译,北京,人民教育出版社,1953,第53~54页。

孚等著名学者都积极投身其中,以报告的方式宣讲教学论。①

客观而言,在当时,学习、移植苏联的教学理论对中国教学论学科建设与发展具有积极的意义。从教学实践的角度看,中国当时也迫切需要科学化、系统化、制度化的教学活动来维持正常的教学秩序,提升学校教育质量。在社会主义教学理论方面,中国在当时确实是一片空白,引进苏联教学论正好填补了这一空白,为后期立足本土文化传统和教学实践推进教学论发展奠定了理论基础。然而,苏联教学论并非完美无瑕,面对中国学校教学实践,其存在操作性强但理论性偏弱、教条性强但辩证性偏差等问题。

(三) 对苏联教学论的批判以及教学论本土化的初步探索

在经历了新中国成立初期全面移植、借鉴苏联教学论之后,1956 年因中苏两国关系开始发生变化,我国社会各界包括教育界对苏联走过的道路及经验进行了重新审视。在讨论中,官方明确提出了"反对现代修正主义"。受政治倾向和国际关系的影响,中国教育学界开始反思、批判苏联的教学理论,这也要求中国教育学界必须构建本土的教学论来支撑本土教育事业的发展。同一时期,我国的社会主义改造基本完成,第一个"五年计划"提前完成,国家号召大力发展现代科学,中国教育教学步入一个全新的时期,这也迫切地需要本土化的教学理论予以支持。本土化教学理论的建设过程是曲折的,国家通过政策方针的调整,稳定了学校教育教学和理论界的运转秩序,并取得了一些初步的发展成就,但在"文化大革命"中,所有成果几乎全被淹没殆尽。

1956 年到 1966 年是新中国成立以后非常重要的十年。1956 年,社会主义改造基本完成后,如何全面、有效地开展社会主义建设,已经成为党和国家的头等大事。为了探索符合国情的社会主义道路,党中央提出了许多重大的理论和政策。这十年,也是教学论研究领域大胆探索、曲折前进的十年。② 在经过 1958 年和 1959 年两次连续的"跃进"实践之后,人们认为,中国的社会主义建设已经达到一个新的高度。新的发展状况需要新的社会力量来应对,这就对学校教育教学工作提出了新的要求:以最迅速的方式普及教育,提高教学质量,等等。因此,教育界掀起了"教育大革命",同时对当时的教学理论与实践进行了批判。特别是凯洛夫的《教育

---

① 郑金洲、瞿葆奎:《中国教育学百年》,北京,教育科学出版社,2002,第 108~109 页。
② 毛礼锐、沈灌群:《中国教育通史(第六卷)》,济南,山东教育出版社,1989,第 113~114 页。

学》受到了严厉批判,当时人们批判它从反对杜威的"教育即生活"理念走向了另一个极端,即片面地强调基础知识,忽视了与生产劳动的结合,批判它提倡的"书本中心、课堂中心和教师中心"等教学思想。1958年北京师范大学编纂的《教学大纲》中明确指出,过去的教学,不是从毛主席的教育思想出发,不是从党的教育方针出发,不是从我国的教育实际出发①。这反映了当时教学理论工作者"深刻反思"的结果,直指国内教学理论界对凯洛夫教育学教条式的推崇和模仿。除此之外,当时的学校教学内容和教学方法也受到了猛烈的抨击,批评者认为教学内容偏浅偏旧,不能满足学生智力发展的需要,同时思想性较差,脱离了政治斗争。1960年,国家通过一系列的文件重新确立了"以教学为主"的教育方针,对学校教育教学秩序起到了一定的规范和稳定作用。经过国家方针政策的调整,本土化的教学理论发展步入了初步的繁荣期,但是接下来的"文化大革命"极左思潮顷刻间淹没了所有的成果。

1966年至1976年的"文化大革命"对我国经济、政治、文化发展产生了恶劣的影响,教育和教学论也成为"革命"的重点对象。这一阶段除了全盘的否定之外,并没有取得批判后的新认识和自主发展,教育和教育学研究基本瘫痪,教学论和教育思想产生了严重的混乱。从这十年间教学论著作创作与出版的停滞不前可以看出,教学论的发展几乎一片空白,这一时期中国教学论发展呈现出"失语"的状态。总体而言,教学论学科理论发展的停滞,拉大了中国与世界教育教学理论发展水平的差距。

(四) 改革开放以来教学论领域的对外学习与繁荣发展

改革开放无疑是中国崛起过程中的一项重要国策。我国重新打开国门,学习并吸收国外先进的知识和经验,迅速地提升了国家政治、经济、军事等硬实力,加强了文化教育等软实力。改革开放为教学论的反思与重构、建设与发展、自主创新营造了良好的社会环境和学术氛围。

党的十一届三中全会重新确立了社会主义现代化建设的目标,实现了战略重点的转移。通过"真理标准"的大讨论,我国倡导和确立了"解放思想、实事求是"的精神。教学论界随后便开始了对自身的反思,重点探讨了教学论的学科性质、学科基础与研究对象,以及教学论学科建设的指导思想、方法论等关键议题。② 除了以上学科内的反思之外,教学论界还对学科外延关系进行了探索,诸如教学理论和教学实践的关系、教学论的

---

① 郑金洲、瞿葆奎:《中国教育学百年》,北京,教育科学出版社,2002,第191~196页。
② 裴娣娜:《论我国教学论学科建设与发展》,《中国教育学刊》1998年第6期。

科学性与科学化的关系、课程和教学的关系等，相关探讨在学界延续至今。教学论是否是一门学科，其体系是怎样的，学科性质是什么，与其他学科之间的关系怎样，其研究方法的特点、基本范畴是什么，以及怎样让理论指导教学实践的价值最大化，等等，教学论研究者针对这些问题做了大量研究并取得了较为丰厚的成果，为教学论学科深入发展提供了方向，对教学论进一步发展具有推动意义。① 但是，这个时期的教学理论基础并不牢固，所以，在反思与重建的同时，介绍和借鉴国外的教学理论和教学思想成了必经之路。

改革开放初期，我国的教学理论界急切地对西方教学理论进行了新一轮的介绍和移植。从20世纪50年代末批判苏联教育学开始，我国教学论领域切断了与国外交流的途径。到改革开放时，英美文化圈和欧洲大陆文化圈的教学理论乘着世界经济、科技发展的快车取得了较大发展。因此，改革开放初期我国的教学理论发展水平同世界水平相比具有较大差距。与教育学其他研究领域一样，教学论学者如饥似渴地向国外教学论界吸收最新的养分，各类教学理论及学说纷至沓来，诸如皮亚杰、布鲁纳、奥苏贝尔、班杜拉、瓦根舍因、罗杰斯、布卢姆等学者的学说均在此列。对外学习的大门再度开启使得中国能够全方位地学习各文化圈中教学论领域的不同研究成果，极大地推动了我国教学论研究的繁荣发展。中国教学论学科发展的自主和自觉意识逐渐在对外开放学习的过程中觉醒。学术研究的繁荣也推动了学术组织的诞生与发展，中国教育学会教学论专业委员会于1986年成立，中国教学论学科队伍终于有了自己的学术组织。此外，部分高校开始招收教学论专业的硕士研究生和博士研究生，源源不断地为教学论学科培养优秀人才。

基于对各种先进教学理论的积极借鉴和深度反思，中国教学论研究者和中小学教师通过系列的教学改革研究和试验来促进教学理论在本土的扎根与成长。在现代教学理论指导下开展的教学改革，不仅促进了理论学说的革新，而且对一线教学实践也产生了实质性影响。实际上，系统的教育教学理论也大都来源于教学实践领域的探索，比如，尝试教学理论是邱学华立足于自身在数学课程中"先试后导、先练后讲"的试验提出的；主体教育理论是基于主体教学实验提出的；学校教育教学的整体变革从一开始就是新基础教育理论研究的重点，其影响不局限于教学领域，甚至扩散至

---

① 王嘉毅：《从移植到创新——改革开放30年来我国教学论学科的发展》，《教育研究》2009年第1期。

整个教育学术界和基础教育实践领域。① 伴随着相应的理论探索和实践研究,丰富的学术成果产生了,其重要表现之一为大批教学论著作问世,如王策三的《教学论稿》、李秉德的《教学论》、吴也显的《教学论新编》等。这些著作除了对已有成果进行总结梳理外,也提出了新观点。王策三的《教学论稿》是改革开放后出版的第一本教学论学科专著,对学术界产生了深远的影响;李秉德的《教学论》将系统论的观点作为教学论的指导思想,构建了教学论的基本体系,在国内外获得了一致好评。②

经过改革开放40年的建设和发展,中国教学论的理论体系不断完善并初具规模。具体而言,其一,教学理论从"量"的增长转为"质"的优化。在改革开放的前期和中期,理论研究成果"量"的增长一直是教学论发展的主体,其主要来源是借鉴各个文化圈的现有理论或者是对其教学思想进行移植和改造。先期的量变也为中后期的质变奠定了基础,中国的研究者正是基于此才开始反思具有中国特色的教学论体系建构等"质"的问题。其二,教学理论研究视野拓宽,从一元转向多元。中国教学论逐步从固守传统的理论领域转向广泛吸收诸如系统科学、脑科学等各类新兴学科的理论,从而有助于剖析教学问题、阐释教学现象、发掘教学规律,教学论的研究视域和研究范畴也得到了拓展。③ 其三,研究的空白领域得到进一步的探索。中国早期教学论研究是通过理论探讨的方式进行系统构建的,然而,教学理论与教学实践割裂、脱离的程度却加深了,因此,理论向实践的转化问题受到了学者的热切关注,教学理论应用方面的系统研究曾经是很大的一片空白,现在则得到了进一步的研究和开发。

纵览一个多世纪以来中国教学论的发展进程,尽管道路曲折,但其彻底改变了旧中国学校教学积贫积弱的状况。中国教学论虽然成就斐然,但由于时代背景及各种主客观条件的限制,存在诸多局限也在所难免。中国教学论仓促的现代转型导致其忽略了诸如功能定位、体系统整等亟待认真探究的重要问题。此外,20世纪中国教学论的现代转型是在西方教学论的直接或间接影响和拉动下实现的,对于传统教学思想的汲取和继承尚有许多不足之处,中国古代传统文化及其教学思想的一些核心和精华的内容及

---

① 王嘉毅:《从移植到创新——改革开放30年来我国教学论学科的发展》,《教育研究》2009年第1期。

② Hayhoe, R., 2006: "*Portraits of Influential Chinese Educators*", Hong Kong, Hong Kong University Press, 104.

③ 靳玉乐、董小平:《教学论三十年:进展、问题与展望》,《西南大学学报(社会科学版)》2009年第4期。

其现代意义没有得到充分的挖掘与有效的阐释,将其全面融入现代教学论的研究尚需时日。即使是在20世纪中国教学论本土化过程中建构的理论体系,也未能同中国的文化世界打成一片。①

二、构建具有中国文化特色的教学论

建设和发展符合本国国情、文化传统且具有本土特色的教学论是中国教学论学者一个多世纪以来持续的追求。不管是对英美文化圈和欧洲大陆文化圈教学论学说的学习与借鉴,还是对东方文化圈教学体系的创新与发展,都需要切合中国的文化传统与教育实际。20世纪以来,中国教学论学者不断地引进与学习外来理论,并力求将其本土化后为我所用,但就本质而言,其同中国实际情况仍有不相符或不适应之处。因此,建构中国式的教学论框架必须立足于本国文化传统和实际教学情境,在借鉴国外教学论学说时开展理论创造和实践创新,不断丰富中国教学论的"血肉"。

(一) 中国教学论的立论之基

纵观中国教学论从古至今的发展进程,其立论之基及思想来源主要有三个方面:一是先哲先贤们关于教育教学的哲学思考;二是一线教师教育教学实践的经验总结;三是近代以来对国外教学理论的学习和借鉴。② 在21世纪要建立具有中国文化特色的教学论则必须高度整合以上三部分内容。

中国教学思想具有悠久的历史传统,各个时期的研究者从不同角度对教学问题进行分析,从而形成了具备中国文化特色的教学思想。从先秦的《学记》《劝学篇》等,到朱熹、王阳明,到现代陶行知、庄泽宣、余家菊,再到当代的教学论研究者,其思想都体现出传统的文化尤其是儒家文化的影响。天人合一、伦理精神、中庸思维是中国的文化传统,它们赋予了中国教学理论相应的文化底蕴。教学思想在延续、丰富的同时,又与教学实践相互作用,产生出更为饱满的教学理论。

中国教学论的发展过程,也是不断总结和提炼教学实践经验的过程。中国传统教学思想以及当代教学论中的诸多学说都是直接来源于教学实践,是广大一线教学实践者经验的概括、提炼和升华。当下,接受教育的学生数以亿计,从事教学活动的教师高达千万,他们所进行的教学活动是中国教学论持续生长的沃土。这些教学经验一方面受所处的时代文化的影响,

---

① 李森、赵鑫:《20世纪中国教学论的重要进展和未来走向》,《教育研究》2009年第10期。
② 段兆兵:《论中国当代教学论的形成、构成与特征》,《当代教育与文化》2012年第2期。

体现出中国学校教学领域的本土特色，另一方面也是新兴教学思想和教学实践的生长点，扎根教学实践经验的新思想和新行为最切合实际。

除了传统思想和实践基础之外，中国教学论的发展还借鉴了各个文化圈的多种学科理论。长期以来，学界所认可的教学论学科的主要理论基础为哲学、心理学和社会学。有学者呼吁教学论的理论基础不应该是单一的，有什么样的问题就需要什么样的理论基础，不存在一成不变永恒的基础①。随着信息化社会和大数据时代的到来，教学论的理论基础也应不断扩展、更加多元化。哲学领域中的过程哲学、分析哲学和后现代主义等思想学说的传播为教学论的发展创造了更为广阔的舞台。同时，马克思主义哲学仍然是中国教学论研究依据的最核心的哲学思想，中国教学论学者必须在深入理解马克思主义哲学一般原理的基础上，广泛吸收其他哲学理论成果，进行教学理论研究和教学实践活动。同时建构主义理论、多元智能理论、学习心理学等心理学理论也是教学论研究的思想来源，脑科学的兴起也使教学论研究有了更为科学的依据。教学与社会的复杂关系通过知识社会学、解释社会学、情感社会学等社会学理论得到了梳理。除此之外，教学论的理论建构也涉及系统科学"新三论"，即耗散结构论、协同论、突变论，以及语言学、思维科学、生态学、未来学、信息科学、数理逻辑学、模糊数学等相关学科的支持。②

（二）中国教学论的学科性质

在教学论的发展过程中，教学论的学科性质颇具争议。从不同的出发点出发，会对其学科性质产生不同的认识。从教学论的功能和表现形式出发，我国教育学者对教学论的学科性质持有三种观点：教学论是理论性的；教学论是应用性的；教学论是理论性兼应用性的。其中第三种观点受到大多数当代教学论研究者的认可。自教育学从哲学的母体中分化出来，教学论也在逐步"形而上"的同时，向"形而下"的领域拓展，即观照教学实践和生活实际。③ 教学论研究对象的变化，意味着学科性质的变化，即教学论已经发展为一门理论学科与应用学科交叉的学科。④ 此外，有的学者还从教学论属于自然科学、社会科学抑或人文科学的讨论中理解教学论的学科性质，

---

① 黄甫全、王本陆：《现代教学论学程（修订版）》，北京，教育科学出版社，2003，第24~25页。

② 张欣、侯怀银：《近10年中国教学论学科建设的本土探索》，《当代教育与文化》2011年第4期。

③ 郭道明：《跨世纪的思考——教学论学术研讨会综述》，《教育研究》1995年第9期。

④ 王鉴、安富海：《教学论学科建设30年》，《当代教育与文化》2010年第1期。

进而提出教学论是一门横断性学科，兼具科学性、社会性和人文性的观点；有的学者认为教学论是综合学科，即理论学科和应用学科的整合；有的学者认为教学论是一门人文学科，教学活动各个要素必须充满人文关怀。①

由此可见，对教学论学科性质的理解与把握可以从多角度进行，与教学论的时代背景、研究对象、研究者自身研究视角等有密切联系。同时，学科群伴随着学科的分化而出现，理论学科和应用学科被包含在教学论学科群中，② 这就决定了教学论是兼具理论性与实践性双重性质的学科。

（三）中国教学论的研究对象

一门学科之所以能被称为独立的学科，关键性标准是其拥有特定的、明确的研究对象。因为对象是理论的主体和核心，只有明确了对象才能进行科学的研究，才能建立起严格的科学理论及其体系③。教学论作为一门独立的学科，其研究对象和研究任务是多样的，因时代文化和研究者的视角而不同。教学论界主要存在着三种对象观。一是"教学规律观"，如王策三在《教学论稿》中指出教学论的研究对象应该是客观存在的而不带任何主观随意性的规律④，李秉德在其《教学论》中表明教学论应当关注"教学的本质"和"教学的较高层次的一般规律"⑤。二是"教学现象观"，即认为教学论所揭示和阐明的是教学活动所外显出来的具体现象和表征，其目的在于归纳各种不同活动现象的相同点，使之理论化和抽象化，并推而广之。三是"教学问题观"，此种观点认为教学论应当以问题为导向，针对具体教学过程中所表现出来的问题进行理论研究，最终解决问题，并且将教学理论应用于其他问题的研究中。问题导向的教学论研究具有明确的针对性和实用性，切合一线教师的教学研究方式和目的。教学论的研究对象包括事实性问题、价值性问题和技术性问题。

总体来说，以上观点将教学论的研究对象定位为教学活动、教学问题以及教学现象及规律等方面。虽然大多数学者对教学论研究的最终目的是"揭示教学规律"基本达成了共识，但教育规律并非直接的研究对象。而教学论直接的研究对象则是所谓的"教学现象""教学行为"以及"教与学的关系"等，这些议题最终使研究者关注到教学活动中的"经验世界"。

---

① 黄甫全、王本陆：《现代教学论学程（修订版）》，北京，教育科学出版社，2003，第24~26页。
② 王鉴、安富海：《教学论学科建设30年》，《当代教育与文化》2010年第1期。
③ 胡德海：《教育学原理》，兰州，甘肃教育出版社，1998，第85~90页。
④ 王策三：《教学论稿》，北京，人民教育出版社，1985，第54页。
⑤ 李秉德：《教学论》，北京，人民教育出版社，2000，第8页。

其根本原因可能是研究者逐渐意识到：现实中的教学才是使教学论保持其学科活力的关键。一些学者提出教学回归原点、回归生活的主张，从而使教学实践研究变得愈发重要。①

（四）中国教学论的研究方法

教学论的研究方法与研究对象一样，具有多样和多元的特点。在党的十一届三中全会之后，教学论领域也开展了关于方法论的讨论。王策三、吴也显和裴娣娜等学者纷纷提出了自己的观点。各方从不同的方法论视角出发，围绕教学论的研究方法得出了不同的认识。其中，主流方法论是马克思主义方法论，它强调掌握教学事实，收集研究资料，通过调查、实验等方式来推理论证，最后得出有依据的可靠的教学经验。还有一些观点则是从研究者思维的方式和出发点来探讨的，例如可以从历史的角度出发、从经验的角度出发、从理论构建的角度出发，以及从比较的角度出发来研究问题。各方观点产生分歧的核心点在于教学论研究是以教学实践经验的归纳提炼为主，还是以演绎的、思辨的理论抽象为主。针对这一分歧，有学者提出把握当代教学论的研究问题应该立足于理论、现实、历史三个维度，研究方法的选择和构建应该参照这三个维度。②

以上所述的均是方法论，落实到具体操作层面，常用的教学研究方法包括文献法、内容分析法、观察法、调查法、访谈法以及实验法等。近些年来，随着研究的现实指向越来越明确，实证的和量化的研究方法也越来越受到研究者的青睐。这些方法的思辨性虽然不强，但它们在反复的实践中获得检验和发展，并且逐步得到深化。

经过百余年的摸爬滚打，中国教学论日趋成熟，教学论研究已于21世纪跨上了新台阶，成绩之显著、成果之丰富，学界有目共睹。随着社会和教育的急速发展，中国教学论学科建设和学术发展依然面临诸多危机和挑战。例如，教学论学科及相关研究缺乏明确的学科意识，教学论学科在整个人文社会科学界遭到漠视，教学理论与教学实践常态化分离，教学论学科平台和队伍建设凸显急功近利倾向，等等。③ 有效探讨并积极解决这些问题正是中国教学论研究发展的方向。

---

① 张欣、侯怀银：《近10年中国教学论学科建设的本土探索》，《当代教育与文化》2011年第4期。

② 裴娣娜：《基于原创的超越：我国教学研究方法论的现代构建》，《教育研究》2004年第10期。

③ 李森、赵鑫：《中国教学论学科发展的反思与建设》，《中国教育科学》2013年第3期。

第二节 中国教学论变革与发展的文化反思

文化是一个内涵非常广泛且具有人文意味的概念，教学作为一种文化活动，生根于文化、立足于文化、反哺于文化。没有文化的积淀，教学是无源之水、无本之木。同时，教学又凝聚着文化，没有教学，人类文明的历史长河终将枯竭。教学与文化有着密切的关系。文化因素会影响教学的进行，同时在不同的文化模式下，需要运用不同的教学方式，才能达到教学的目的。[①] 在百余年变革与发展当中，中国教学论界立足东方文化圈的传统思想，糅合了英美文化圈、欧洲大陆文化圈等文化圈中的理论学说，努力构建独具特色的教学理论，力争彰显本土韵味和个性特征；基于跨学科的借鉴与吸纳，从人类学、生理学、脑科学等学科中为自身理论寻找新基点。教学理论与教学实践的国际化和本土化等问题是中国教学论的变革和发展需要进一步深入探讨的议题。虽然不同的国度孕育了与自身文化相适应的教学论，但类似的教学论可以出现在不同的国度中，彼此之间可以相互学习、取长补短。因为具有强大生命活力的教学论既是民族的，也是世界的。但在这一过程中，如何进行必要的文化改造，以避免本民族文化条件下的教学实践自觉或不自觉地沦为外来教学理论的"试验场"，从而不至于在引进、学习外来教学论的过程中迷失自我，如何在吸收、消化外来教学理论的基础上，形成具有本土文化特色并能切实有效地运用于本土教学实践的教学理论，是当下中国教学论研究必须正视的紧迫问题。因此，构建中国特色的教学论体系有赖于研究者的文化自觉。

一、教学论研究的历史经验和文化意识

20 世纪以来，中国教学论发展取得了长足进步，明确了教学论建设的前进方向，保持了良好的发展势头。教学论界秉承"解放思想、实事求是"的学科建设指导思想，引进了国外众多的教学理论和流派，开展了大量的教学改革实验，初步构建了具有中国特色的当代教学论体系，形成了教学论学科群。中国教学论彰显出自身的文化特质，文化意识逐步觉醒。

（一）历史经验

百年来尤其是改革开放之后，中国教学论学科在发展历程中积累了宝

---

① 詹栋梁：《现代教育哲学》，台北，五南图书出版公司，1993，第499页。

贵的经验。

第一，树立正确的思想文化是教学论学科建设的保障。十年"文化大革命"使中国教育及教育研究遭受了严重打击，教学论也未能幸免。党的十一届三中全会确立了"解放思想、实事求是"的思想路线，把全党全国的工作重点转移到社会主义的建设上来，全力打开改革开放的新局面。教育学者围绕教学领域中诸如教学本质和规律等若干重大问题，进行了解放思想的大讨论，极大地推动了教学思想解放与发展。① 经过新中国成立以来的曲折与探索，教育界逐渐明确了学校工作要以教学为主的认识。教学秩序稳定、教学质量提高、学校有效发挥社会职能的关键在于构建以教学为主的学校文化，以及进行科学的教学理论研究。

第二，扎根实践是教学论学科建设的源泉。教学理论是在教学实践中孕育产生的，没有实践根基的教学理论便会丧失生命力。教学论的生命之源正是教学实践：在实践中积极发现新问题并分析、解决新问题，从而逐渐形成较为成熟的经验，再经过反复的实践验证上升到理论层面。"就教学论而言，所谓'现代'的主要特征是综合地解决当代教学实践和教学理论中提出的各种基本矛盾，建立与今日理论思维水平相适应的开放、系统、完整的综合性的教学论体系。"② 因此，深切融入教学实践当中，汲取教学实践的精华，是教学论学科不断生长的关键点，也是我国教学论发展探索中显现出来的重要经验。

改革开放以来，我国教学理论研究取得了斐然成绩，但是也表现出理论性和思辨性过于强烈、实践性与操作性不足的缺陷，部分教学理论研究者仍旧倾向于"拍脑袋"式的理论思考，试图从逻辑推演和思辨性思考中演绎出新的教学理论成果。这种研究方式固然有其价值，但其成果大多会有一个致命弱点，那就是脱离教学实践，对学校教学实践的指导作用不强。许多教学理论研究者也意识到了这一问题，并自觉地将注意力和精力转向教学实践，从实践文化中发现研究主题，并结合已有理论基础分析、解决实践问题。教学论研究者实践意识的增强是学科发展与建设的必经之路。如教学论学者同政府和教育行政部门合作开展与教育改革决策直接相关的教学研究，教学论学者针对教学的现实状况与需要提出课题并组织团队进行研究，教学论学者联合中小学校教学实践工作者对他们的实践经验进行

---

① 肖正德、卢尚建：《改革开放30年我国教学论学科建设的成就和经验》，《课程·教材·教法》2009年第10期。
② 徐继存：《现代教学论阐释》，《西北师大学报（社会科学版）》1998年第1期。

总结和提炼，等等。这些研究切实观照并解决教学实践中各种亟待解决的问题，从而产生了新理论和新认识，丰富、完善了教学论学科的理论体系。

当然，中国教学论作为本土教学实践的理论形态，同教学实践文化之间存在距离。教学理论与教学实践之间具有并保持一定的距离，这是中国教学论发展以及对教学实践发挥作用的基本前提。正是由于这种距离，教学论才能超越教学经验的繁杂性、教学表象的流变性、教学视野的狭隘性，以及教学意念的主观性，才能全面反映本土教学实践文化，深层地透视教学实践文化，理性地剖析教学实践文化，合理地引导教学实践文化，理智地反观教学实践文化①。

第三，彰显本土文化是教学论学科建设的根本。我国在历史发展进程中积累了丰富的教学思想和教学文化，但都是相对零散的各家之言，没有形成一套完整的理论体系。因此，自20世纪以来，我国学者开始广泛地借鉴各种外来的教学理论学说。然而，在这一过程中也存在"拿来主义"的问题，被移植进来的国外教学理论被生搬硬套到中国教学实践中，难以被真正地"吸收"，难以推动中国教学论学科建设获得实质进展。由此可见，中国教学论学科建设关注的重点应是如何正确处理教学论的国际化与本土化之间的关系。外来理论之所以值得国人借鉴，是因为不同国家的教学实践具有许多相关联的问题，而且，它们在相互借鉴和学习中能够产生共赢的效应。在借鉴的同时，筛选和吸收精华是至关重要的，筛选后的内容必须能高度契合中国的国情和文化，这直接关系到理论对中国教学实践的指导性，也直接反映出了借鉴的必要性与有效性。因此，在不断地推进教学理论本土化的同时，我们要强调外来理论与中国传统教学理论的融合，其最主要的问题就是对传统历史文化的扬弃。中国教学研究的历史悠久，具有开放、丰富且富有生命力的特点，这些理论成果是学者进行中外融合的主要前提。即使在近代中国教学理论遭受了外来理论的巨大挑战，中国教学论研究者仍然应在不否定和不抛弃本土文化的基础上学习和借鉴别国经验。② 中国教学论发展是中国教学论研究者将中国传统教学思想与当代教学问题、西方教学理论相联结，用现代的语言重新阐发传统教学思想的基本主题，探究时代的教学现象和教学事理以及它们与其他世界的现象与事

---

① 李森、赵鑫：《20世纪中国教学论的重要进展和未来走向》，《教育研究》2009年第10期。
② 沈小碚、王牧华：《教学论学科研究的进展与问题》，《西南师范大学学报（人文社会科学版）》2004年第1期。

理之间的互动生成关系的过程①。

第四,扩展视域是教学论学科建设的前提。教学论的发展总是与哲学、心理学、社会学等学科的发展相伴而行。这些学科以及其他学科领域的每一次变化,必然要推动教学论的变革与发展。也就是说,教学论在逐步科学化的过程中,得到了哲学、心理学、社会学等学科理论的支持与配合。②教学论研究不是价值中立或者文化无涉的研究,而是一种对生活实践的关怀和对社会文化理想的表达,具有文化性。当代教学论的理论基础十分广泛,不局限于教育领域,而是涉及哲学、心理学、系统科学以及社会学等多学科理论文化,它们的发展历史几乎都比教学论久远,它们是建设教学论的重要文化参照。

在哲学方面,教学论研究者要根据时代背景重新认识马克思主义关于人的全面发展的理论,应深入到与教学认识过程有关的微观的社会机制的研究中。基于系统科学,教学论学者厘清了教学要素和教学论学科结构等问题。但是,借助现有的跨学科理论,教学论学者尚难建成完整的、成熟的教学论体系。所以,当前中国教学论研究的理论文化基础还需要进一步拓展,要加强对社会学、人类学、文化学和脑科学等最新成果的吸纳,使教学论能够融合多门学科的研究成果形成科学的方法,从而不断丰富与完善教学论发展的文化基础。③

第五,立足科研文化是教学论学科建设的动力。中国教学论的学科建设必须基于科学的教学研究。所谓研究,就是人们在仔细审视所要研究的现象的基础上,认真地提出问题,并以系统的方法寻找问题答案的过程。④研究现象所属的范畴不同,便有了不同的研究。教学研究就是以教学现象为研究对象的研究,它从教学领域的实际情况出发,从遭遇的新问题出发,基于科学程序,经过深入探索之后提出新观点、新思想和新结论,以此升华教学理论,揭示教学规律。王策三强调,教学论应该为解决教学问题而研究一般教学规律,通过研究教学规律来帮助解决教学问题。如果不是这样的话,就会葬送教学论⑤。

---

① 赵鑫、李森:《中国教学论科学化的意蕴和路径》,《课程·教材·教法》2012年第7期。
② 李森:《现代教学论》,北京,人民教育出版社,2011,第24页。
③ 肖正德、卢尚建:《改革开放30年我国教学论学科建设的成就和经验》,《课程·教材·教法》2009年第10期。
④ 风笑天:《社会学研究方法》,北京,中国人民大学出版社,2001,第2页。
⑤ 王策三:《教学论稿》,北京,人民教育出版社,1985,第56页。

在教学研究方法上，教学研究是一种实践针对性强的研究，适合采用多种研究形式或者方法，以便确定不同的问题和获得可靠的答案。教学研究方法的多元性与综合性，整体上表现为哲学方法、科学方法和艺术方法的综合运用。① 教学研究是一种高层次的、严谨的智力活动，是教学论学者普遍关切的领域，对于探索教育规律、解决教育问题、促进教育改革、提高教育质量、推动教学理论与教学实践的发展具有重要意义。从某种意义上说，教学论领域中的任何进步都应归功于研究，没有研究便无所谓进步，研究为教学论的发展提供方向、依据，是其发展的基础。②

(二) 教学论中的文化意识

无论是中国传统的教学理论思想，还是近现代的教学理论发展，都是在中国历经五千年形成的文化场域之中生发的。近代以来的教学理论受制于近代的文化内容、文化思维方式以及文化价值观等要素，教学目标的确立、教学内容的筛选、教学主客体之间的关系等都不能脱离中国的文化场域而独立存在。例如，民主文化是社会高度发展的一个表现，它表现为尊重不同主体的意见表达，给予主体自我发展的权利和空间。这种文化引发了学校教学最明显的变革：改变了教学观，重建了师生关系。2001年颁布的《基础教育课程改革纲要（试行）》提出："改变课程实施过于强调接受学习、死记硬背、机械训练的现状，倡导学生主动参与、乐于探究、勤于动手"，"教师在教学过程中应与学生积极互动、共同发展，要处理好传授知识与培养能力的关系，注重培养学生的独立性和自主性"。可以说，任何一项教学变革的背后都隐含着社会文化对其强烈的影响与制约。教学变革在某些方面往往体现了当时社会上主导的文化潮流。③ 同时，教学就是文化传承与发展的基本方式，其本身也可以说是一种文化。因为文化与教学之间存在着特殊的互动关系，所以从文化学的角度出发，也可以探寻教学理论的发展规律，这对于探求如何建设现代的具有中国文化特色的教学理论具有重要意义。

文化意识的觉醒有助于具有中国文化特色的教学理论的创建。对具有中国文化特色的教学论的探索与追寻是历代学者所关注的重点。原有的教学思想和教学理论与传统文化或外来文化相适应，但随着时代的进步和文化的变革，教学论领域中的许多基础性理论已经无法适应时代的文化要求，

---

① 叶澜：《教育研究方法论初探》，上海，上海教育出版社，1999，第325页。
② 李森、陈晓端：《课程与教学论》，北京，北京师范大学出版社，2015，第302页。
③ 同②，第273页。

也就是说，教学论要响应时代变迁的要求，在把握当代文化特点的基础上自觉地调整内在理论内涵。但是，无论文化怎样变化，那些保持了教学论自身的独立性和独特性的要点及规律仍然存在。因此，教学论的发展要想植根于中国的文化土壤，形成具有中国特色的教学理论体系，就必须对中国文化有意识地继承与借鉴，同时对自身也要有清晰的独立的认识。

从 20 世纪以来，中国教学论研究偏重于对外国教学理论的借鉴，对本土教学论中的优秀成分的继承和发展相对欠缺。如果忽视中国文化传统，教学论学者就会迷失教学论未来发展的方向。为此，中国教学论学科建设必须深深根植于自己的文化土壤，这不仅符合一般科学发展的规律，也符合当代教学论科学发展的逻辑①。

此外，挖掘并强化理论研究中的文化意识能够促进教学研究领域的拓展和丰富，教学研究在理论层面上可以找到一个新的学科视角为自己提供支持和佐证。已有的教学理论研究主要基于教育学、社会学和心理学等理论基础，而从文化学角度出发的研究甚少。由于文化本身所具有的时代性和变动性，随着文化变迁，教学实践也会随之变迁，因而会呈现出许多新问题，这些新问题是教学论学科发展的生长点。尤其是在当前这个文化飞速发展的时期，新问题更是层出不穷，这些问题使得教学实践呈现出多种形态。这些形态都可以从文化学的角度进行审视和解读。例如，当教师运用新的教学原理或教学方法时，受到已有观念的束缚，其实这是因为新原理或新方法没有很好地契合现有文化，教师想要展现的文化理念与当下课堂教学的形态之间存在落差，从而产生了文化冲击。若教师从文化学的视角出发，缩小二者之间的差距则可以规避这类教学实践问题。可以说，要深化教学改革、提升教学理论水平，需要立足文化学来审视当下中国教学变革的背景、动因、目的和制约因素等，着力探索教学场域中的新问题。②

二、中国教学论发展与变革的文化融合与文化转型

当代教学理论对传统教学思想采取批判继承的态度。对传统教学理论的文化批判和继承，重在审视其对当代教学论产生深刻影响的内核。③

---

① 李森、赵鑫:《中国教学论学科发展的反思与建设》，《中国教育科学》2013 年第 3 期。
② 雷树祥:《中国传统教学论思想的文化学分析》，长沙，湖南师范大学，2010，第 53~54 页。
③ 李森、张家军:《现代教学理论的主要特征：传统与现代的整合》，《天津市教科院学报》1999 年第 6 期。

(一) 中国新时期教学理论与传统教学思想的文化融合

纵观中国教学论学科的形成与发展，教学论在寻求科学化、理性化的过程中，在向国外教育理论学习与借鉴的同时，其与中国历史传统相联系的文化融合往往是缺席的。"文化缺失正是当代中国教学论所面临的最大问题与桎梏。长期以来，我国教学论研究走的是一条'拿来主义'的道路。这条道路为中国教学论的发展、缩小我们同西方的理论差距作出过巨大的贡献。但是，如果中国教学论学科建设仅仅停留在移植、引进和模仿的水平，势必将成为别人的'实验田'和'跑马场'。"① 原封不动地照搬国外教学论的思想，或在教学实践研究中坚持"历史虚无"的立场，一味"标新立异"，是经不起推敲的，因为"中国古代教学思想在学校教育类型逐渐多样化、层次结构日益复杂化的长期教学实践活动中，形成了一个较为完备的教学论体系"②。我国"教学论遗产是非常丰富的。先秦诸子百家之言、《学记》和'朱子读书法'等等之中所蕴藏的教学论思想，有许多是非常精辟的，至今仍放射出智慧的光辉。"③ 因此，如果刻意忽视或脱离这些传统教学思想，便难以真正把握并有效解决当下的教学实践问题。中国教学论研究及发展的过程，也是与传统教学论思想不断"对话"的过程④。

第一，在教学目的方面，中国古代学校教学的目的主要是培养"士""君子"，即德才兼备、以德为主的人才。今天中国则强调培养有理想、有道德、有文化、有纪律的新人，主张学生德、智、体、美、劳全面发展。尽管儒家培养"士""君子"，和当下培养全面发展的社会主义建设者和接班人，在立场、内涵和社会效益上都有所不同，但当前的学校教学目的还是受到了传统教学目的的深刻影响，体现了对传统教学目的的继承与整合的特征。

第二，在教学原则方面，传统教学在实践中创造了因材施教、启发诱导、循序渐进、学思行结合和温故知新等教学原则。由于它们是教学规律的直接反映，因而对后世产生了重大影响。现代教学论倡导的因材施教、启发诱导、循序渐进、温故知新、理论联系实际等教学原则正是对这些传统教学原则的继承和发展。虽然受历史条件的影响，二者有着实践上的根

---

① 李森、赵鑫：《中国教学论学科发展的反思与建设》，《中国教育科学》2013年第3期。
② 熊明安：《中国教学思想史》，重庆，西南师范大学出版社，1989，绪论第6页。
③ 王策三：《教学论稿》，北京，人民教育出版社，1985，第80页。
④ 赵鑫、李森：《教学论研究实践转向和理论创新的历史自觉——兼谈"教学论就是教学论史"》，《西南大学学报（社会科学版）》2013年第3期。

本区别，但从现代教学原则的发展渊源看，不可否认，传统教学原则为现代教学原则的构建奠定了重要的文化基础。

第三，在教学方法方面，许多传统教学方法在现实教学中仍发挥着重要作用，如示范-模仿法、问答法、讨论法、练习法、自学和讲解相结合等等。新时期的教学方法正是针对传统教学方法落后、机械的一面，如重教法轻学法、重记忆轻理解、重实践轻研究等进行了改造，对传统教学方法的优点予以继承和发扬。随着教学实践情境及条件的变化，当下流行的数字化教学、"互联网+"教学等，都是根据当代教学方法论的系统性、科学性和综合性原则而创造发展起来的。

第四，在教学组织形式方面，个别教学和班级教学是传统教学的主要形式，二者在现代教学中仍具有重要地位。当今世界，教学组织形式日趋个别化。依靠现代化的教学媒体，吸收了班级教学制的合理内核，现代教学组织形式突破了时空条件的限制，出现了互联网教学、活动教学等新形式。

第五，在教学评价方面，隋唐以前，教学评价主要是非标准化的，如汉朝举"贤良方正""孝廉""秀才"等。科举制度产生后，教学评价由非标准化转向了标准化。虽然科举考试由于单调、死板、限制人的个性发展等局限，退出了历史舞台，但其影响深远，现代的评价制度中仍不难发现它的影子。至今，学校教学的主要评价手段还是考试，只是根据社会文化和学校教学的发展状况持续优化考试的目标、内容和方式等。

中国新时期教学论的变革与发展之所以取得今天的成就，正是现代教学论对传统教学论不断进行文化整合的结果。对传统教学论进行重新思考，并不是要复归传统，而是要求正确地对待传统教学文化。现代教学论正是在扬弃传统教学文化思想的同时确立起了自己的现代性与科学性，而传统教学论也由于被现代教学论批判和继承而注入了新的时代气息。在这一过程中，传统教学论得到了"新生"，现代教学论找到了自己的文化根基，获得了进一步的发展。中国新时期教学论正是在这种传统教学文化与现代教学文化持续整合的过程中迈向了新的里程。

（二）中国新时期教学理论的文化转型

新时期中国教学论的学术研究和学科建设必须植根于传统教学文化，并以此为基础构建具有鲜明时代特征的理论体系和蓝图。无论是教学理论还是教学实践都不是静态的存在，实际上，教学理论是在教学目标、内容和方式等要素的确立过程中，在教学计划、决策、评价的实施过程中不断创生的。而教学实践活动则是在选择文化、传递文化，进而创造文化和构建文化。如果教学对社会文化只是认同、服从，而不批判、反思，教学就不是一种文化，就会丧失了自身的文化本性。只有当教学具备自我否定、自我批判的机制，具有建构文化的本质，才是成熟的和有价值的。因此，分析教学论发展与变革的文化转型，有助于促进教学理论与教学实践的整体变革和完善，具有深远的价值。

第一，教学目标的文化转型。教学目标"是教学活动主体事先确定的在具体教学活动中所要达到的教学结果和标准"①。作为教学活动的导向性要素，教学目标规定着一切教学活动的方向，影响和制约着教学活动的各个要素，其必然直接反映社会文化和教育发展。2014年发布的《教育部关于全面深化课程改革落实立德树人根本任务的意见》强调，"立德树人是发展中国特色社会主义教育事业的核心所在，是培养德智体美全面发展的社会主义建设者和接班人的本质要求"。2016年发布的"中国学生发展核心素养"，涉及文化基础、自主发展和社会参与等三个板块、多个领域。学生核心素养的培养呼唤教学目标的文化转型。当前，聚焦学生核心素养发展的教学改革，由过去重知识、重能力，转变为关注学生态度、情感等生命要素发展，力求实现教学生"学问"和教学生"做人"相融合。

第二，教学内容的文化转型。教学主体选择、传递什么样的教学内容，受制于并作用于相应的社会文化和教学文化。文化传递事实上也是一种文化涵化，即系统的重组，这种选择与重组既包括原有文化要素的选择组合，同时又包含了文化传递者的理解与判断，从而导致整个系统发生不同性质的变化。② 教学文化转型是有目的和有计划的，主要应考虑教学目标、社会发展需要和学生的兴趣与身心发展水平。具体而言，教学内容作为实现教学目标的载体，其文化转型应当遵循教学目标的要求，即根据教学目标的文化转型确定教学内容的文化转型。教学内容作为教学活动的关键要素，体现了一定的社会文化价值，必须考虑社会文化发展的需要。教学内容必然要为学生的发展服务，因而要考虑学生本身的情况，符合学生的兴趣需要和身心发展规律。③ 为此，教学内容的文化转型必须秉持"承前启后"的原则。一方面，需要继承中国传统文化中的优秀元素，如忠孝仁爱、修己安人、以义为上、以人为本等人文精神，都应在教学内容中有所体现；

---

① 李森：《现代教学论》，北京，人民教育出版社，2011，第125页。
② 丁钢：《文化的传递与嬗变：中国文化与教育》，上海，上海教育出版社，1990，第3页。
③ 李森、陈晓端：《课程与教学论》，北京，北京师范大学出版社，2015，第147~148页。

另一方面，教学内容还应服务于宣传和创新新时代的社会文化精神，成为传播社会正能量的重要文化载体。诸如富强、民主、文明、和谐、自由、平等、公正、法治、爱国、敬业、诚信、友善，既是当代教学主体尤其是学生应当铸牢的精神文化支柱，更是中华民族文化精华的重要体现，是教学内容中必须融入和彰显的优秀文化要素。

第三，教学方式的文化转型。"教学方式是教学过程中具体的活动状态，表明教学活动实际呈现的形式，……教学方式是组成教学方法的'细胞'。"① 教学目标和教学内容的文化转型要落到实处、发挥实效，有赖于教学方式的文化转型。"教学方式既是一种文化现象，也是一种文化实践，文化从不同方面影响着教学方式。教学方式的变革蕴含了文化制约性和文化匹配性等规律，同时教学方式也不断丰富着文化的意蕴。"② 现代意义上的教学方式及其研究源于西方，它们要在我国教学实践中"落地生根"，并在此基础上构建中国自身的教学方式体系，就必须进行文化剖析、文化寻根和文化创生。首先，文化剖析是教学方式文化转型的前提。任何一种教学方式都根植于特定的文化情境和文化基础，无论是域外的教学方式还是"土生土长"的教学方式，在转化和推广过程中都必须以文化分析为前提。只有理解其文化特性，才能取长补短。其次，文化寻根是教学方式文化转型的基础。一方面，我们要对中国源远流长的文化传统中的优秀教学方式，诸如因材施教、启发式教学等加以继承，并结合当前的教学情境和教学目标予以改造；另一方面，在借鉴国外和传统优秀教学方式及其思想的基础上，我们要探索和发现适合当代本土教学实践的各类教学方式，以有效地解决中国的教学问题。最后，文化创生是教学方式文化转型的动力。当前，互联网+、大数据等信息技术为教学方式文化转型带来了新机遇。例如，《教师教育振兴行动计划（2018—2022年）》强调要"充分利用云计算、大数据、虚拟现实、人工智能等新技术，……推动以自主、合作、探究为主要特征的教学方式变革"，为教学方式的文化转型明确了方向及路径。

第四，教学评价的文化转型。教学评价作为一种对教学活动的价值判断过程，必然具有浓厚的文化性。我国教学评价长期深受"考试理性"③的影响，评价价值导向单一、内容认知化、方式狭窄化、结果分数化，严

---

① 李森：《现代教学论纲要》，北京，人民教育出版社，2005，第176页。
② 李森、赵鑫：《教学方式变革的文化审视》，《课程·教材·教法》2011年第4期。
③ 邓友超：《教育解释学》，北京，教育科学出版社，2009，第44~49页。

重束缚了学生的全面发展尤其是创新意识和实践能力的培养。在以学生核心素养发展为导向的背景下，随着教学改革尤其是教学评价改革进入新的时代，教学评价文化必然要立足于学生核心素养发展的文化诉求。具体而言，教学评价的文化转型应坚持：逐渐融合教学评价的质性文化，统整教学评价的量性文化，使教学的复杂性和学习的丰富性得到兼顾；教学评价从侧重甄别转向促进发展，注重覆盖所有学生的发展需求，尽可能为各类学生提供展现自身素养的机会；重视教学评价的文化情境性和文化真实性，促进学生关注和解决学习、生活中的真实问题；突破传统评价一刀切的僵化方式，突出学生的个体性，充分发展学生的兴趣特长，以此构建以评优教、以评促学的文化氛围。

第六章 教学论范畴的文化审视

任何一门学科想要发展与成熟，不仅需要具有学科的逻辑起点和明确的研究对象、范围，还必须建立起一套由学科的范畴所构成的理论体系。范畴是学科的理论核心与基石，是衡量一门学科科学与否的重要标志。作为一门独立且发展较为成熟的学科，教学论亦有自身的逻辑起点、研究对象和范围，以及学科范畴体系。本章将基于对范畴思想的发展状况及其内涵、教学论范畴的内涵和功能等的阐释，对教学论的范畴体系进行概述。在此基础上，从知识观的视角对教学论范畴的发展状况进行历史考察，然后进一步论述教学论范畴的文化性，最后对我国教学论范畴的发展状况进行反思和展望。

第一节 范畴与教学论范畴

范畴是理论思维的一种普遍的逻辑形式。要思维就必须有范畴[①]。任何科学都必须有范畴，都需要借助一定的范畴来概括其研究对象的本质、特征和规律。离开了范畴，人就无法从事理论思维。教学论学科也是如此。

一、"范畴"的内涵

（一）词源学考察

在西方，"范畴"的英文为"category"，德文为"kategorie"，法文为"catégorie"，它们都是从希腊文"κατηγορια"演变而来的，原意为"种类""类别""等级"。古希腊哲学家亚里士多德在《范畴篇》里首先使用了"范畴"这一术语。此后，"范畴"就用来指那些外延最广的基本概念。

---

① 高增德、丁东：《世纪学人自述（第六卷）》，北京，北京十月文艺出版社，2000，第489页。

在汉语中，"范畴"最初并不是一个完整的概念。学界一般认为，"范畴"取自《尚书·洪范》中"洪范九畴"一语。其中，"洪"的意义为"大"，"范"的意义为"法"，"洪范"即"大法"。"洪范九畴"，即根本大法中的九种类别。从汉语中"范""畴"二字的起源来看，"范畴"自产生起即含有两层意思：一是"根本、最高级别"；二是"分类、类别"。具体而言，"洪范"表明"范"之根本，"九畴"表明"畴"之类别。综合言之，在中国古代，"范畴"是指"客观事物根本的、本质属性的分类或类别，以及类别之间的相互关系"①。

（二）范畴定义的嬗变

西方哲学家对范畴的理解和定义极其深邃。作为哲学的基本概念，范畴的研究和发展经历了一个漫长的历史过程。亚里士多德、康德、黑格尔等都对范畴进行了较为系统的研究，并提出了相应的范畴理论体系。亚里士多德在其《范畴篇》中从逻辑的主宾式中发现了范畴，在历史上首创了范畴理论。亚里士多德在《范畴篇》中讨论"实体"（即"本体"）时，把实体区分为不是范畴的"第一实体"（即作为现实存在的个别事物）和作为范畴实体的"第二实体"（即个别事物所属的种或属）。②

与亚里士多德从逻辑形式上论述范畴不同，康德在其《纯粹理性批判》中把人的认识分为感性、知性和理性三个阶段，范畴即纯知性概念。他以唯心主观的先验论为基础，认为经验难以提供普遍必然性，范畴在本质上是纯粹的知性概念。黑格尔批判了康德的先验论和形而上学，他认为，范畴本来的意义是存在物的本质性，范畴是事物本质的内在联系。在他看来，范畴是绝对理念（即"纯概念"）在各个发展阶段上的表现形态和环节，人们对范畴的认识就是绝对观念的自我认识。同时，范畴是以概念的形式呈现的。

康德以主观唯心主义为基础来理解范畴，黑格尔以客观唯心主义为基础理解范畴，而马克思、恩格斯对范畴的理解则建立在唯物主义辩证法基础之上。在马克思看来，范畴是经过抽象后的客观实在的共同本质属性。列宁充分肯定了黑格尔以概念作为范畴表现形式的理解方式，并进一步深化了对概念、范畴的认识。在列宁看来，概念是理性认识的结论，范畴是对外部存在和活动的细节的抽象。

---

① 黄少成：《政治教育学范畴研究》，武汉，中国地质大学，2013，第71页。
② 翁绍军：《亚里士多德范畴学的形式与内容》，《社会科学》1984年第6期。

(三) 范畴内涵的界定

依据上述对范畴的理解，我们认为，范畴是对客观现实对象及其关系的反映，它是由概念这一理论的最基本单位呈现的，是逻辑思维的形式与工具。下面我们具体从范畴的内容实质、呈现形式和作用三个方面来对范畴的内涵加以阐释。第一，从内容实质来看，范畴是对客观现实及其关系的一种反映和抽象，是对客观现实及其关系的内在规律的反映。第二，从呈现形式看，范畴是哲学和科学中的基本概念。这些基本概念是哲学和科学体系中具有最高层次的概括性和最广泛的适应性的"骨干"概念，它们能够统领和联结其他概念。这些体系的实质即为有内在结构的概念体系，即它们是由范畴组成的。第三，从作用上看，范畴是人们认识世界的思维工具和基本形式。对此，列宁曾生动形象地加以说明："在人面前是自然现象之网。本能的人，即野蛮人，没有把自己同自然界区分开来。自觉的人则区分开来了，范畴是区分过程中的梯级，即认识世界的过程中的梯级，是帮助我们认识和掌握自然现象之网的网上纽结。"① 范畴表现着人类认识发展的进程，每一个阶段的范畴都是对以前认识成果的概括和总结，各个阶段的范畴标志着人类在这一发展阶段的认识水平，并且是人类认识逐级前进的阶梯。因而，范畴具有方法论意义。恩格斯说"要思维就必须有范畴"，任何一门科学如果离开范畴都是无法发展的。哲学范畴是一切理论思维的逻辑工具，而各门具体科学的范畴则是该领域的认识者的逻辑工具。各门科学都需要用一定的范畴去概括其研究对象的本质和规律。一门学科是否成熟，其标志是该门学科是否有科学的范畴以及是否建立了范畴体系。

二、教学论范畴的内涵

一般而言，"教学论范畴"，即指教学论的范畴。教学论作为学问的一个分支，有众多的层次。我们需要对"教学论范畴"中的"教学论"究竟为哪一个层次上的学问的分支进行定位。教学论"由一本书表述一个学科，不断分化出互相独立的不同部分，又走向一个有机的学科群。简言之，由一个学科发展为一个学科群"②。在我国，教学论自从教育学中分化出来，在发展过程中不断地进行着内部和外部的各种综合，分化出众多的学科。当前，教学论已经初步形成了一个数量极其可观的庞大的分支学科群。这些众多的教学论学科各自研究着教学的不同方面、不同层次、不同问题。

---

① 列宁：《列宁全集（第55卷）》，北京，人民出版社，1990，第78页。
② 王策三：《教学论学科发展三题》，《北京师范大学学报》1992年第5期。

这里,"教学论范畴"中的"教学论"是指研究教学的一般原理的"一般教学论"。具体地说,"教学论范畴"中的"教学论"研究的是教学活动中的基本问题,是旨在揭示教学活动中种种教学现象背后的本质及其规律的学科。其"研究的问题就是带有普遍性的教学问题","这些问题主要有教学目的、教学主体、课程教材、教学方法、教学手段、教学组织形式、教学环境、教学评价、教学过程和教学原则等",是"在理论上回答教师为什么教、学生为什么学,教师教什么、学生学什么,教师怎样教、学生怎样学,教师教和学生学的效果如何"等问题的学科。[①]

结合上述对"范畴"和"教学论"内涵的揭示,我们以为,就内涵而言,教学论范畴是指对教学活动这一特殊领域中各种现象及其特性、关系等本质进行概括性和抽象性反映的基本概念。教学论范畴是教学论独特的思维形式,是其理论体系的网上纽结和基本框架,也是认识教学活动中各种现象及其本质的基本理论单元。具体来说,第一,教学论范畴是人们对教学实践中带有普遍性问题的认识的产物,是人们对教学现象和教学存在的概括和抽象。第二,教学论范畴所揭示的是教学活动的内容,而不是其他方面的存在或现实的内容,即它是教学论领域的概念,而不是其他领域的概念。第三,教学论范畴是一些概括性较强、内涵丰富、外延较广的教学论领域的基本概念。第四,教学论范畴之间的关联应体现在教学论的理论体系上,应能反映教学规律。明确教学论的范畴,遵循范畴的内在逻辑,无疑是教学论科学化的重要前提。

三、教学论范畴的特征

特征是判断特定事物的重要标准,也是认识特定事物的重要依据。把握教学论范畴的特征,有利于我们更全面地认识和运用教学论范畴,也有利于我们更科学地构建和发展教学论范畴。我们以为,教学论范畴具有以下几个特征。

(一)客观性

教学论范畴作为人们对教学实践进行认识而形成的带有规律性的认识成果和基本概念,它的客观性是指其所反映的对象是客观的,方法符合一般的科学特性,能够经得起教学实践的检验。它反映着教学活动中固有的本质和规律,具有不以人的主观意志为转移的客观实在性。虽然教学论是

---

① 李森:《现代教学论纲要》,北京,人民教育出版社,2005,第7页。

人们对教学现象和教学存在的概括和抽象,但这种概括和抽象不是人们主观臆断的产物,而是建立在客观教学事实的基础之上的。作为理论,教学论范畴与教学实践的关系类似于理论与实践的关系。教学论范畴产生于教学实践,是对教学实践问题的升华和抽象。教学实践中的问题和实践经验,经过理性的抽象和概括,转化为概括性较强、外延较广的基本概念,即成为教学论的范畴。因此,教学论范畴的源泉是具有客观实在性的教学实践。正如列宁所说:"人的概念就其抽象性、分隔性来说是主观的,可是就整体、过程、总和、趋势、来源来说却是客观的。"① 因而,教学论范畴就其形式表达来看,具有主观性;但就其内容实质而言,却具有客观性。

(二) 主观性

范畴是人们对一定时期内认识成果的概括和总结,是思维用以反映和把握客观对象的基本形式,是人的思维对客观世界及其关系的反映。教学论范畴是人们对教学活动进行认识的理论成果的概括和总结,是对教学活动及其各种关系的认识的反映。教学论范畴是以基本概念对教学活动进行认识和反映的一种表达形式,它是以概念的形式存在的。这些作为话语的概念是研究者用来表达其主观思想和观点的载体、推演和表述体系,是教学论研究者理论思维运行的载体。教学论范畴的最终形成总是一个个或一代代教学论研究者的认识和思考成果汇集的结果。每一个教学论范畴的产生都打上了具体的教学论研究者的印记。不同的教学论研究者总是有其个人性的生长和生活环境、社会地位和经历境遇以及由此而形成的具有个人性的思想,这些个体性因素使每个教学论研究者在观察问题、提出问题、解决问题的过程中总是带有个人视域,在构建概念和表达观点等方面都会有着自身的特点。因而,教学论范畴具有主观性。当然,虽然教学论范畴是人们主观思想的表达,但是这些范畴并不是凭空想象出来的,也不是理论思辨和逻辑推理的结果,而是建立在对教学实践进行科学认识和充分理解基础之上的。

(三) 整体性

客观世界纷繁复杂,各种现象构成错综层叠的联系之网。人们借助于范畴来认识和把握客观世界。人类在长期实践的基础上形成了借助语言产生概念的能力,并且随着认识的深化,逐渐使用一些外延最广的概念来统

---

① 列宁:《列宁全集(第55卷)》,北京,人民出版社,1990,第178页。

摄一系列不同层次的概念。"这种外延最广、概括性最强的概念就是范畴。"① 任何时代的哲学和各门具体科学的范畴都可组成一定的系统，教学论范畴亦如此。每一个教学论范畴都有其特定的含义，代表着人们对教学活动的某一个方面的认识。教学论的各个范畴又相互联系，构成一个整体。这个整体所具有的性质和功能不是各个单一范畴性质和功能的机械总和；同时，每个单一的范畴也只有在它所属的整体系统中才能得到理解。

（四）稳定性

稳定是相对于变化与发展而言的，教学论范畴的稳定性是指从宏观上看，教学论范畴在特定的阶段具有相对的稳定性，而不是时时变动不居的。在教学论发展史上，教学论范畴都是教学论研究者理论思维的创造物，而每一个具体的教学论研究者所提出的教学论范畴都以不同形式汇集于教学论发展的历史长河之中。因而，教学论范畴的发展史包含着微观和宏观两个相互联系着的层次。从微观上看，每个教学论研究者都试图将自己的理论和学说建构成一个完满的体系，因而每一个教学论体系都有其自行展开的范畴体系。但是从宏观上看，每一个具体的教学论研究者试图构建的教学论范畴体系总是其所处时代的产物，都受相应时代的社会发展水平和方式的制约，因而必然会受到这一时代共同的思维方式的制约。教学论范畴所反映和概括的是教学活动的内在本质属性和基本规律，在特定的时代和阶段内，相对于各种教学现象而言，这种内在本质属性和基本规律具有稳定的特性。具体来说，教学论范畴不是在随意地增减，研究者也不是随意地移植与嫁接其他学科概念；相反，在特定时期、特定范围内，教学论范畴的发展遵循着逻辑与历史相统一的基本原则。

（五）发展性

一切范畴既是对客观现实的反映，又是各个阶段人类认识的总结。范畴通过人类的实践与外部环境发生相互作用，"一方面改变着周围的环境，另一方面又不断地检验、调整和充实这个思维工具系统，以便适应发展着的实践的需要"②。范畴虽是人们对客观世界的主观认识，但是这种认识的最终来源还是实践。范畴终究还是实践的产物，各个具体阶段和时期的范畴总是相应时期人们的认识和实践水平的反映。因此，"一切范畴总是随着客观现实的不断发展，随着人们实践和认识水平的不断提高而不断发展

---

① 谢庆绵：《西方哲学范畴史》，南昌，江西人民出版社，1987，第3页。
② 同①，第7页。

着和变化着的"①，是具有发展性的。在教学实践不断发展的过程中，对于教学实践具有制约作用的社会实践也在不断发展；在社会实践不断发展的过程中，各个特定领域的科学研究亦在发展。因而，教学论范畴作为对教学实践的主观认识，同样会随着教学实践的发展而不断变化和发展。

四、教学论范畴的功能

（一）认知功能

范畴最基本的一个功能便是认知功能。教学论范畴的认知功能，是指其认识教学现象及其本质的功能。其认知功能主要体现在以下两个方面。

一是有助于对教学实践活动及教学论知识进行认知。教学实践活动中存在着各种各样的教学现象，纷繁错杂。在日常教学经验中，各种问题相互混杂，没有进行逻辑上的区分和界定。教学论范畴则以规范而精确的概念描述和解释教学实践，有助于人们对教学实践活动的认知。另外，由一系列不同层次的教学论范畴而构成的教学论，借助大量、丰富的教学论范畴，将教学实践问题的本质和教学论的体系进行科学的规定和充分的展示。人们借助这一系列精确的、科学的教学论范畴，系统地掌握教学论知识。

二是能够认识和揭示教学活动中种种教学现象的本质和规律。教学论范畴是在人们以科学的抽象和概括揭示教学实践活动中种种教学现象的本质联系的基础上形成的。这种抽象和概括的最终成果借助范畴的形式固定了下来。作为教学论研究成果的结晶，教学论范畴成为进一步深化对教学实践活动认识的新基点。也正因为如此，人们对教学实践活动认识的条理性不断增强，并且在条理性不断增强的过程中，不断深化对教学实践活动这一教学论研究客体的反映。

（二）方法功能

教学论范畴的方法功能主要表现在以下两个方面。

一是教学论范畴起着联系主观教学认识与客观教学实践的桥梁和中介作用。在认识教学实践活动的过程中，人们是借助科学性方法和物质性手段，以教学论范畴为认识工具，实现从无知到有知、从浅表认识到深层认识、从片面认识到全面认识，进而达到主观教学认识与客观教学实践的统

---

① 彭漪涟：《逻辑范畴论——马克思主义哲学关于逻辑范畴的理论》，上海，华东师范大学出版社，2000，第25页。

一的。黑格尔曾指出，方法"是在科学认识中运动着的内容的本性"①，"是内容本身的内在灵魂"②。也就是说，"一切方法都包含着对有关对象自身所固有的规律性的认识，是根据这种规律性而制定出来的认识和改造现实，并从而获得一定成果的手段"③。方法的实质即是以客观现实之道，还以客观现实之身。教学论范畴是对教学实践活动领域的最一般存在形式的反映，体现着教学实践活动的规律性。因而，对教学实践活动中种种教学现象进行认识的方法，也即范畴的应用。教学论范畴是主观与客观对立统一的内在矛盾的反映，其矛盾的展开必然联系着主观思维形式的概念及其体系与客观的教学实践活动。教学论范畴反映着教学现象的本质，指导着人们认识客观教学现象。正如列宁所说："人的概念就其抽象性、分隔性来说是主观的，可是就整体、过程、总和、趋势、来源来说却是客观的。"④ 人们在对教学实践活动进行研究时，正是通过教学论范畴实现主观教学认识与客观教学实践的统一的。

二是对教学实践和教学理论具有规范和引导的作用。教学论范畴对教学实践和教学理论有规范意义，起着方法论的作用。每一个教学论范畴及其体系在具体的某一个阶段之所以能存在，或者一直存在，都是因为其能够正确而科学地反映教学实践，能够很好地描述和解释教学实践。人们借助这些教学论范畴及其体系，能够更好地认识并规范教学实践。人们可以通过教学论范畴，来判定教学实践是否合理；同时，人们也可以通过教学论范畴来指导教学实践，使教学实践按照教学论范畴所体现的教学规律开展。并且，教学实践工作者还可以借助教学论范畴及其体系加强理论思维。在教学论范畴及其体系的引导下，教学实践工作者能够更好地运用这些概念及其隐含的思维去对教学实践加以规范和研究。这样，教学实践工作者的研究不再限于经验总结的层次，其理论研究水平得到提升，能够更好地与教学理论工作者对话，这也能在一定程度上改进当前的教学理论研究状态。借助这一过程，教学理论在"顶天"的基础上还能更好地"立地"。

相应地，教学论范畴也对教学理论研究具有规范和指导意义。人们借助教学论范畴及其体系来判定教学理论是否科学，同时，也借助其来开展

---

① 〔德〕黑格尔：《逻辑学（上卷）》，杨一之译，北京，商务印书馆，1966，第4页。
② 同①。
③ 彭漪涟：《逻辑范畴论——马克思主义哲学关于逻辑范畴的理论》，上海，华东师范大学出版社，2000，第51页。
④ 列宁：《列宁全集（第55卷）》，北京，人民出版社，1990，第178页。

教学理论研究，使教学理论研究在科学的思维指导下开展。有时，作为人们教学认识和教学思想的表达，教学论范畴比教学实践更早地体现和反映着理论的转向和思想的变化，尤其是在思想界有大转向时，教学实践由于受种种现实因素的制约，难以快速做出反应。因而，教学论范畴还可以对教学实践起一种引导作用：先是有了引导教学实践转向的教学论范畴及其体系，之后逐渐有了教学实践的变化和发展。这也体现了教学论范畴及其体系的预测功能。

（三）建构功能

教学论范畴的建构功能，是指其能够建构和完善教学论理论体系的功能。教学论范畴的建构功能主要体现在以下两个方面。

一是教学论范畴对建构教学论理论体系具有指导意义。当人们对教学实践活动的认识达到全面而系统的程度时，其认识成果往往需要以系统的理论体系的方式来呈现。而教学论范畴为理论体系的建构提供了思维形式和思维工具，对于建构教学论理论体系有普遍的指导意义。人们建构教学论理论体系，需要借助以概念形式表达的范畴及其体系，而且也正是通过借助这些教学论范畴实现的。

二是教学论范畴是构建教学论理论体系的基本条件。理论体系需要借助一定的概念及其体系来得到展示，范畴即这些基本概念。要建构教学论理论体系，就需要一定的教学论范畴，教学论范畴体现了教学论理论体系的基本构架，教学论理论体系是建立在教学论范畴体系基础之上的。因而，教学论理论体系离不开教学论范畴，这些范畴既是理论思维活动的工具，也是其成果表现形式之一。教学论范畴是建立教学论理论体系的基本条件。作为教学论的基本理论单元，教学论范畴及其体系发展到什么程度，教学论理论体系也就发展到什么程度。教学论范畴体系的构建状况直接决定着教学论理论体系的发展状况和水平。教学论要得到发展，其理论体系要有所突破或创新、不断走向成熟，就需要加强对其范畴和体系的研究。教学论范畴及其体系的发展水平表现在以下几个方面：（1）教学论范畴本身的水平，包括范畴的广度和深度；（2）教学论范畴体系构建方式的科学性；（3）教学论范畴的发展性。随着社会的变化与发展，教学实践活动内容会越来越丰富，形式也会越来越多样化；而且，不同范畴在范畴体系中的作用和地位也会不断发生变化。因此，随着教学论范畴的变化和发展，教学论理论体系也会得到不断丰富和发展。

五、教学论范畴的类型

范畴体系是由很多范畴联结而成的。在范畴体系内，这些范畴之间的关系不是杂乱无章的，也不是随意拼凑的。它们之间有着一定的相互制约关系和内在结构。缺乏内在结构的概念体系就无法称为科学的体系。教学论范畴体系的结构同一般具体科学的范畴体系乃至逻辑范畴体系一样。根据不同的分类标准，教学论范畴体系中的具体范畴类型会有不同的表达。

依据教学论范畴的逻辑演绎过程，从发生逻辑视角来看，教学论范畴可以分为起始范畴、核心范畴、中介范畴、终结范畴。依据教学论范畴所反映的内容，教学论范畴可分为实体范畴、属性范畴、关系范畴，或者分为存在论范畴、本质论范畴、概念论范畴。根据教学论范畴在教学论范畴体系中的层次，教学论范畴可以划分为基石范畴、中心范畴、基本范畴、一般范畴和具体范畴。

（一）依据逻辑演绎过程的分类

基于教学论范畴的发生逻辑视角，教学论范畴由起始范畴、核心范畴、中介范畴、终结范畴构成。

1. 起始范畴

起始范畴，即逻辑始项，也有学者称之为"基石范畴"[1]。"每一个范畴体系，都有自己的逻辑起点。这个起始范畴，就叫做逻辑始项。"[2] 起始范畴是一个范畴体系的出发点，是整个体系的逻辑起点，如"商品"即为马克思《资本论》范畴体系中的起始范畴。如果未能正确地发现和确定范畴体系中的起始范畴，就很难引申出一系列的后继范畴，自然也难以形成完整而科学的范畴体系。对此，最关键的是从核心范畴着眼来考察和确定起始范畴。从理论上来说，"只要确定了逻辑基项，就可以找到与基项相同形态的最简单、最抽象的范畴，它就是体系的逻辑始项"[3]。因为，起始范畴"作为整个体系的最原始、最基本的关系即潜在的根据，首先必然是基本范畴的最抽象的规定和胚芽"[4]。而起始范畴与核心范畴的关系即是存在与本质的关系。例如在《论持久战》中，中日双方特点作为起始范畴，

---

[1] 张文显：《论法学范畴体系》，《江西社会科学》2004年第4期。
[2] 孙显元：《范畴体系的逻辑基项》，《齐鲁学刊》1985年第1期。
[3] 同[2]。
[4] 彭漪涟：《逻辑范畴论——马克思主义哲学关于逻辑范畴的理论》，上海，华东师范大学出版社，2000，第70页。

是普遍的存在，从这一普遍的存在出发，就可以找到"持久战"这一中日战争的本质规定性，即为其核心范畴。核心范畴和起始范畴的这种关系表明，在具体、已知的论域中，唯有依据具体论题，才能确定核心范畴和起始范畴。而确定了这两者后，便能逐渐研究核心范畴对其他范畴的规定与影响。正是因为核心范畴和起始范畴具有这样一种存在与本质的关系，二者只能在相互联系中加以研究，它们经常处于思维反馈的过程中。通常不会先确定核心范畴再去寻找起始范畴，而相反的做法也是极少的。

2. 核心范畴

核心范畴，即逻辑基项，也有学者称之为"中心范畴"①。"范畴体系必定有逻辑基项，这不是先验的假定，而是历史上各种科学理论的范畴体系所具有的一个基本特征。"② 唯有它"才足以把其他的范畴和所研究领域的主要过程、主要方面都贯穿起来"③。具有这种特质的范畴即为该研究领域的核心范畴。就范畴体系作为一个逻辑结构而言，我们可称其为逻辑基项。"逻辑基项在范畴体系中占有奠基石的地位和作用。逻辑基项是体系的中心范畴，它贯串于体系的始终，构成体系的中枢和轴心。"④ 寻找和发现所研究领域的核心范畴是各门科学研究最基本的任务。找不到或不能正确找到这个核心范畴，就不可能把该研究领域已获得的思想规定和科学范畴联系起来而形成一个有机结构，即范畴体系。⑤ 同理，发现和确立教学论的核心范畴是教学论研究最基本的任务，它是建构教学论范畴体系的基本要素，也是最重要的组成部分。只有明确了核心范畴，教学论范畴体系的其他要素才能相应地确定。范畴体系由众多范畴构成，这些范畴反映着事物的全体的性质。在这种全体的范围内和层次上，各种范畴反映着其各自不同的规定性，但其中的某些范畴反映全体的本质，这就是核心范畴。如《资本论》中的"剩余价值"范畴，唯物辩证法中的"矛盾"范畴，辩证唯物主义认识论中的"实践"范畴等，都是核心范畴。教学论的核心范畴是对教学现象总体的普遍的联系和本质以及一般规律的高度概括和高度抽象，其在教学论研究中起着认识"总枢纽"的作用。

---

① 张文显：《论法学范畴体系》，《江西社会科学》2004 年第 4 期。
② 孙显元：《范畴体系的逻辑基项》，《齐鲁学刊》1985 年第 1 期。
③ 冯契：《逻辑思维的辩证法》，上海，华东师范大学出版社，1996，第 425 页。
④ 同②。
⑤ 彭漪涟：《逻辑范畴论——马克思主义哲学关于逻辑范畴的理论》，上海，华东师范大学出版社，2000，第 67 页。

3. 中介范畴

中介范畴，即逻辑中项。中介范畴是指由起始范畴逐步推演出、引申出终结范畴过程中的一系列中介环节。缺少中介范畴，起始范畴难以逐步展开而达到终结范畴，范畴之间合乎逻辑的转化也难以实现。如黑格尔《逻辑学》范畴体系中的"正""反""合"三段式，其中的反题即是由正题到合题的中介范畴；在"有"（即"纯存在"）、"无"、"变"中，"无"范畴就是由"有"到"变"的中介范畴；在由"纯存在"范畴到"绝对理念"范畴中，作为二者中介环节的那一系列范畴都可被视为二者之间的中介范畴，包括"纯存在"以外的"存在论"系列范畴、"本质论"范畴以及"绝对理念"以外的"概念论"系列范畴。

4. 终结范畴

终结范畴，即逻辑终项，是范畴体系中全部范畴的思想内容的综合，是内容最丰富的概念。终结范畴，不仅仅意味着在顺序上它是最后，而且它还是整体范畴体系辩证运动的终结性概念。所以，终结范畴是包含和体现整个范畴体系全部真理的概念。如黑格尔《逻辑学》范畴体系中的"绝对理念"即是其范畴体系的终结范畴。但要强调的是，终结范畴作为内容"最丰富"、意义"最深刻"的范畴是相对的，它只是针对一定范畴体系而言，因为任何体系都是暂时性的和历史性的。

总体上来说，依据逻辑演绎过程，教学论范畴体系的结构包括起始范畴、核心范畴、中介范畴和终结范畴。起始范畴是范畴体系的逻辑起点，核心范畴是范畴体系的中枢和轴心，终结范畴是整体范畴体系辩证运动的终结，中介范畴是由起始范畴逐步推演出、引申出终结范畴的一系列中介环节。

（二）依据反映内容的分类

基于所反映的内容，教学论范畴可分为实体范畴、属性范畴、关系范畴，或者分为存在论范畴、本质论范畴、概念论范畴。教学论的实体范畴，实质上是一种存在论范畴。它既是教学论的研究对象，同时又是从教学活动和现象等客观的存在中抽象出来的范畴，如教学主体等。实体范畴是形成教学理论、揭示教学规律和一般原理的客观范畴。而属性范畴则反映或概括教学客观存在的本质、属性或特征、特点等，因而又称"本质论范畴"，如教学本质、教学过程等。关系范畴是体现教学活动中各要素之间关联以及内部要素与外部要素之间关联的范畴，如教学目的、教学原则等。关系范畴通常融入了研究者的主观性，因而在一定意义上说，关系范畴也称为"概念论范畴"。与实体范畴、属性范畴作为客观范畴不同，关系范畴由于融入了研究者的主观认识，因而是一种主观范畴。但要强调的是，主观范畴不等同于先验范畴。如教学原则范畴在内容上反映了教学中各要素之间的内在联系，而在形式上，原则则要经由人的科学认识才能产生，教学原则就是由人们对教学中各要素的内在关系的研究而得出的结论。因此，关系范畴是一种主观范畴。在理论体系中，主观范畴有其意义和合理性。例如，探讨"什么是教学"这一问题，实质上是试图从存在论上探讨教学，以把握教学的客观范畴；如果要分析"什么是好的教学"这一问题，则实质上是试图从认识论意义上去把握教学论的主观范畴。教学论是由具有逻辑联系的客观范畴和主观范畴构成的。由实体（存在论）范畴到属性（本质论）范畴再到关系（概念论）范畴的转换和推演，反映了人们对教学认识及其规律的揭示的合理性。

（三）依据层次高低的分类

依据范畴在范畴体系中的层次，在教学论范畴体系内部，由于各个范畴反映现象背后的规律的深度、广度以及科学抽象化程度的差别，亦即由于范畴所包容的知识量和结构量的差别，教学论范畴可以划分为基石范畴、中心范畴、基本范畴、一般范畴和具体范畴。基石范畴即上述的"起始范畴"，中心范畴即上述的"核心范畴"，这里不再赘述。基本范畴，是指能够反映和概括教学实践活动中种种教学现象之间最本质、最重要、最稳定、最普遍的特性和关系的那些范畴，如教学主体与教学客体、教学内容与教学方式等。一般范畴，是以教学现象的总体为背景，对教学现象的基本环节、基本过程或初级本质的抽象，属于教学论的基本概念，如教学设计、教学评价、教学原则、教学目的、教学组织形式等。具体范畴，是对教学现象的某个具体侧面、某种具体联系、某一具体过程的比较简单的抽象，属于初级范畴。也有学者用"普通范畴"[①] 来指称。通常来说，一般范畴能够在教学过程中起着重大作用并能揭示教学实践的某些规律，而且还能为完备教学论学科理论体系创造一定条件。我们可用两个例子来说明具体范畴与一般范畴的区别。如"教师""学生"是对参与教学活动的人的分类概括和初级抽象，属于具体范畴；而"教学主体"则是对教学实践活动中各种主体的共同概括和高级抽象，属于基本范畴。又如"知识""能力""情感""价值观"等是对某类教学内容的比较简单的抽象，属于具体范

---

① 张文显：《论法学范畴体系》，《江西社会科学》2004 年第 4 期。

畴；而"教学内容"则是对一切教学内容的抽象，属于一般范畴。

第二节 教学论范畴发展的历史考察

考察教学论的发展，从分析对象来看，其关注的是教学论的理论知识；从分析内容来说，其需要涉及教学论的范畴及其体系。而教学论的范畴及其体系是教学论理论知识中内在的概念及概念间的内在结构的显性化，它不是外在于理论知识的。作为理论知识及其内在结构的外在显现之范畴及其体系，总是以具体文本的形式加以呈现。对其的考察，主要是通过对相关的理论文本进行分析来实现的。一方面，通过对教学理论文本的分析，考察教学论范畴及其体系的静态状况；另一方面，通过对教学理论文本之间的关联分析，考察教学论范畴及其体系的动态演变。

可是，在教学论发展的历史长河中，教学论理论文本浩如烟海，要在这些海量文本中考察教学论范畴的发展，唯有找到具体的分析对象。对此，我们主要采取的方法是对能够体现教学论发展重要阶段的"原型"进行分析。每一个教学论原型犹如一个有机体，其"全息性"地体现和蕴含着其所代表的教学论理论流派的静态结构。也就是说，具体的教学论原型与其所体现的教学论流派的范畴及其体系结构之间的关系即为个性与共性之间的关系。而教学论原型以具体的教学论文本为载体。"教学理论是近现代的产物，在古代并没有这种理论体系而只有教学思想。"[①] 由于古代教学思想未能以系统理论形态呈现，更多的是偏于经验形态的看法与主张，因此，对教学论范畴及其体系的历史考察，我们主要选择了夸美纽斯的《大教学论》、赫尔巴特的《普通教育学》[②] 和杜威的《民主主义与教育》。

选择这三者作为原型，主要基于以下原因：一是三者在教学论发展史上具有独特的地位。《大教学论》是教学论作为一门独立学科诞生的标志，其标志着教学论的学科理论体系基本形成。而《普通教育学》则宣告了科学教育学的诞生，赫尔巴特作为"科学教育学的奠基人"和真正实践"教育心理学化"思想的第一人，使教学论学科理论的科学化水平大大提升。《民主主义与教育》作为杜威教育思想的总纲，是现代教学论的代表。二

[①] 董远骞：《中国教学论史》，北京，人民教育出版社，1998，第2页。
[②] 由于作为《普通教育学》姊妹篇的《教育学讲授纲要》基本上是对《普通教育学》内容框架的深化与扩展，所以，笔者将《普通教育学》与《教育学讲授纲要》置于一起进行分析。

是教育家们理论的范畴及其体系背后总隐含着相应的知识观,可以说有什么样的知识观就相应地有什么样的教学论范畴及其体系。把握理论背后起基础性作用的知识观,对于我们更透彻地理解理论本身具有前提性的意义。因此,本文试图从知识观、范畴逻辑和范畴体系三个层面对这些教学论著进行考察。

一、夸美纽斯的《大教学论》:"教学术"范畴体系

夸美纽斯生活于文艺复兴和启蒙运动的中间时期,当时在文艺复兴和宗教改革的冲击下,封建社会和宗教的根基虽有所松动,但仍然保持着主宰地位。同时,夸美纽斯的家庭宗教氛围浓厚,其自身也是虔诚的基督教徒。因而,夸美纽斯《大教学论》中所体现出来的教学思想渗透着浓浓的宗教色彩,受其宗教信仰及相应知识观的深刻影响。

(一)知识观:以感觉论为基础的"泛智"知识观

夸美纽斯《大教学论》中的思想源于其基督教信仰,基于其以感觉论为基础的"泛智"知识观。对于夸美纽斯而言,知识是对自然、世界的清楚、明晰、正确无误的表征,他强调将一切真实、可靠的知识教给一切人。但在基督教徒眼中,一切智慧和科学都藏在基督那儿,上帝全知全能。人乃至世间万物皆是上帝的造物。他强调人天生具有理性,具有一种认识事物的能力,这种人的本性的素质即为"泛智"。教学要以百科全书式的方式来进行,以形塑人之整体心智,教学的目标不是培养具体的技能。因而,夸美纽斯认为,教学内容需要由关于上帝的认识、关于大自然的认识和关于艺术的认识三大部分组成。而且,他基于"泛智"的精神努力建构一种面向一切人且依据人的天性而给予的全面教育。但是这些知识都是通过感官而获得的,夸美纽斯十分强调和重视感官和经验在知识获得过程中的基础性作用,认为知识来源于感官。

(二)范畴逻辑:基于"自然类比"

《大教学论》在宏观的整体性的和微观的局部性的范畴逻辑上都充分地体现了"自然类比"的建构思维。夸美纽斯认为,世界是由上帝创造出来的,人们可以通过研究自然获得关于上帝意志及自然发展的规律性认识。也因此,教学应该遵循人的成长的自然规律。这样,《大教学论》的论证前提由此前古希腊哲学家的哲学与中世纪神学家的神学转向自然。在宏观层面,他推崇培根提倡的归纳方法,注重观察,思维方法由推演转向观察自然,强调"自然类比"。《大教学论》通过对"印刷术"的类比,把其中

的新教学法叫作"教学术"。夸美纽斯借此类比确立了其"教学方法"（此为广义，即与"教什么"的"教学内容"相对应的"怎么教"）的范畴框架。

教学原则是其教学论思想的主要构成。夸美纽斯基于"自然适应性"这一核心范畴，采用"模仿-偏差-纠正"的类比方式来阐明教学原则。具体来说，夸美纽斯关于教学原则的论述，其基本体例是：首先，直接说明自然所遵守的具体原则；其次，在每一个具体原则下面列举关于动植物生长的具体实例；再次，通过木匠制作、建筑师修建、艺术家绘画、园丁种植等，进一步论证按自然规律来行事的积极意义；然后，在此基础上揭示当时教育中的种种偏差；最后，以自然适应性的指导思想，具体深入地阐释实际教育中的具体做法。这些教学原则包括一般教学原则和具体教学原则，形成了一个结构层次分明的教学原则体系。可以说，在微观层面，教学原则范畴的表述方式同样鲜明地体现了夸美纽斯《大教学论》中的这种"自然类比"的范畴构建逻辑。

（三）范畴体系：以"自然适应性"为核心范畴的"教学术"范畴体系

夸美纽斯的《大教学论》在表述其"泛智论"的知识观基础上，提出让一切人都接受教育的思想，主张把一切真实可靠的知识教给一切人。在此基础上，他以"自然适应性"为主线，强调无论是作为教学内容的载体的教科书的编写还是教学实施都应遵循"秩序"。《大教学论》的主体在于其"教学术"的范畴体系。

他认为，印刷机的原理包含三方面：一是目的，即机器应产生的功能——印书；二是使机器能产生预期效果的手段，包括纸张、活字、墨水和印刷机之类的材料；三是方法，即协调这些手段的方法、步骤、规则。以此类比，他认为，对应于"教学机器"的"教学术"包括以下几个方面：一是寻找坚定的方向，即"造就更多的学生，给他们一种更好的教育，并使他们在受教时得到更多的快乐"[①]；二是达到目的之手段，即教科书和便利教学工作开展的其他工具、教师、学校的纪律；三是用这些手段达到目的之方式、原则、方法，即班级授课制、学年制、教学原则和教学方法等。[②] 教学论的基本范畴，如教学目的、教学手段、教学方法、教学原则，在夸美纽斯这里都已基本确定。不过，它们在概念内涵上则与今天

---

① 〔捷〕夸美纽斯：《大教学论》，傅任敢译，北京，教育科学出版社，1999，第231页。
② 同①，第203~207页。

一般的理解有差异。例如,对于"教学方法",夸美纽斯用这一概念统摄了教学目的、教学手段与教学原则,与他的"教学艺术"概念相似。同时,"教学手段"的内涵外延也极广,包括有形的人与物和无形的纪律等,即涵盖今天的"教学内容""教学主体""教学手段""教学管理"等教学要素。而且,在夸美纽斯看来,新旧两种教学方法的"区别之大就像旧法用笔抄书与新法用印刷机印书的区别一样"①。他还用"大教学论"的命名区别于过去已有的"教学论"。他说:"我用'大门'取代'门',……(这)更符合我的目的。因为人们经过门只能一个一个地进去,而经过大门,则可以成群结队地进去。当个别人进去以后,门平常总是锁着的。而城市里的一些大门总是敞开着的。"②犹如当前一些思想家将印刷文字与电子媒介对比而获得文化转型的启示一样,夸美纽斯极其敏锐地抓住了发生在他那个时代的文本转型,深刻地揭示了当时的教学转型。夸美纽斯这一"教学术"范畴体系非常真切地体现了教学活动这一人为系统的根本特点。

但是,由于其"自然类比"的"比拟性"思维方式,夸美纽斯主要是以直观经验的归纳和类比来描述教学问题的,导致其在推理上不够严密,只是把自然界的现象与作为社会实践活动的教学中的现象之间的相似点统一和联系了起来,而这种联系只是外在的,这种类比是机械的,难以揭示教学现象内部及现象之间的因果性、依从性等内在性的关系。因而,其理论范畴带有浓厚的狭隘经验主义特征,在一定程度上削弱了其理论体系的科学性。

二、赫尔巴特的《普通教育学》:"科学""教育性教学"范畴体系

从《大教学论》到《普通教育学》跨越了整整150年,二者在结构、内容范围以及知识观上存在差异又保持着内在的一致性。这种一致性在某种程度上表明教育学的基本研究范围和论题实际在夸美纽斯时代已基本确定。正如《大教学论》1957年中文译本的扉页上,斯皮尔曼评论道:"倘若各时代的关于教育学的著作全给丢了,只要留得《大教学论》在,后代的人便仍可以把它作为基础,重新建立教育的科学。"③《普通教育学》与《大教学论》在概念框架、实质内容和内容论证的方式上有很大的不同。

---

① 〔捷〕夸美纽斯:《大教学论》,傅任敢译,北京,教育科学出版社,1999,第231页。
② 〔捷〕夸美纽斯:《夸美纽斯教育论著选》,任钟印选编,任宝祥等译,北京,人民教育出版社,2005,第234页。
③ 陈元晖:《中国教育学史遗稿》,北京,北京师范大学出版社,2001,第165页。

(一)知识观：以观念心理学为基础的客观主义知识观

在认识论上，赫尔巴特继承了康德关于经验感觉是知识唯一源泉的主张。他承认物质的实在性，试图将经验主义和唯理主义相结合。他沿袭裴斯泰洛齐"教育心理学化"的道路，观念心理学为其知识观提供了充分的心理学与认识论支撑。在赫尔巴特看来，世界是由一种内在、恒久的"实体"或"实在"所构成的，"认识是在观念中摹写在它面前的东西"①，观念是事物呈现于感官并在意识中留下的印象。个人要真正地认识外在的世界，唯有通过感官感觉到呈现于其面前的事物，然后在意识中留下印象，以获得对事物的表征，并进一步产生观念，形成知识。而"观念"是连接内在世界与外部世界、感官身体与外部实体的桥梁。赫尔巴特在借鉴莱布尼兹以及康德所提出的"统觉"概念的基础上，运用观念心理学来理解、解释认知过程，强调心理能动整合观念的功能。在他看来，观念是能动的、"无意识的"，一有机会便会努力突破阈限，占据意识的领域；而且，观念是心理活动的基本元素，"人的全部心理活动都不过是各种观念的活动"②。心理活动即是观念的出现、增强、削弱等这样的动态过程，观念之间进行联合或竞争，最终达到一致与平衡。

赫尔巴特把各种心理活动都归结为观念及其运动，因此称之为"观念心理学"。基于观念心理学对认知过程的理解，知识的产生过程即为人的心理和思维对观念的主动、能动的统觉过程。知识若与客观世界、独立实体相符，即为真知识。基于这种观念心理学的理解，心灵的塑造问题就演变为提供恰当的学习材料的问题，教学过程即是一个观念的"统觉"过程。因此，赫尔巴特基于观念心理学的统觉论，其实质仍是表征主义认识论在心理学上的体现。只是赫尔巴特超越了夸美纽斯，他为这种客观主义的表征主义知识观提供了充分的心理学基础。

(二)范畴逻辑：基于逻辑推断

赫尔巴特是以充分的理论依据为基础，并根据一定的逻辑，以一定的理性思辨来构建其整个理论体系的，在理论依据的充分性和体系的逻辑性等方面都大大超越了只是以"自然类比"的方式来表述自我教学思想的夸美纽斯。赫尔巴特在建构理论体系时，是先确立自己的概念再建构概念之间的内在联系的，同时，他的教育学体系是镶嵌在其哲学体系之上的，是

---

① 〔德〕赫尔巴特：《普通教育学·教育学讲授纲要》，李其龙译，北京，人民教育出版社，1989，第58页。
② 车文博：《西方心理学史》，杭州，浙江教育出版社，1998，第159页。

对哲学的应用。赫尔巴特从其中心命题"教育性教学"出发，建构了"管理""教学""训育"三分的教育学概念框架，探讨了沟通教学与教育的心理结构，这种心理结构即是由"思想范围"引起的连锁反应。在整个理论体系中，这种心理结构成为构建整体概念框架的内在逻辑，整个理论体系的结构和各部分的先后顺序皆以此为基础，并依照此发展出了整个理论体系的最终走向。① 赫尔巴特以自己的论证为教学的科学性和教师作用的发挥提供理论依据。他以统觉论为基础，把前人一直视为神秘的心灵世界解释为观念作用，把前人视为不可改变的天赋功能解释成可以通过外界来影响的统觉过程。这样，如果教师掌握了统觉规律，那么他便可以让自己的教学遵循系统的思维程序。教师可以掌控教学活动，教学的科学性因此得到提高。赫尔巴特以人之可塑性为前提，以统觉论为论证依据，认为可以通过组织观念来塑造儿童心灵。

（三）范畴体系：以"教育性教学"为核心范畴的"科学""教育学"范畴体系

赫尔巴特的《普通教育学》以观念心理学和伦理学为理论基础，构建了一个完整的"教育性教学"的理论体系，以伦理学为基础来阐释教育教学的目的，以心理学为基础阐释如何实现目的。对此，日本学者村井实曾这样评论："把教育作为一个近代问题提出来的是洛克；通过批判的、浪漫的优秀文学作品把教育变成了一个强有力的思想体系的人是卢梭；而最后，在卢梭赋予的空想的基础上以及裴斯泰洛齐赋予的个人经验的基础之上进一步探索其科学的基础，试图把教育研究变成一门独立科学的人却是赫尔巴特。"② 作为公认的"科学教育学之父"，赫尔巴特建立了近代教育史上第一个具有严密系统的教育学体系。前人也提出过要根据儿童特点进行教育教学的思想，但赫尔巴特却在教育史上第一个明确提出教育学应以心理学为理论基础，而且他还充分运用心理学去论证教育教学中的实际问题。他以统觉论促进了教育教学的心理学化，促进了教育学和教学论的科学化。

在《普通教育学》中，赫尔巴特以"统觉"为起始范畴，以"教育性教学"为核心范畴，确立了基于"德性"的"兴趣""教学目的"范畴和

---

① 〔德〕约翰·弗里德里希·赫尔巴特：《赫尔巴特文集·教育学卷一》，李其龙、郭官义等译，杭州，浙江教育出版社，2002，第421页。

② 〔日〕大河内一男、海后宗臣等：《教育学的理论问题》，曲程、迟凤年译，北京，教育科学出版社，1984，第18页。

基于"多方面兴趣"的"教学内容"范畴,并以观念心理学为基础,把多方面兴趣的培养与注意力的培养结合起来,依据统觉理论确立了以明了、联想、系统、方法为四个教学阶段的"教学过程"范畴,也确立了旨在促进观念形成的"教学方法"范畴。赫尔巴特强调教学的"德性",强调教育是神圣的事物,他主张摒弃世俗化的教育教学本质观,强调终极的道德培养目的,并倡导"通过教学来进行教育"。为适应教育目的,赫尔巴特特别注重与儿童精神及道德发展有关的内容,学科学习的目的和价值最终指向发展儿童的精神与道德。在赫尔巴特的学科课程体系中,在班级授课这样的教学组织形式下,在授受知识的过程中,学生个人的理性思维能力、意志力和内心精神自由得到培养。他在理论层面重视心理学与伦理学的联系,视二者为科学教育学的两大理论基础,并以此大体完成了从夸美纽斯以来的科学主义方法论的基本构建。并且,赫尔巴特更为系统地对教学及其形式、阶段、过程进行了阐述,尤其是提出了教学的形式阶段理论。赫尔巴特教学理论最主要的工作,即构建这种教学过程和为这种教学过程提供理论性说明。综合来说,赫尔巴特理论的结构是由方法和内容、贯穿其中的目的以及教学过程构成的三维立体结构。教学目的研究培养什么人,是超验的、形而上的;教学过程研究怎样培养人,是经验的、形而下的。方法和内容构成过程中实现目的的具体手段与载体。

但是赫尔巴特以"观念""统觉"为基础的教学论体系,是在唯心主义世界观指导下构建的。尽管他认可康德的"自在之物",可是未能真正地将它运用于教育研究,他以思辨和演绎的方式进行研究。其理论体系的唯心、演绎的成分使其理论的科学性受到限制。由于当时心理学还未完全从哲学中分离出来,因而难免带有德国唯心主义哲学的理性色彩。他的许多心理学观点仍然是基于形而上学的逻辑演绎而产生的,如强调观念,以至将情绪、想象、意志等都归结为观念形态。他努力把教育与心理学和伦理学结合起来,并强调伦理学支持目的、心理学提供方法,但在论述时却没有提供具体的论证。总体上,赫尔巴特的整个理论体系体现了德国哲学浓厚的理性思辨色彩。

三、杜威的《民主主义与教育》:"科学主义""民主教学"范畴体系

第二次工业革命使科学技术迅速发展,自然科学取得突破性进展,社会发展从"蒸汽时代"进入"电气时代"。生活于这一时代的杜威经历着科技所带来的翻天覆地的变化。杜威的教学思想正是在把握现实的时代脉搏基础上,根据其对相关教育教学问题的思考,以严密的内在逻辑而建构的。

(一) 知识观：以"经验论"为基础的生成主义知识观

在批判传统的二元论哲学基础上，杜威构建了自己的经验理论，并以其经验论为基础确立了其知识观和教育教学理论。他基于对传统经验观的批判，从消除二元分离的尝试开始，对"经验"进行了改造，赋予了经验以全新的含义。他认为，经验是有机体与环境相互作用的有机整体，在这种相互作用中，人所经验到的世界是经验中的一个必要环节。他进一步指出，经验包含主动的因素和被动的因素，它们以特有形式结合着。从主动方面来说，经验就是尝试，它有意识地与结果联系着；从被动方面来说，经验就是承受结果。① 主体对事物有所作为，而事物反过来影响主体，这便是经验的主动因素与被动因素结合的特殊形式。人与环境、事实与价值、主体与客体、知与行不是分离的，"经验到什么"和"怎样经验到"不仅仅是主体的内在感受。对于具有教育意义或价值的经验，杜威提出了连续性和相互作用这两条原则。一是连续性原则，该原则强调每种经验既从已有经验中接受一些东西，又以一定方式改变未来经验的性质。二是相互作用原则，该原则强调主体与环境的交互作用。主体不是被动地适应环境，而是能动地作用于环境，环境的变化又对主体发生反作用，只有交互作用的经验才有教育意义。因而，经验不仅是连续的整体，而且体现了主体的能动性。并且，连续性和相互作用二者又是相互联合的，经验的发展是由相互作用引起又由连续性决定的。通过对经验的改造，杜威对传统哲学的问题域进行了转换，"从古希腊外在的'客观'世界和近代认识论的心灵'主观'世界转换到现代的'经验场'"②。

基于所赋予的经验之全新含义，杜威反对旁观者认识论，而主张"心智是一个参与者，它与其他事物交互发生作用，而当这种交互作用是在一种被控制的明确方式之中时，我们才得以认知这些事物"③。杜威将旁观者认识论转向参与者认识论，由此心智不再是旁观者，其不再沉迷于从外部静观世界和自我沉思。"心智从外部旁观式的认知转变为前进不息的世界剧场中的实践参与者是一个历史性的转变。"④ 杜威强调认识是一种参与的

---

① 〔美〕杜威：《哲学的改造》，许崇清译，北京，商务印书馆，1958，修订本，第51~52页。

② 刘华初：《论杜威对经验的改造》，《河南师范大学学报（哲学社会科学版）》2011年第4期。

③ Dewey, J., 1929: "The Quest for Certainty—A Study of the Relation of Knowledge and Action", New York, Putnam, 200~201.

④ 同③，291.

方式，认识主体是活动的亲密参与者。这样，在以经验论为基础的参与者认识论中，知识不是旁观也不是表征，而是主体行动和实践的成果。"知识作为一个行动，就是考虑我们自己和我们生活的世界之间的联系，调动我们一部分心理倾向，以解决一个令人困惑的问题。"① 由此可知，杜威的参与者认识论关注人的行动，视基于实际利益而行动的人为世界和社会的主体。在这种认识论主导下，知识的价值体现于引起有益的行动结果，要通过行动来获得知识，"求知即行动"。这迥异于传统哲学的知识观。知识不再是永恒、普遍的，而是不断变化和发展的，知识是相对的、暂时的和与情境相关的。知识的对象和认识的主体在人的行动即经验中相统一。

（二）范畴逻辑：基于辩证批判的逻辑推断

杜威主要是通过对传统教育和传统教学论的辩证批判而对教育和教学问题进行考察和研究，并确立自己的教育和教学思想的。他在《民主主义与教育》中，通过对传统教学论的分析与批判，继承和超越了前人的教育和教学思想。杜威首先对认识论这一最根本的和最基础的根源进行辩证性的批判，确立自己的知识观，然后进一步确立自己的教学思想。

在认识论上，杜威认为，传统哲学由于研究本体论问题而在思维与存在的关系这一问题上始终纠缠不清，他主张摒弃本质主义即理智主义的观点，而以"经验"来实现主观与客观、精神与物质的统一。"在杜威那里，经验论就是认识论。"② 杜威为此对传统哲学的经验观进行了反思和批判。古希腊哲学认为经验只是在模仿实在且把经验与知识相分离，近代二元论哲学则视事实与价值是分离的以及知识与行动是相互独立的。杜威受黑格尔的整体观影响，认为传统哲学将精神思维与自然物质相分离是极不合理的，这导致知与行、身与心以及理论与实践的分离。在这种认识论主导下，教学产生了种种弊端。基于传统教学论在认识论上的种种不足，杜威赋予经验以新的哲学内涵，以其经验自然主义来区别于传统的经验主义乃至之前的种种认识论。他强调，经验是主体与对象、有机体与环境间的交互作用，这种交互作用使得"主体和对象、有机体和环境、经验与自然成为一个不可分割的整体"③。

在知识观上，为了论证自己的经验观和提出自己的知识观，杜威对之

---

① 吕达等：《杜威教育文集（第 2 卷）》，王承绪译，北京，人民教育出版社，2008，第 330 页。
② 涂荥：《杜威的教学认识论述评》，《教育研究与实验》1988 年第 1 期。
③ 同②。

前的经验观和知识观进行了检视、理性分析和辩证批判，对象包括古希腊哲学、近代的经验论和唯理论。同时，他吸收了其中的合理成分，以实用主义哲学为思想基础，"不再将主体的理性与客体的属性及其感觉经验强制区分而各执一端，而是将二者统一于个体的行动上和经验中"①，明确地强调要注重经验的主动性、理性和系统性，强调知识的生成性。在杜威的知识观中，唯有经过主体自我的重构，并在自我主动探究的过程中，借由反省思维而获得的知识才对主体具有内在意义。在他看来，知识唯有经过主体的行动才能真正成为主体自己的知识，因而他强调知识与主体的活动和经验之间的内在关联，认为知识与探究、行动和反思总是相关联的，"知识本身就是行动的过程和行动的结果，探究和反思都处于行动的过程中"②。在杜威的知识观中，知识不再是具有客观性、确定性和永恒性的，不再是用书面文字表现出来的，"而是与个体的活动和经验融为一体的、不断改造、不断变化、指向未来的、促进人的发展和改造社会的工具"③。

在教学思想上，杜威从教学目的、教学内容和教学方法等方面对传统教学论进行了辩证性的分析与批判，并以此为前提进一步确立了自己的观点。第一，在教学目的方面，杜威认为，在社会关系不平等的社会中，在传统教学论主导下，人们总是在教学过程之外去找寻目的，目的是由外来命令和外部权威决定的，而不是从主体自身的经验自由发展而来的，主体自身没有自己的目的。针对传统教学论下由这种在活动之外寻找目的所带来的种种不足，杜威指出："所谓目的，就是我们在特定情境下有所行动，能够预见不同行动所产生的不同结果，并利用预料的事情指导观察和实验。"④ 杜威主张，在教学目的上需要摒弃外部权威而代之以自愿的倾向和兴趣，以实现学生个体真正的发展。第二，在教学内容方面，传统教学论是基于兴趣说而进行思考的。传统教学论主要以历史和自然科学这一两分法为基础，把人的兴趣划分为两类六种，并相应设置不同种类的学科课程。而在杜威眼中，作为自然界的一部分，个体的生长是在适应环境的过程中实现的，个体的身心是在参与社会活动的过程中得到发展的。在教学内容方面，学校的任务在于设置一种环境，从学生的经验和能力出发，采用游

---

① 和震：《知识：探究、反省与行动——杜威的知识观及其对教育的意义》，《湖南师范大学教育科学学报》2003年第5期。
② 同①。
③ 陈家斌：《论杜威的知识观及其启示》，《内蒙古师范大学学报（教育科学版）》2008年第7期。
④ 〔美〕约翰·杜威：《民主主义与教育》，王承绪译，北京，人民教育出版社，1990，第122页。

戏和主动作业的方式，使学生在游戏和工作中进行有效学习。第三，在教学方法方面，杜威认为，在受传统教学论影响的传统教育中，学校的教学组织形式主要是班级授课制，由于主要借由课本进行知识的授受，教学演变为讲和听。而杜威认为，不应排斥能够反映社会发展状况、能够传递人类文化遗产的系统科学知识的教学，但要避免机械记忆和食古不化；同时，要从儿童的实际与生活出发，基于儿童的身心特征、接受能力等进行积极引导。杜威主张，要以活动性的主动作业来替代传统教育下的那种呆板的教学方法，他特别强调要重视学生的个别差异，期望教学能够在从学生的共性出发的同时重视因材施教，以促进学生的个性发展，提高教学成效。

（三）范畴体系：以"做中学"为核心范畴的"科学主义""民主教学"范畴体系

19世纪末20世纪初美国的科技获得了巨大的发展，社会生活也发生了巨大的变化。这种发展和变化对人类社会以及哲学思想有着前所未有的影响。杜威的教学思想正根植于这些思想基础之上，他结合达尔文进化论、实验心理学、现代物理学等新的科学成果，对传统哲学的经验观进行了改造，为经验赋予了新的哲学内涵，并基于其经验观构建了教学理论的范畴体系。

经验是杜威教学论的逻辑起点。杜威认为，自然依据经验而存在，事物依据人的思想而存在。他基于对经验的重构而努力寻求教学的概念重建，教学成为"在经验中、由于经验和为着经验的一种发展过程"[①]。杜威对经验概念进行了重建，赋予了其新的含义，并以此为起点建构了杜威式的民主教学论。基于其经验论，杜威认为，教学旨在进行经验的改造或重新改组，教学就是学生在主动活动中进行体验和获得直接经验的过程。杜威主张让学生在亲身参与活动中，在主观与客观的交互作用过程中获取经验，并提出了他的教学理论的核心，即"做中学"。教学的起点是学生的经验，而经验来自活动性的主动作业，即"做"的作业。学生通过亲自参与各种活动实现经验的获得、改组和改造。杜威也以经验论来指导教材的选择和组织。他超越学科逻辑与心理逻辑的对立，在学生的经验与教材中的知识之间建立联系，使教材心理化。他指出，学校各个科目通过学生的社会活动而建立起相互联系，应依据生活经验来选择教材。教材应立足于学生的经验，要从学生的所有经验中筛选出一些经验来构成知识的根基。在他看

---

① 〔美〕约翰·杜威：《我们怎样思维·经验与教育》，姜文闵译，北京，人民教育出版社，2005，第250页。

来，教材问题实则经验问题，基于生活经验选择教学内容，学生才可能切实将教材中的知识与自身建立实质联系，才可能积极主动地学习。在教学中，教师的作用主要是引导学生与教材建立联系。

"从做中学"是杜威教学理论的核心范畴。杜威强调，"从做中学"，也就是"从活动中学"，不仅要做事而且要做人。从这个意义上说，在杜威的理论中，活动即行动。"从做中学"，就是在活动中做、从行动中学，即学生从自己的行动中学，从行动的起点即行动产生的情境到行动的终点即行动的结果的整个过程中获得经验。因此，"从做中学"也就是从"从经验中学"。杜威的"经验"概念融合在行动、活动中。学生通过自己的行动与世界建立联系，在行动的过程中他们以自己的力量与世界交互作用。在活动中，在行动中，学生经由自己的"做"，"受"的是自己"做"的过程与结果，在这种"做"与"受"的过程中学生真正主动地参与和思考着。在教学内容上，杜威认为，学校要提供切合学生身心特点、有利于发挥学生主动性和发展学生个性的活动课程。而教学过程即"做"的过程，学校的教学主要是让学生从事活动。在活动中，为解决实际问题，学生自己收集资料、确定问题所在，并提出各种假设。所以，杜威基于思维的五个阶段提出其五阶段教学过程理论。而这种思维的过程实则学生"从做中学"的过程，教学过程实质也是"从做中学"的过程。这种"从做中学"的教学过程实际是学生"与社会或自然相近或纯粹的社会与自然环境中的行动。即从做中学，在做中思维，教师通过让学生做来进行教学"①。

杜威认为，"从做中学"的教学体系，其首要任务是培养学生的思维习惯，而知识只是思维训练的一部分。在杜威的教学思想体系中，此思维即反省思维，它强调识别所尝试的事和所发生的结果之间的联系。在这种思维过程中，人们对自我和社会有着一种主宰感，人们不再盲从，不再没有自我。以培养反省思维为目标的教学，反对因循守旧，反对外在的权威，尊崇的是学生内在的理智自由，强调创造。在这种教学中，每一个学生的潜能都受到重视，教师相信每一个学生的理智判断力和实践行动力。所有成员共同参与、相互合作，每一个学生的经验都不断得到改造。所有这些都是与民主精神相通的。

---

① 田本娜：《外国教学思想史》，北京，人民教育出版社，1994，第379页。

第三节　教学论范畴的文化性

"文化给教育以社会价值和存在意义,教育给文化以生存依据和生机活力"①,文化与教育的这种关系可以延伸到文化与教学的关系上。教学论范畴及其体系是对作为富有文化性的社会实践活动的教学活动的反映,是研究者表达自己教学认识的结果。教学论研究者对教学论各范畴及其体系的理解、论述与研究等在实质上不是以价值中立、文化无涉为前提的,而是一种以价值批判和意义阐释为目的的价值活动或文化活动,教学论范畴及其体系的构建与表达是特定社会与文化情境中的研究主体内心世界整个参与认识和理解特定社会与文化情境中的教学实践活动的过程。教学论范畴从其起源、研究主体和内在本质来说都具有一定的文化性。

一、教学论范畴起源的文化性

科学活动起源于问题,教学论的研究对象是教学活动中的教学问题,这已成为教学论研究界的共识。教学论本身是抽象的,是以范畴及其体系作为存在形态得到呈现的,教学论范畴源自对教学实践中的问题的追问与探索,教学论范畴的确立及其体系构建又是基于对这些教学问题的关注和思考的。因而,教学论范畴的确立及其体系的构建亦是基于教学论研究者对教学问题的认识与理解的。我们可以从教学问题的文化性这一角度来理解教学论范畴起源的文化性。

(一) 教学论范畴起源的文化内蕴性

自然科学是对事物的描述和说明,自然科学研究者总是竭尽所能地以一种客观的态度去对待研究对象,强调问题及其研究的客观性。但是对于具有典型人文社会科学特质的教学论,其主要是理解和解释作为"事件"的"教学"。在这种理解和解释过程中,作为解释者的研究者与解释对象之间的距离消失了,通常二者是相互影响与相互融合的。教学总是具体历史时代背景和民族文化背景下的"事件",其内蕴着特定社会、历史、文化等背景信息。因此,对于教学的认识是无法脱离社会、历史、文化的。

就以教学本质来说,这一问题在教学论科学化的过程中,备受关注却

---

① 郑金洲:《教育文化学》,北京,人民教育出版社,2000,第1页。

至今难以达成共识。虽然人们是以"什么是教学"这样的问题形式提出教学本质的问题并加以理解和表述的,因而在逻辑上需要对教学本质进行一种事实性描述,然而,在教学论史上,对这一问题的回答不仅指向对事实的描述,而且还隐含着价值判断。"特殊认识说""实践说""认识-实践说""双边活动说""文化交往说"等种种对教学本质的理解,既解释教学事实,也表达着对"教学应该是什么""教学能做什么"的理解,隐含着人们对现实教学的目的、功能和价值的认识。因此,对教学本质问题的回答实际上内蕴着"事实"和"价值"两个层面。这是由于,教学理论的研究对象,即作为事实问题的教学问题,其自身隐含着价值前提,研究者对教学事实问题的追问和思考以及解释和解答总是基于自我的价值立场,而非纯粹的理性逻辑。对教学事实的描述、解释和思考也内蕴着研究者对教学事实的价值批判,正是研究者自我内在的价值立场引导着其对教学事实的描述和解释。因此,有学者对教育学的研究表达了如下的认识:"教育问题史在主要的方面并不表征人类逐渐逼近绝对的'教育之真'的历史,而是在教育价值需求的引导下,……对教育行为重新规范,从而建构新的'教育之善'的历史。"[①] 同理,教学论的研究也是如此。

教学事实只有进入了研究者的视野、成为研究者的关注对象时,才成为教学论学科的研究对象。相关的教学问题为什么能进入研究者的视野、受到研究者的关注,这些都不是教学事实本身能回答的,而是与研究者的价值、思想等主观性因素密切相关。教学论著作是教学理论研究者的人生观、世界观、价值观的表达,它还隐性地表达着研究者个体的文化背景。夸美纽斯的《大教学论》、赫尔巴特的《普通教育学》、杜威的《民主主义与教育》都是他们将自我的人生观、世界观、价值观融于其中而对人生、世界和教学的认识的表达。因此,教学论研究者对教学论范畴和体系的构建,是在一个充满主观性的教学问题领域中开展的,从提出问题初始,他们便将自己卷入其中。教学论研究者总是结合历史上人们对教学的研究以及对自我所处时代的教学的把握和理解,而确立自己理论的范畴,并依据自己的理解和逻辑构建范畴体系的。教学问题不仅涉及研究者的理性,还涉及研究者整体的内在世界。研究者在关注教学问题时并不是以一个旁观者的身份而处于超脱状态的,而总是以一个参与者的身份融入其中。这种参与的过程始终融合着体现社会时代文化成分的研究者个体的价值观念和价值追求。

---

① 石中英:《教育学的文化性格》,太原,山西教育出版社,2007,第95页。

(二) 教学论范畴起源的文化适应性

虽然教学问题具有主观性，但是这并不意味着它完全是主观的产物，是研究者纯粹的臆想。教学问题与教学事实二者关系密切，教学问题是有客观内容的，教学问题源于教学事实，脱离客观的教学实践和教学事实的教学问题是不存在的。从教学论发展史来看，同一时代或同一文化传统下的不同的教学论研究者往往关注着某些共同的教学问题。生存于社会关系之中的教学论研究者的个人意志和价值观念总有着特定的社会文化的烙印，他们不可能脱离其所生活的社会和文化背景而表达自己的理解。从表面来看，似乎是教学论研究者们关注和提出教学问题，实则是他们所生活的社会时代在提出教学问题。社会发生变化，文化发生变化，人们对教学与人才的要求自然随之而变。从这个角度来看，在一定意义上，教学论研究者是作为代言人而存在的，其研究体现着社会和文化对教学的新要求。教学问题的主观性从另一个角度表明了教学论范畴起源的社会历史性，体现了教学论范畴起源的文化制约性与文化适应性。

睿智的研究者之所以睿智，就在于其能很好地依据社会和时代的教学要求来确立教学论的范畴和范畴体系，或对这些范畴有着切合时代的阐释，以这样系统化的理论形式来表达社会和时代对教学之要求，引导教学实践符合社会和时代发展的新的价值追求。经典的教学论著作从范畴的确立到范畴体系的构建以及对范畴的阐释乃至范畴体系所内蕴的逻辑无不体现着研究者对社会和历史的深邃洞察力。在这些著作中，研究者们不仅对这些教学问题进行具体直接的论述，而且以大量篇幅去阐释他们的人性观、社会观、文化观和人生观，即使不直接阐释，这些在他们对教学论范畴的具体论述中也有所蕴含。教学论研究者依托这些范畴及其体系来表达其教学思想，从这个角度来看，教学论范畴及其体系不仅描述和解释教学事实，规范和引导教学事实，更表达了他们对社会历史、社会事实和人生理想的理解。因此，如果教学论研究者视其研究为专门的学术活动，用纯粹书斋式的逻辑思辨的范式来寻求具有普遍性、确定性、客观性的本质主义式的教学知识，教学问题的主观性便逐渐淡化，教学论研究便也在这种对客观性的追求中迷失了，进而在教学实践面前"失语"了。

教学问题的主观性也蕴含着教学问题的文化特性和价值特性。教学问题是在作为主体的研究者的价值需要的引导下，在研究者的价值观念主导下而产生和得到关注的。否则，有的只是教学事实，而非教学问题。教学问题的解决总是朝着"更好的教学"的方向去努力的，教学问题的产生及其解决内蕴着价值观念和价值判断。所以，教学问题虽然在内容上具有客观性，但是本质上却具有主观性，其内蕴着研究者的个性、价值观，体现着社会历史性和文化制约性。这种文化性是作为教学论研究对象的教学问题与日常中的教学现象、教学事实间的本质差异所在。教学问题的文化性从研究对象的层面体现着教学论范畴起源的文化性，也赋予了教学论范畴以文化性。

二、教学论范畴主体的文化性

教学论范畴及其体系的形成和发展是有一个过程的，而绝不是突然之间如空降般地一蹴而就地构建起来的，也不是静态不变的。作为学科的教学论，其范畴及其体系的形成经历了一个又一个、一代又一代教学论研究者的努力。

（一）教学论范畴主体的文化制约性

人总是生活于具体的文化之中的，从一定意义上来说，人的世界即文化的世界。正如著名人类学家蓝德曼所言："文化创造比我们迄今为止所相信的有更加广阔和更加深刻的内涵。人类生活的基础不是自然的安排，而是文化形成的形式和习惯。正如我们历史地所探究的，没有自然的人，甚至最早的人也是生存于文化之中。"[①] 人总是存在于一定的文化环境之中。文化环境这一特殊的社会存在，总是以其强大的力量影响着生活于其中的人，并对人在社会生活中的不同层面都产生着辐射力。为确立教学论的范畴和构建其范畴体系而开展的教学论研究活动，是生活于特定文化环境中的研究主体针对特定的时代和文化情境中的教学现象进行认识的活动，为的是以此为基础，用自己的研究成果去解释和规范教学活动。教学论范畴及其体系是作为研究主体的研究者为描述、解释和规范教学实践而构建的教学论之表达。

在这种研究活动中，作为研究主体的研究者总会受到生活于其中的文化的影响，同时，其研究范围为教学活动中的种种教学现象，这些教学现象由于受到研究者的关注而成为教学问题，进而成为研究对象。文化以一种内控自制的历史惯性运动，时时处处作用于和影响着社会生活的方方面面。作为教学认识主体的教学论研究者生活在既定的文化环境中，不可避免地为这种文化环境所包围，文化传统潜移默化地发挥着作用，教学论研

---

① 〔德〕M. 蓝德曼：《哲学人类学》，彭富春译，北京，工人出版社，1988，第260~261页。

究者在这一过程中将文化传统中的思维方式、价值观念、心理习惯等加以内化并沉淀于思想深处,进而形成特定文化下的特定的文化心理结构。研究主体内蕴着特定文化、社会、时代和历史的背景,他们的思维、文化心理结构等都体现着一定的文化制约性。

(二)教学论范畴主体的文化表达性

作为思维形式和思维工具的教学论范畴,是以基本概念的形式对教学活动这一特殊领域中的各种现象及其特性、关系等本质进行概括和抽象的。虽然这一表述直接交代了研究对象、目的,没有直接言明研究主体,但实际上,这些表述中都隐喻着研究主体。作为教学知识的教学论及其范畴和范畴体系,是与知识的构建主体——教学论研究者内在关联着的。我们要透彻地理解某一个具体的研究者的教学理论及其体系中的范畴和范畴内在的逻辑,或是要深刻地把握某一教学论流派的理论及其体系中的范畴和范畴内在的逻辑,绝不可以只关注文本,而需要对研究者个体的经历、思想等背景信息乃至其所处时代的整体状况有着全面而深刻的了解和理解。作为主体,教学论研究者努力地通过一定的范畴并以一定的范畴逻辑构建其教学理论及其体系。在整个研究活动中,教育论研究者的动力源自其期望自己的研究能够很好地描述、解释和规范教学实践,发挥相关的功能。在这样的研究中,研究者通过发挥其理论对教学实践的积极意义而促进教学实践的发展,进而以此对社会发展做出自己的贡献。通过这种方式,研究者个体的发展、教学实践的发展和社会的发展三者之间达到一种内在的融合与统一。

因此,作为教学论研究活动的主体,研究者以"参与者"的姿态和立场去认识、理解和深入教学活动,真切地把握教学生活世界,而不是冷眼旁观。在这种"参与式"理解中其把握到的教学生活世界是鲜活地存在于社会、历史、现实中的,是活生生的。既然在整个教学研究活动中,作为主体的教学论研究者不是以纯粹的观察主体或理性主体的面貌出现的,而是作为参与者内在于其中的,他们的喜怒哀乐等就都会渗透于研究活动中,因而,在研究活动中他们是以不同于真正意义上的自然科学研究者的方式而"存在"着的。教学论研究活动不是一种价值无涉的活动,作为主体的研究者,他们在确立教学论范畴和构建教学论范畴体系时,不是以价值中立、文化无涉为前提的,也不是以发现事实和积累知识为目的的。

教学论范畴既具实然的"事实性",更具应然的"表达性"。实然的"事实性",强调的是其要揭示教学活动各个要素的内在关联,而非进行纯主观的臆造或逻辑思辨。就应然的"表达性"来说，教学论研究者运用相关范畴并以特定的逻辑来表达自己对教学活动的看法。在这一建构过程中，他们以这种科学的方式来表达自我的学术追求和学术理想，这是一个自我内在精神、生命意义融入其中的过程。在这样的过程中，作为主体的教学论研究者的内心世界整个地参与，研究者的这种研究全息性地表现着这一时代、这一社会、这一民族以及自我的个性。教学论研究者也因此而切实地明了和理解自己的生存方式，真正地感受到自身的存在。教学论研究者正是以这样的方式找到自己的安身立命之所的。因此，从教学论研究的根本特性来说，教学论研究活动的本来面貌即为"文化涉入"和"价值关联"的，而非"文化无涉"和"价值中立"的。

三、教学论范畴本质的文化性

从内容实质来说，教学论范畴是作为主体的研究者对教学活动中的各种现象及其特性、关系等本质的概括性和抽象性的反映，它以基本概念的形式存在。这种以基本概念为存在形式的教学论范畴及其体系孕育于一定的民族文化传统和社会文化中，深深地打上了民族文化传统和社会时代的烙印。

（一）教学论范畴本质的民族文化制约性

教学促进文化的代代相承和发展，也正因为此，教学可以说是一种文化传递和传播活动。但是，教学又时时处处受着文化的影响与制约，教学与文化二者是相互关联的。教学论范畴及其体系存在的价值在于去描述、解释和规范特定民族和文化中的教学实践，为特定民族和文化中的教学论的研究做出自己的贡献。所以，各个国家和民族的教学论范畴也总是受其特定的文化传统所制约。

这里我们以德国教学论范畴与德国文化传统的内在关系作为个例来加以说明。德国的文化传统对德国教学和教学论的发展有着巨大的影响，德国文化传统的内在特质直接影响着德国的教育思想和教学论。德国的教学论与其教育学有着极其紧密的关联，而孕育了德国教学论的德国教育学自诞生起就与哲学的关系极其紧密，"教育学作为一门学科草创于德国……但就其学术渊源而论，教育学是从哲学分化出来的，德国大学哲学讲坛是近代教育学的摇篮"[①]。自赫尔巴特起，德国便产生了以逻辑思维、理性分

[①] 郑金洲：《教育的意蕴——庆祝瞿葆奎教授八十五寿诞暨从教六十周年》，福州，福建教育出版社，2008，第47页。

析研究教育教学的传统。① 赫尔巴特的教学论是建立于伦理学和心理学基础之上的。正是德国文化传统孕育了这样的德国教学论。一直以来，由于德国独特的历史与文化影响，人文主义、自由主义、民族主义和理性主义在德国文化中占主导地位。在德国，思想家们蔑视物质，高度重视精神，注重的是理性与感性相统一的整体人格，科学主义、实证主义和实用主义在德国立足空间极微。德国教学论主要从哲学认识论的角度来描述教学活动，从伦理学角度规范教学活动，对教学活动提出一系列规范、原则、方法等，体现的是相对抽象的培养"人"之目的。总体来看，指向人格培养的"化育"是德国教学论的一个核心概念，是德国教学论中一个最为重要的范畴，如何把教学内容与人格培养联系起来是德国教学论需解决的最核心的问题之一。因此，德国教学论对教学内容的关注重点不在内容本身，而在内容对人格培养的作用和价值。同时，德国教学论根植于德国深厚的新人文主义和哲学思辨传统，在范畴构建思维和范式上，注重理性思辨和理论构建，基于哲学高度确定其人格培养的教育目的，以演绎思维确定其教学目的，基于此而选择教学内容，强调教学内容对人格培养目的实现的意义，之后再思考教授教学内容的方法。

上述的这些特点在赫尔巴特的教学论思想中就体现得淋漓尽致。从另外一个角度来说，赫尔巴特的教学论思想奠定了德国教学论的发展取向。当然，从根本上来说，是德国注重理性主义、人文主义等的文化传统孕育了赫尔巴特的教学论思想，也是德国文化传统使德国教学论承继着赫尔巴特教学论思想。

（二）教学论范畴本质的时代文化适应性

文化总是随着政治、经济、科技、社会等的变革而不断发展和变化的，尤其是在社会转型时期，社会转型与文化转型相辅相生。以传递文化、以文化人为使命的教学活动需要适应不同时代和不同社会发展时期对人才的要求；而旨在对教学实践活动发挥自身价值和功能的教学论研究，在确立理论的范畴和构建范畴体系时，自然需要与时俱进。因此，作为文化的产物和组成部分，教学论范畴也表现着时代性，适应着时代发展的价值追求。

具体来说，一方面，教学论范畴本质的时代文化适应性表现为同一国家和民族不同时代和时期的教学论在范畴上的差异。在不同时代和时期，同一国家和民族的社会发展在各个方面会呈现不同的特点，这种国家和民

---

① 黄志成：《教育研究中的两大范式比较："日尔曼式教育学"与"盎格鲁式教育科学"》，《教育学报》2007年第2期。

族的社会发展状况会直接影响教学实践活动的发展,也会直接影响教学论的研究。教学实践和教学理论很多时候犹如一个国家的社会发展状况的"显示剂"。例如,凯洛夫与赞科夫二人的教学思想就有很大差异。20世纪20年代以后,斯大林重视对苏联各个领域的意识形态进行控制,政治统领一切,推行高度集中统一的模式。凯洛夫的教学论即是对当时社会政治形势的一种适应。凯洛夫继承了以赫尔巴特为代表的传统教学论的主导思想,其主要旨趣在于知识教学的统一、规范。也正因为此,凯洛夫的教学论,被称为20世纪的传统教学论。当时的凯洛夫兼有学者与官员双重身份,有着对政治的高度敏感性,依据苏联当时的政治形势,他推出了适合当时政治需要的教育教学思想。而赞科夫的教学论则是在不同的时代背景下发展的。"二战"以后,随着科技迅猛发展和知识快速增长,世界范围内出现了前所未有的"知识大爆炸"局面,此时凯洛夫教学论已无法适应当时社会新形势的发展。苏联心理学家维果茨基对教学与发展的关系有着深入的研究,提出了"最近发展区"理论。这样,当时社会的发展趋势和心理学的研究成果等都为赞科夫的发展性教学论奠定了良好的发展条件,时代的形势和条件催生了赞科夫的理论。赞科夫的教学论由于适应了社会和时代发展需要而有了生命力。

另一方面,教学论范畴本质的时代文化适应性也体现于同一时期不同国家和民族的教学论在思想和范畴上具有一致性。以"二战"后的美国和德国教学论范畴的发展为例。"二战"后世界处于"知识大爆炸"的时代,不同国家都期望通过教育的改革来适应这种发展。当时美国与苏联处于冷战状态,1957年苏联人造地球卫星的发射对美国造成了刺激。同时,美国教育由于之前很长一段时间受进步主义教育和新教育思想的主导,强调活动中心教学,对学科系统知识有所忽略。而德国则主要是由于战败给其经济造成了巨大的创伤,要迅速发展经济,必须大力提高教学质量。可是,实际教学实践中二者都只是增加了教学内容,这种百科全书式的教学导致教学质量不升反降。德美两国虽然具体国情有很大差异,但是由于科技迅猛发展和知识快速增长的共同时代背景,两国在教学改革思想和主张上有着非常多的相同性。

例如,范例教学论认为,教学重要的应是关注学科的基本结构以让学生具有系统性的认识。为此,教学中应突出重点,抓住难点。而这些相互关联的重点性知识内容即为相互关联的具有代表性的范例。其强调基本性、基础性和范例性等教学原则,对于具体的教学过程则主张采用类似于发现学习的发生式学习,重视具有持续性动力的"教养性学习"。而结构主义教学论以过程-结构论和发生认识论为指导思想，主张教学中应强调对类似于"范例""图式"的学科基本结构的学习，以促进知识的迁移。它认为任何学科的知识都能够通过适当的形式教给任何年龄的任何人，它要求以螺旋式的结构来编排教材，强调以动机原则、结构原则、程序原则和反馈原则等教学原则来指导教学，以发现学习来促进学生不断地自我发现学科的基本结构。这两种教学论虽然产生于不同的国家，但在共同的时代背景下，具有极其相近的内涵。

四、教学论范畴的文化性之启示

教学论范畴及其体系是对教学问题的事实性认识与价值性认识的统一。在确立教学论范畴和构建教学论体系时，只有保证隐藏于其中的价值取向和价值观念与民族文化的价值取向和价值观念相适应（二者之间具有内在一致性），才能实现教学论对教学实践的解释、规范和指导。教学论范畴受民族文化的制约，不同国家和不同民族的教学实践是具体民族文化环境下的活动，因而，其自然需要能够与之相适应的教学论的指导。

改革开放以来，国外教学理论如海潮般涌入，对我国教学论的发展起了很大的促进作用，但同时也带来了很大的盲目性。在比较长的一段时期内，我国对于国外教学理论的引入存在一些误区，如过于侧重介绍和翻译，未能重视国外教学理论对于我国教学理论发展的促进作用，未能充分考虑教学理论的文化制约性，未能深入认识本国的教学实际而直接移植和照搬国外教学理论，急切地希望国外教学理论在短时间内发挥对本国教学实践的指导作用，或直接基于国外教学理论而演绎出本国教学改革的各种指导思想，等等。国外教学理论自有其学术价值，但是这并不意味着它在任何文化环境下都能发挥积极意义。教学论范畴的文化制约性和文化适应性，意味着在借鉴和吸收国外教学理论时要注意与我国的文化进行融合，以适应我国教学实践，避免出现"水土不服"现象。对国外权威著作中的范畴和范畴体系，不可盲目地应用，应该加以辩证、深入的分析。

每一个教学理论的根基都是其国家意识和民族文化的价值系统。在借鉴与吸收国外的教学理论时，务必对这些教学理论及其内蕴和融合着的深层次文化传统和社会背景进行整体性把握，这样才能真正领悟其是否能够融于我国的教学理论，又有哪些成分能够进行借鉴和吸收，以促进我国教学理论的发展和指导我国的教学实践。也正因为此，文化上相近的教学理论更容易融合，更容易"生根发芽""开花结果"。相反，文化上相距较远的教学理论在进行借鉴和吸收时则需要避免硬性嫁接，需要结合自己的国情和文化进行合理的改造。文化适应是教学理论发挥其对教学实践的规范和指导作用的重要前提条件，也是构建具有时代特点的中国特色教学理论体系的前提条件。当前我国教学理论的民族文化成分和时代特点不足，对民族文化特性和时代文化特点反映不够。国内外教学理论建设和发展的实践表明，唯有根植于本国文化和时代背景、体现民族文化和时代特点的教学理论才能发挥其功能。要建设具有时代特点的中国特色的教学理论，需要批判性地借鉴和吸收国外教学理论的合理成分，同时发掘和继承我国传统教学理论和教学思想中的精华，对我国当前的教学问题进行全面、深入、系统的研究。

第四节　中国教学论范畴的发展趋向

中国教学论学科历经一百多年发展日渐繁荣，然而繁荣背后藏有危机，其中一个重要方面是其范畴及其体系备受非议，具体表现为范畴及其体系与教学实践之间存在隔膜、本土性不足、对其他学科研究成果移植有余而内化不足、学科特性不充分、缺乏严密的体系逻辑等。对危机的审视有利于更加明确教学论学科发展的问题所在，如果反思之余力求突破，危机亦将成为教学论学科发展的良好契机。

一、由注重理论思辨转为指向教学实践

很长时期内，我国教学论学科在学科范畴及其体系上，往往只重理论思辨性，片面强调理论的逻辑性。如裴娣娜指出："（20世纪）80年代以来，我国的学者致力于理论地构建教学论理论体系。所谓理论地研究教学，在直接意义上是以严密的理论体系的方式再现和阐释一定的教学现象和过程，是以一种带有总结性和普遍性的方法论原则和理论框架作为形式系统，使教学现象及过程得以更深刻地揭示和合理地说明。"[①] 我国的主流教学论往往以"书斋式"的理论创造来确立教学论范畴、建构其逻辑、规范其研究导向，试图以此来实现教学理论对教学实践的认知、解释、规范、引导等功能，集体无意识或有意识地忽视乃至漠视教学实践，导致教学论范畴及其体系与教学实践之间存在巨大的隔膜。殊不知，尽管教学论范畴在本质上是主观概括和抽象的结果，但其却不是人们主观臆断的产物。教学论

[①] 裴娣娜：《论我国教学论学科建设与发展》，《中国教育学刊》1998年第6期。

范畴产生于教学实践，却又受教学实践的检验。虽然以概念形式呈现的教学论范畴是理论思维的结果，但它们却不是凭空想象出来的，也不是理论思辨和逻辑推理的结果。

"教学论的出路之一就是要敢于突破主流的规范性研究模式，重视对教学实践的描述性研究。"① 教学论范畴只有基于教学实践、面对教学实践、指向教学实践、为了教学实践，才有可能真正"有意义"。唯有面向实践、基于实践，教学思想才可能最终超越实践，并实现其对教学实践的解释、引导和规范。作为思想的教学论范畴不可能由自身或其他的思想来言明，而需要由实践来检验。虽然就教学论范畴的应然的"表达性"这一方面来说，其往往承载和表达着教学论研究者一定的"理想"，但是这种"理想"只能在教学实践的"最近发展区"内。唯有如此，这种对教学实践具有指导和规范意义的"理想"才具有实现的可能性，而不会成为"水中月"式的"虚幻空想"。所以，对现实的教学实践具有认识和改造意义的教学论范畴及其体系不是研究者在头脑中臆想和推理而来的，不可能是脱离现实教学实践、完全不基于现实教学实践之实现可能性的。教学论范畴的确立及其体系的构建，其意义在于促进人们对教学实践的认识与改造。要实现教学论范畴的这种功能与意义，就必须深刻洞察教学实践的需求、准确把握教学发展的历史脉络并进行充分的理论论证。

二、由崇尚他域化转向强调本土性

在很长一段时间里，我国教学论研究界言必称"国外教学理论如何，我国教学论应如何"，似乎国外的教学理论就一定是优于自己的。这种过于强调"他域化"而缺乏"本土性"意识的倾向已制约了我国教学论的发展。而且，长期以来，"中国教学论研究走的是一条'拿来主义'的道路"②，我国教学论学者在进行跨文化的交流与对话中，对他国的教学论或教学论背后的文化传统未能加以充分的重视与理解，加之整合和融入我国的本土文化不足，导致这些来自不同国度和不同教育文化传统的教学论常常被生硬地搬用。这种生硬的搬用与移植在一定程度上加重了当下中国教学论在面对现实的教学实践问题时的"失语"现象。"如何避免本民族文化条件下的教学实践自觉不自觉地沦为外来教学理论的'试验场'，如何

---

① 石鸥：《新世纪拒斥这样的教学论——主流教学论困境的根源及其走出》，《湖南师范大学教育科学学报》2002 年第 1 期。
② 李森、赵鑫：《中国教学论学科发展的反思与建设》，《中国教育科学》2013 年第 3 期。

保持教学理论的民族文化特质，而不至于在大量引进外来教学理论的过程中迷失自我，如何在吸收、消化外来教学理论合理成分的基础上，构建具有鲜明民族文化特色、能切实有效地指导本土教学实践的教学理论，是当下教学理论研究必须正视的紧迫问题。"①

任何教学实践总是特定时空下的教学实践，脱离特定文化与社会情境的教学实践是不可能存在的。作为人们思维形式和结果的教学论范畴及其体系自然承载和体现着特定文化和社会中的教学实践的属性，其反映和表征着特定的文化与社会中的教学实践的价值诉求。由此，我们不难理解，对中国教学论和中国教学实践的发展有着指导和规范意义的教学论范畴及其体系最终只能立足和产生于中国文化与社会情境中，其应具有"中国话语"风格和特征。"他山之石，可以攻玉。"对于旨在研究和指导具有文化性、境域性特征的教学实践的教学论来说，很多时候"他山之石"可能并不适用于"自山之玉"。处于西方文化与社会情境之中的西方研究者所确立的教学论范畴及其体系自然具有"西方话语"风格和特征。西方教学论要发挥对于当下中国教学实践与教学理论建设的积极意义，需要经过一个再改造的过程。只有通过这样一个本土化过程，西方教学论才能融入中国的教学论体系，才可能构建适应中国当下本土教学实践的真正具有中国本土性的教学论范畴及其体系。

也正因为此，吴康宁指出："'有意义的'教育思想必须基于实践，对中国教育真正具有引导力的思想最终只能形成于本土境脉与本土实践之中，不能用具有浓厚西方文化色彩的价值取向、思维习惯与言说方式来套解中国的社会现实和规引中国人的教育实践。"② 夸美纽斯、裴斯泰洛齐、赫尔巴特、杜威、赞科夫、陶行知等古今中外的教育家的成长经历无不昭示：一方面，教学论研究主体本身即是有着丰富经验的教育教学改革者，他们的理论无不立足于本土的文化与社会语境；另一方面，"不同时代教学理论的建立，要求教学论研究主体要把握时代的发展脉络，主动改造教育世界和创造新的教学实践"③。我们需要立足于中国的文化传统，对中国优秀的传统文化资源进行深入理解、阐释，对中国历史上的优秀教育教学思想进行传承，使中国教学论学科的建设与发展深深植根于博大精深的民族文

---

① 潘光文、李森：《论教学理论的文化改造》，《课程·教材·教法》2007年第6期。
② 吴康宁：《"有意义的"教育思想从何而来——由教育学界"尊奉"西方话语的现象引发的思考》，《教育研究》2004年第5期。
③ 丁邦平：《反思教学论研究——基于比较教学论的视角》，《课程·教材·教法》2012年第9期。

化与教育教学沃土中，凸显其本土性。"不同国家的教学论与其教育文化传统有着密切的联系，它们形成了各自的教学论话语体系。"① 在进行教学论范畴及其体系的构建时，我们既需要植根于我国文化特质和传统教学思想，面向我国的教学实践，又"需要认真清理来自不同教育文化传统的教学论概念和术语，需要有选择地吸收外国教学论或教学理论中对建构有中国特色的教学论有用的思想精华"②。对于其他国家的教学论话语体系，必须关注其背后的逻辑起点及其构建逻辑，同时深入把握其背后的教育教学文化传统乃至文化与社会的情境。但是，究其根本，中国的文化与思想应成为中国教学论范畴确立及其体系构建的文化根基与理论基础，以真正确立能够体现中国文化特点与指导中国教学实践的具有中国特色的教学论范畴及其体系。

三、由侧重生硬移植转向强化学科特性

总体上来说，与之前很长一段时间里直接照搬和移植其他学科的概念与成果相比，当前我国教学论在学科的逻辑起点、范畴及范畴体系等方面有着非常大的进步，学者们为之不断地进行着努力。不过，教学论研究在某些方面还存在着不足，例如仍然存在生搬硬套式地借用其他学科的术语、概念的倾向，或是以哲学上的认识论来取代教学中的认识论，或是将系统科学领域中的"新三论""老三论"直接搬用于教学论中，或是将教育心理学的相关内容直接置于教学论的内容之中。尽管我们强调教学论学科的发展需要积极地引入与借鉴其他学科的研究成果，可是这不意味着"机械套用"和"随意拼凑"其他学科的概念与术语。这种引入与借鉴旨在为教学论范畴的阐释以及范畴体系的构建提供一种理论基础，但其他学科的理论与成果需要融合和整合于教学论的范畴与范畴体系之中。否则，"只能造成教学论中的一些概念涵义不清，一些命题自相矛盾"③。也正因为此，教学论的学科危机不断扩大，理论研究者群体的理论论述难以有自洽感，这导致教学论内部未能有明确而清晰的论述框架，自然也无法说服教学实践者，在教学实践面前只能处于"失语"境地。

"任何一种理论都是结构复杂的思维形态，它必须由相当和相应的概

---

① 丁邦平：《反思教学论研究——基于比较教学论的视角》，《课程·教材·教法》2012年第9期。
② 同①。
③ 刘清华、郑家福：《教学论学科体系建构的思考》，《西南师范大学学报（人文社会科学版）》2002年第1期。

念和范畴、原理、规律去展示理论体系。范畴是理论体系中的基本单位，结构中的细胞、支撑点，如果没有范畴，理论也不可能建立，犹如离开了部分，整体不复存在一样。"① 教学论学科要走向成熟，需要拥有成体系的能够体现自我学科特性的范畴与命题。教学论要成为一门独立的科学，必须形成教学论领域独有的基本概念、范畴，进而形成教学论独特的逻辑思维形式和范畴逻辑。

人们认识事物总是从存在开始的，通过对存在、现象及其中产生的各种问题的认识，揭示出事物的本质，并由此总结、概括出关于这一事物的规律。正因为此，郭元祥教授指出，依据逻辑思维的规律，科学中的范畴的推演和体系的建构应该遵循从"存在"到"本质"再到"概念"的逻辑次序。具体到教育学，作为一门科学或学科的教育学的范畴体系，"要与对教育活动和教育现象的认识过程相一致，以'教育存在'范畴为开端，到'教育本质、属性'范畴，然后再到'教育观念'范畴"②。教学论学科亦是如此，教学论范畴体系要同人们对教学现象和教学活动的认识过程相一致，"教学的本质和规律只有在抽象上升到具体的范畴思维逻辑中才能被揭示出来"③。教学论范畴体系的构建需遵循由实体（存在论）范畴到属性（本质论）范畴再到关系（概念论）范畴的逻辑，这种范畴逻辑的转换和推演能真正切合人们的教学认识，也能更充分地体现教学论的学科特性。只有从研究客观存在的教学活动与教学现象出发，教学论研究者才能进而通过对复杂的教学活动与教学现象的抽象得出教学的本质理论以及实践理论，因此，教学存在论是教学理论的出发点。可以说，有什么样的教学存在论，就有什么样的教学本质论和教学实践论。

四、由关注表层关联转向重视体系逻辑

体系是由一些相互关联的事物或意识构成的整体，教学论范畴体系是由不同层次、不同类型的范畴依据一定的内在逻辑有机组合而成的。尽管自20世纪80年代以来，我国教学论学科就强调"体系意识"，但是众多教学论研究者更多关注的还是范畴即基本概念之间的表层的关联，而对这些基本概念即范畴之间内在的理论及其理据间的深层的"自洽"与一致性却较忽视。近年来，由于过于注重思辨的理论体系的建构，教学论与教学实

---

① 朱碧君：《试论范畴体系及其认识作用》，《贵州师范大学学报（社会科学版）》1988年第1期。
② 郭元祥：《教育学范畴问题探析》，《华东师范大学学报（教育科学版）》1995年第3期。
③ 蔡宝来：《现代教学论的范畴与体系》，《西北师大学报（社会科学版）》2001年第6期。

践产生隔离，我国教学论研究转而强调"问题意识"，教学论范畴间的深层"内在逻辑"更加不尽如人意。有论者指出："我国教学论概念、范畴的混乱现象十分严重，极大地影响了教学论从抽象上升到具体的逻辑表述。"①

从大量教学论著作来看，其章节安排没有深入考虑内在的逻辑性，难以形成严谨的结构。总体来看，当前我国教学论著作涉及的主要内容为：一是学科的研究对象、学科性质、历史发展、研究方法；二是基于对"教学"概念的理解，讨论教学过程的本质与教学主体；三是基于教学组织和操作而论及教学目标、教学内容、教学方法、教学原则、教学模式、教学策略、教学设计、教学组织形式、教学环境、教学媒体、教学管理、教学评价、教学艺术等。粗看下来，这些论著在体系结构上大体以从理论到操作的顺序来安排，似乎具有一定的内在逻辑。但细读后却会发现，不同的教学论著作的内容和结构差异不小，一方面这些论著涉及的范畴数量不一，另一方面范畴的体系即内容的结构安排也不一。甚至在同一本教学论著作内部，范畴之间在理据层面也存在着割裂感与分离感。很多时候，一本论著在具体论述不同范畴时其深层的理据相互矛盾，缺乏流畅的逻辑和一致的理论依据，常常有"拼凑"与"拼接"之嫌。从成熟学科应具有的水平来看，当前我国教学论范畴体系的内在逻辑仍有待完善。

然而，概念的清晰明确、范畴体系内部逻辑的自洽仅是理论具有科学性的重要条件和前提。一门学科除了需要确立其基本范畴、原理之外，更为关键的是要在此基础上对这些由基本概念表现的范畴的类型、层次及相互依存关系等进行明晰的界定，使范畴之间具有严密与科学的内在逻辑。为此，一方面，我们需要正视和纠正以往的"为体系而体系"的导向；另一方面，不可因为片面强化问题意识而舍弃体系逻辑。教学论范畴间的内在逻辑关联程度直接决定和影响着教学论学科的成熟水平。教学论中各个具体的范畴代表着对教学活动的某一个方面的认识，这些具体的范畴相互联系，构成了作为整体的范畴体系，它们唯有在其所属的具有内在逻辑关联的范畴体系中才能得到充分的理解。

---

① 杨小微：《现代教学论》，太原，山西教育出版社，2004，第485页。

第七章 教学过程本质观的文化审视

伴随着人类的产生与发展，不同地域、不同民族形成了不同的文化。文化的特性影响着各个领域的活动方式和活动内容，影响着民众的思维方式和解决问题的方式。教育教学作为社会领域的一个重要组成部分，担负着传播知识、发展人的重任。如何看待教学，如何发展教学，如何通过教学培养人，实际上都反映了特定国家的文化。教学过程的本质，是教学论研究领域一个长期争论不休的话题，不同国家的研究者从不同的角度提出了自己的观点，这些观点都或多或少地体现了不同文化的价值取向和思维特点。

第一节 教学过程本质观的文化特性

教学活动作为一种传承与创生文化的活动，具有文化特性，显然受到一定社会中文化的影响。教学过程本质观作为教学过程在人们头脑中的反映，不可避免地带有文化印记。这表明，特有的文化影响到教学过程本质观的生发及特性，也从文化层面深刻地影响到人们对待教学过程本质观的方式。

一、文化对教学过程本质观的影响

文化是相对于政治、经济而言的人类全部精神活动及其产品，可以分为物质文化、制度文化、精神文化。教学过程本质观作为一种主观观念，具有非物质文化的性质。在这一意义上，远离物质具象、抽象程度高的精神文化和制度文化较之物质文化，对教学过程本质观的形成与发展产生着更大的作用与影响。尤其是深刻体现了精神文化及制度文化的思维方式、价值观念、行为规范等文化要素，对人们认识教学过程本质的影响更为直接。

（一）思维方式影响教学过程本质观的审视方式

思维方式是人看待事物的角度、方式和方法，它对人们的言行起决定性作用。教学过程本质观是人们对教学过程本质的审视与思考。采用何种角度、方式和方法来思考教学过程的本质，会影响到教学过程本质观的构建方式。思维方式的基本形态可分为辩证-整体的思维方式与逻辑-分析的思维方式。这两种基本思维方式也影响甚至决定着人们思考教学过程本质的方式方法。

辩证-整体的思维方式强调从整体的角度辩证地看待世界，认为世界永远处于变化之中，任何事物都是由对立面构成的矛盾统一体，都存在着适度的合理性。教学过程本质观偏向于遵循辩证-整体的思维方式。教学过程本质观将教学过程当作教师引导学生认识教学内容的过程，实质上将教学过程当作一个整体和系统，抓住教师的教与学生的学之间的关系、教学主体与教学内容之间的关系、教师教授教学内容与学生学习教学内容之间的关系等，并借助这些关系及其内在包含的矛盾的发展变化使得教学过程得以展开，将教师教学生学逐渐转化为学生不教而学，也将教师教授学生认识教学内容逐渐转化为学生自主建构学习内容。它强调对教学过程的内在关系与教学过程所涉及的内在矛盾进行整体审视，这些关系和矛盾的辩证发展变化使得教学过程由教师的教走向教师的不教、由学生的认识走向学生的自我体悟，正好体现了教学过程认识本质观背后的辩证-整体思维方式。

逻辑-分析的思维方式指运用概念、判断、推理等反映事物本质与规律，认为事物的本质不会发生变化，一个事物永远是它自己，注重从一个整体中把事物分离出来以发现其本质特性。受这种思维方式的影响，教学过程本质观关注的重点不是教学活动所涉及的教学要素之间的矛盾与关系，其真正的落脚点是教学活动的最终目的——学生发展，教学过程就直接简明地指向学生发展，教师与教学内容仅仅是为学生发展服务而已。于是，将促进学生发展作为教学过程的唯一本质，借助心理科学的原理与规律推断学生在教学过程中发展的过程与水平，这就是教学过程心理本质观所遵循的基本思维方式。

在思维方式上，教学过程社会化本质观处于教学过程认识本质观与教学过程心理本质观的中间地带。教学过程社会化本质观以促进学生社会化作为出发点，一方面将学生从教学活动、教学过程中抽离出来，为了学生更好地适应未来社会里的生活而让教学过程促进学生的社会化或发展学生的社会属性，这实际上遵循了逻辑-分析的思维方式；另一方面，它强调了学生的社会化或社会属性，关注学生与社会的关系，在这个意义上教学过程社会化本质观也受到辩证-整体思维方式的影响。当然，辩证-整体思维方式对教学过程社会化本质观的影响是次要的，而逻辑-分析思维方式对教学过程社会化本质观的形成具有决定性意义。

（二）价值观念影响教学过程本质观的基本立场

价值观念是主体对对象的价值或作用的认定和判断，是主体认识事物、辨别是非的一种思维或取向。最基本的价值观念指向作为主体的人或人类与客观世界之间的价值关系，反映的是客观世界对人或人类需求的满足程度。就价值主体而言，最基本的价值观念可分为个人-自主主义价值观念和集体-和谐主义价值观念。最基本的价值观念为人们认识事物、判断是非奠定了价值评估基础，影响到人们认识特定事物的基本立场。在这个意义上，人们所秉持的价值观念会影响到他们对于教学过程的价值判断，对从何种基本立场来认识教学过程本质产生重要影响。

集体-和谐主义价值观念强调将集体、群体乃至社会作为价值主体，实质上关注人与人及人与外界之间的和谐关系、人类与客观世界之间的和谐共生。对于教学过程本质而言，集体-和谐主义价值观念注重教学活动的整体系统，偏向于有效地处理教学主体与教学内容之间的关系，并在保证这种关系和谐稳定的前提下实现教师与学生和谐相处，以及帮助学生通过掌握与理解教学内容与教学内容所代表的人类社会和谐相处。在这个意义上，教学主体如何掌握与理解教学内容就成为教学活动的核心，教学过程必须为了实现这样的教学活动而展开，这就形成了教学过程认识本质观，其基本观念就是教师引导学生认识教学内容。

个人-自主主义价值观念强调将个人作为价值主体，突出个人的自主性、自立性等特征。从这种价值观念出发审视教学过程，教学过程需要突出对于主体的价值，彰显教学活动对于满足学生发展需求的作用与价值。而无论外在的教学影响以何种形式发挥作用，其必需的途径是学生自主地内化这些教学影响，依据自己的认知倾向将这些教学影响内化为自己的能力与品质。学生的自主性越强，其内化教学影响的可能性就越大，也就越能实现深度发展。在这个意义上，个人-自主主义价值观念偏向于以学生的心理发展作为审视教学过程本质的起点，因为心理发展是学生发展的最终体现，心理发展的水平也最直接地反映学生内化教学影响的自主性程度。

教学过程社会化本质观的基本立场受到集体-和谐主义价值观念与个

人-自主主义价值观念的影响。教学过程是教师与学生针对教学内容进行的相互作用的过程。在这一过程中，师生关系越和谐，学生学习与社会化的效果就越好。同时，教学过程是教师引导下学生实现自我社会化的活动过程。在学生自我社会化过程中，学生对教学内容和教师所传递的知识进行选择和内化，进而促进自我社会性的发展。正因如此，教师与学生之间相互作用和学生自我社会化两者共同界定了教学过程社会化本质观的基本立场。

（三）行为规范影响教学过程本质观的实践价值

行为规范是社会群体或个人在参与社会活动中所遵循的规则、准则的总称，是社会认可和人们普遍接受的具有一般约束力的行为标准。要形成良好的社会秩序，人们就要遵循一定的行为规范，调整好相互之间的利益关系。社会由一个个个体组成，而个体在现实生活中都具有自己的意志、利益和需要。群体由有共同目的和协作关系的个体所组成。在社会活动中，个体与个体之间、个体与群体之间实质上是一种利益关系，正确处理相互之间的利益关系需要发挥行为规范的协调作用。原因在于，所有社会成员都处于一定的社会关系中，每个成员都有各自相对确定的地位，各成员之间、各种社会地位之间的关系都被社会明确规定。而一定的社会关系要成为一种社会秩序并能保持相对稳定，就必须借助反映与适合其需要的社会规范规则，且这些规范规则需要被广泛遵守和执行。这些规范规则直接体现它们所代表与维护的社会秩序，遵守与维护这些规范规则，就是遵守和维护有关的社会秩序。在这个意义上，在一定社会中，被人们广泛遵守的行为规范与被这些行为规范所维护的社会秩序之间是互为表里的关系。

行为规范作为连接观念与行为的中介，是观念的外化，它直接规约实践中的行为。在这个意义上，作为一种外化形态的观念，人类基本的行为规范就更为直接地影响着教学过程本质观所指导的教学行为及其性质。

对于社会秩序，中国社会学家费孝通借用社会结构分析方法，参照法国社会学家涂尔干（É. Durkheim）关于"有机团结"和"机械团结"的社会组织结构理念，提出了"差序格局"与"团体格局"这两种基本的社会秩序观念。团体格局指西方社会的基本组织结构。社会是由若干人组成的团体，以个人为本位，人与人之间的关系条理清楚，捆在一起就处于团体状态。基于个人本位的团体格局遵循的行为准则是社会契约。英国哲学家霍布斯用社会契约论来解释社会秩序的起源，认为独立的个人为摆脱"人自为战"的混乱状态，让渡一部分权利，相互缔结契约，形成社会秩序。

其中基本的行为规范是尊重个人的权利，如果合乎个人的利益需求，该个体就可能与他人缔结契约；如果不符合个人的利益需求，该个体就不会与他人缔结契约。而要能够缔结契约，个人就必须具备缔结契约所要求的能力与资质，个人的能力与资质是团体构建的基本前提。在这个意义上，由于教学过程心理本质观着眼于从心理发展的角度提升学生个体的能力与品质，团体格局所倡导的社会行为规范能更为深刻地影响着教学过程心理本质观所倡导的教学行为。由此看来，教学过程需要以学生个体为本位，从心理发展角度提升学生个体的能力与品质，确保学生个体在未来社会中可以与他人平等地缔结契约，在团体格局中有效地生活。

中国乡土社会以宗法群体为本位，人与人之间的关系是以亲属关系为主轴的网络关系，这反映的是一种差序格局。在差序格局下，每个人都以自身为中心结成网络。① 离中心越近，与中心的关系就越紧密；而离中心越远，与中心的关系就越疏远。在这种社会组织结构中，每个人为了构建自己的网络关系，须采取"推己及人""以己度人"等行动方式，认识和理解自己与其他人的关系的性质与远近。其中基本的行为规范强调每个人对周围的人的认知与理解，实际是关注每个人对外部世界的认识、理解与把握。这种基本的行为规范更加符合教学过程认识本质观的实践诉求。教学过程侧重于让学生有效地认识、理解与运用教学内容，而教学内容主要包括人类认识和改造世界、社会及自我的已有经验，在某种意义上涉及人与世界的基本关系。在一定程度上，学生对教学内容掌握和理解得越好，就越能深刻地认识与理解自己与外部世界的关系。

同样，教学过程社会化本质观在实践层面也受到上述两种社会组织结构所规定的行为规范的影响。促进学生个体社会化，一方面要求教学过程遵照团体格局所倡导的行为规范，从社会化角度提升学生个体的能力与品质；另一方面需要学生认识与掌握自己与社会的关系。这就要求教学过程在一定程度上遵照差序格局所倡导的行为规范，帮助学生实现自身社会化发展进而理解外部世界。当然，对教学过程社会化本质观所规约的实践行为的影响，团体格局所倡导的行为规范的作用要大于差序格局所倡导的行为规范。

思维方式、价值观念、行为规范等深层次的"文化基因"对教学过程本质观产生着深刻的影响，思维方式影响着人们审视教学过程本质的方式，价值观念影响着人们看待教学过程本质的立场，行为规范影响着人们评估

---

① 费孝通：《乡土中国》，北京，人民出版社，2008，第28~30页。

教学过程本质的价值，这些因素共同深刻地影响甚至规约着教学过程本质观的基本取向及基本维度，使得教学过程本质观表现出特有的文化特性。

二、对待教学过程本质观的文化方式

在特定的文化境遇中，如何对待教学过程本质观、如何体现教学过程本质观的价值、如何有效地利用教学过程本质观引导教学实践等，是值得探究的问题。

（一）秉持特定文化中的主导性教学过程本质观

在复杂的文化系统中，思维方式、价值观念、行动规范等都是在社会的长期演变过程中沉淀下来的文化基因，代表着文化系统的内核，稳定而深层次地内化于人们的思想观念之中，居于人们思想观念系统的内核层面，引导着其他相对浅层次的思想观念。作为教育工作者及社会的思想观念系统的一部分，教学过程本质观必然受到处于内核层面的思想观念的影响与规约，使得与这种处于内核层面的思想观念相匹配的教学过程本质观占据主导地位。东方文化普遍地强调辩证-整体的思维方式、集体-和谐主义价值观念等，这使得中国、日本等倾向于选择和认同教学过程认识本质观，将教学过程的心理本质观和社会化本质观放置于次要的地位。而西方文化普遍地采取逻辑-分析的思维方式、个人-自主主义价值观念等，因而倾向于选择和认可教学过程心理本质观，也将其他两种教学过程本质观放在相对次要的地位。

文化在深层次上内在地影响着教学过程本质观，使得教学过程本质观在审视方式、基本立场、实践价值等方面表现出特有的文化特质。在特定社会中文化系统的基本内核是相对稳定的，不会轻易地随着外在环境的改变而立即发生根本性改变。于是在特定的文化氛围中，只有将符合这种文化核心观念的教学过程本质观当作主导性的教学过程本质观，才能准确地把握教学过程本质观体系，避免教学过程本质观体系出现不必要的混乱。同时，立足特定文化氛围中主导性的教学过程本质观分析其他文化氛围中的教学过程本质观的优势与不足，有利于以文化冲突与融合的方式选择性地借鉴与吸收其他文化氛围中的教学过程本质观，从而优化特定文化氛围中主导性的教学过程本质观及丰富特定文化氛围中的教学过程本质观体系。

（二）发挥特定文化中主导性教学过程本质观的价值

在特定的文化环境中，主导性教学过程本质观的价值是不容忽视的。因为在一定程度上，主导性教学过程本质观的价值在特定文化中才能有效发挥。教学过程是文化融合与创造的过程，教学环境是师生双方共同创造的文化环境，教师与学生是具有特定文化和文化需求的主体，故文化是教学过程存在和发展的现实基础，同时也不断影响教学过程中的文化主体。[①] 因此，特定文化中主导性教学过程本质观直接影响着教学的方方面面，我们要正确认识主导性教学过程本质观的价值，使主导性教学过程本质观在特定文化中发挥应有的作用。此外，主导性教学过程本质观的价值是在特定文化中形成的，不同的文化中主导性教学过程本质观的价值也不同。在东方文化中，绝大多数教师倾向于秉持教学过程认识本质观，选择性弱化教学过程心理本质观与社会化本质观的地位，因此，教学过程往往注重学生对知识的认识，而较少关注学生的心理和社会化行为的变化。而在西方文化中绝大多数教师则倾向于秉持教学过程心理本质观，所以教学过程关注通过知识内化使学生产生心理变化。文化对思维方式、价值观念等产生深远影响，教学过程旨在促进人的文化生成，因而在特定文化背景下，发挥主导性教学过程本质观的价值有助于更好地理解特定文化下思维方式、价值观念、行动规范在主导性教学过程本质观中扮演的角色。

（三）运用主导性的教学过程本质观指导教学实践

在一定文化氛围中，主导性的教学过程本质观与教学实践有天然的适切性。因为在一定意义上，主导性的教学过程本质观是受文化氛围熏陶的教学实践在理念上的反映。此外，主导性的教学过程本质观可以更为准确地理解教学实践的需求及问题，快速而有效地改造教学实践。因此，一定文化氛围中占据主导地位的教学过程本质观深刻地规约着现实的教学实践。在中国，通过教学活动促进学生个性发展已成为一种主要的教学观念，在一定意义上教学过程心理本质观引领着教学改革的基本方向。但是处于教学情境中的绝大多数教师仍然秉持教学过程认识本质观，他们格外关注的是如何让学生有效地认识教学内容，而相对忽视教学过程促进学生心理发展的问题。即使这些教师意识到教学过程可以促进学生心理发展，但他们评估学生心理的方式也主要是基于自己长期积累的教学经验进行粗略感知，而较少利用心理发展规律实施科学评估。更为突出的问题是，他们关注学生心理主要是为了在学生现有心理水平上有效地促进学生理解与掌握知识技能，而较少是为了利用知识技能引导学生心理发展。由此看来，在中国教学过程认识本质观作为一种内在的教学观念，与教学过程心理本质观等

---

① 周波、徐学福：《我国近 60 年教学过程本质研究的审视》，《河北师范大学学报（教育科学版）》2009 年第 6 期。

外来的教学观念之间存在巨大的文化冲突。我们难以简单地以移植或嫁接的方式改变一种文化氛围中已有的教学过程本质观，影响教学过程本质观的文化对其他文化背景中生发的教学过程本质观具有天然的判断与选择功能。要让生发于其他文化氛围中的教学过程本质观指导教学实践，需要用本土文化对外来的教学过程本质观进行甄别和选择，将其有机地融入主导性的教学过程本质观，以有效地变革教学实践。

第二节　文化圈影响下的教学过程本质观

什么是本质？教学过程有无本质？教学过程的本质是什么？这些是研究教学问题的关键和出发点。在不同文化背景下，人们对教学过程本质的认识有所差别。教学过程的认识本质观、心理本质观、社会化本质观等尽管是对教学问题的思考和探索，实际上却反映出学者所处社会、所处文化的某种特质和传统，这些都深深地影响着人们的思维方式。

一、本质与教学过程本质观

要理解教学过程本质观的概貌，就有必要厘清教学过程本质观的内涵，确保教学过程本质观能有效地阐明教学活动的本质，至少能够表明教学活动本质的某些方面。面对纷繁复杂的教学过程本质观，我们首先要追问的是：教学过程本质属于何种范畴？教学过程有没有本质？为什么有如此多样的教学过程本质观？

（一）本质

《辞海》中对"本质"的定义为：事物的内部联系，由事物的内在矛盾所规定，是事物比较深刻的、一贯和稳定的方面，它从整体上规定事物的性能。《中国大百科全书》指出"本质"是事物的根本性质，是事物自身组成要素之间相对稳定的内在联系，是由事物本身所具有的各种矛盾构成的。本质是事物的根本属性，是一事物区别于其他事物的根本特征。物有其本，如树有其根，事物之本是事物之源，是事物发展的根基；物亦有其质，所谓质，是事物的性质，是事物的规定性。寻求事物的本质，实质就是寻找事物的本源与规定性，把握事物发展的起点和规律。

对事物本质的追寻体现的是一种追求确定性和规律性的认识论路线，有研究者将这种认识论路线称为本质主义。本质主义是一种信仰本质存并致力于追求与表述本质的知识观和认识论路线,是近代以来西方许多哲学流派,包括那些相互冲突的哲学流派共同信奉的知识观和认识论路线。①从另外一个角度看,本质主义是一种思维方式和研究模式,许多研究者认为,认识事物要寻找事物的根源和规定性,要由表及里、由浅入深,逐步了解事物。

本质和现象是一对辩证法的范畴。本质是事物的性质,是事物的内部联系,它由事物的内在矛盾构成,是事物比较深刻的、一贯的和稳定的方面。现象是事物本质在各个方面的外部表现,一般是人的感官所能直接感觉到的,是事物比较表面的、零散的和多变的方面。②任何事物都是本质和现象的统一体。事物的本质通过一定的现象表现出来,现象从某一特定的方面表现本质。现象可以直接被人们的感官所感知,本质则需要经过抽象思维才能被认识,科学的任务就在于经过感觉达到思维,透过现象把握本质。人们对事物的认识是"从现象到本质、从不甚深刻的本质到更深刻的本质的深化的无限过程"③。本质主义的源头可以追溯到古希腊时期的理性主义者柏拉图,柏拉图认为理念形式是永恒不变的、绝对真实的,而世界中实在的现象却是暂时的、变化无常的。后来的经验主义和理性主义看似是两个对立的理论派别,但两者都是一种预成论,只不过感觉论认为预成于外,认识取决于外界事物的反映;而唯理论认为预成于内,认识取决于人的理性。而实证主义和科学主义更加推崇本体信仰,主张将自然科学的研究方法借鉴过来,研究一切事物,把人类认识的对象限定在经验范围内或科学可以证实的范围内。

作为哲学认识论的本质,其内涵包含以下方面:第一,相信任何事物都存在一个深藏着的唯一本质,相信本质与现象的区分提供了人类观察万事万物的基本概念图式;第二,把人类认识特别是现代以来所谓科学认识的任务规定为透过现象揭示事物的唯一本质;第三,把反映了事物唯一本质的知识(概念、命题与理论体系)尊崇为"真知识",即真理,其他都是不反映客观实在因而无足轻重的"伪知识""意见"甚至"谬误"。根据以上分析,哲学认识论的本质具有以下两个基本特征。其一,任何具体事物都有一个原点或根基,从这个原点或根基出发,经过不断的演绎和发展,形成一个庞杂的体系。所谓本质就是事物的原点、根基以及由此演绎、发

---

① 石中英:《本质主义、反本质主义与中国教育学研究》,《教育研究》2004年第1期。
② 辞海编辑委员会:《辞海(中)》,上海,上海辞书出版社,1979,第2854页。
③ 列宁:《列宁全集(第38卷)》,北京,人民出版社,1986,第239页。

展的基本规则。其二，人们的认识指向事物的本质，反映本质的认识才是科学知识和真理，偏离了事物的本质就偏离了事物本身。从认识论的角度看，本质是事物的确定性和终极性，发现事物的本质是人们认识的最终目的。

正如本质主义所阐述的那样，对事物本质的认识需要透过纷繁复杂的现象，对本质的把握需要经历一个长期的认识过程，这意味着并不是所有的认识结果都反映了事物的本质。因此，如果仅仅从认识结果来判断，本质也许只是我们所追寻的，但似乎又是遥不可及的目标。当然，事物的背后一定有其本质存在，但在认识的过程中，我们只能由浅入深，不断靠近本质。在追寻本质的过程中会出现不同的对本质的表述，这些不同的表述主要反映了不同的研究者各自的观察视角和理论基础。

（二）教学过程存在本质

教学过程有没有本质？对这个问题的回答，要一分为二。首先，世界有其本原或本质，世界上具体的万事万物也有其本质。但是，追寻世界的本原与世界上具体的万事万物的本质并不一样。前者是形而上的：相信世界有其本原，追寻其本原，是我们内心深处的信仰、理念和精神哲学。后者则是形而下的，是对具体事物的认识，世界上的万事万物都是具体的，我们不能用世界的本原来代替世界上万事万物的本质，不同的事物各有其本质，各有其发展的规律。和其他任何事物一样，教学过程有其根基和发展的基本规律。教学过程的存在是客观的，教学过程的发展及其规律也是客观的，这是我们认识教学过程时必须坚持的立场。教学过程之所以不是其他过程，是因为教学过程有其内在的特殊规定性，这是我们认识教学过程的一个前提。从认识论的角度出发，如果否定教学过程的客观性和确定性，我们就将陷入神秘的不可知论或者唯心论。

其次，我们所言说的本质是个体主观世界所意识到的"本质"，异彩纷呈的本质观是不同的研究者站在各自的立场和角度上对教学过程本质的阐述，这些关于本质的言说带有独特的历史文化背景和认识主体的个性。教学过程作为一个存在的事物，它并不是结构单一的，而是一个复杂的立体的"小世界"。作为"小世界"的整体的教学过程有其本质，但是，正如对世界的本质，人类穷尽智慧仍然难以捉摸一样，在不同的历史阶段、不同的文化环境下，对世界本质的认识也在不断地变化与发展；同样，教学过程的本质也需要我们不断地探索，这个"小世界"有其独特的结构和不同的侧面，使得在这个小世界里有很多具体的规律。虽然追寻作为整体的教学过程的本质固然是我们的首要目标，但是对教学过程这个"小世界"中具体的"万事万物"的认识同样重要。为此，研究者对教学过程中的"万事万物"进行言说，形成了不同的教学过程本质观。如果将教学过程看作是一个"小世界"，人们对其本质的认识，正如对世界本原的认识一样，是对教学过程本质的终极认识。但是，教学过程这个"小世界"有不同的层面和维度，对这些不同层面和维度的认识，形成了丰富多彩的教学过程本质观，它们虽然不能代替对教学过程"小世界"的本质认识，却是教学过程本质观的构成部分，是对教学过程本质观的丰富与发展。

（三）教学过程本质观

既然教学过程存在本质，那么教学过程的本质是唯一的还是多重的？有研究者提出了教学过程的双重本质说和多重本质说，认为教学过程的本质不是唯一的，而是两个或多个本质的叠加。教学过程的本质是唯一的还是多重的？对这个问题的回答同样要一分为二。

从本质主义的认识论路线出发，本质是唯一的，一个事物虽然有不同的属性，但本质属性才是我们需要把握的内核。从这个角度出发，作为一个整体的教学过程，它的本质属性是唯一的。作为客观存在的教学过程，它的本质也是唯一的。因为事物与其本质是一一对应的关系，不同的事物和现象有不同的本质。

不过，对教学过程本质的研究结果表明，对教学过程本质的认识有一个不断深化的过程，在这个过程中必然会出现多种多样的认识，不同的研究者因为不同的学术背景、实践经验等会有不同的认识。我们不应该绝对地否定一种经过严密思考或实践总结出来的有关教学过程本质的观点，也没有必要认为某一种本质观就是所有本质观的"终结者"，因为所有的本质观都只是人们认识本质这个无限过程中的一个环节。为此，人们对教学过程本质的认识就呈现出一种多样化的局面。

教学过程本质观的多样化，主要出于两个方面的原因。一是人们对教学过程这个"小世界"的本质有根本不同的认识，这种认识的差异是根本性的差异。而另外一个原因则是人们对教学过程这个"小世界"存在不同层面与维度的认识。教学过程是一个复杂的现象，具有复杂结构和多种因素，人们观察的视角和理论基础不同，就会形成各自的教学过程本质观。

因此，教学过程的本质是唯一的，它是我们孜孜以求的本原。不过，对这种唯一的本质的追求难免会陷入认识论的困境之中——本质终归是认识主体的表述，是对"教学过程是什么"这一问题的不断探索与反思，然而人言人殊，对教学过程的本质的探讨在摸索、反思和争论中不断循环。这样形成的局面是多数研究者都坚持自己的观点，故此关于教学过程的本质追寻，总是在"疑无路"的境况下去寻找"柳暗花明"。正因为此，有论者主张将教学过程这一整体的本质进行搁置，而寻求对教学过程具体环节和要素的规律性认识。于是，有研究者提出基于不同的文化背景、不同的历史阶段和不同的研究视角，教学过程有多个本质存在。从这个角度出发，教学过程本质的多样性和多重性并不是对教学过程本质的否定，而是对教学过程本质认识的丰富和逐步深入。

因此，作为一个整体的教学过程，它的本质是唯一的，是教学过程区别于其他事物的根本特征。但是，对教学过程本质的认识是一个不断发展的过程，教学过程本质的异彩纷呈，既是人们对教学过程本质的不同解读，也反映了人们对教学过程这一整体不同层面和维度的认识。

二、文化圈影响下的教学过程本质观的基本形态

本质是指某类事物区别于其他事物的基本特质，是事物在性质与关系方面的质的规定性。本质属性指事物本身所固有的根本属性，是决定一事物之所以成为该事物并区别于其他事物的属性。① 过程指事物发展所经过的程序和阶段。教学过程是教学活动所具有的过程属性，在形式上表现为教学活动的启动、发展、变化和结束在时间上连续展开的程序和阶段。教学活动的过程属性与教学活动的功能属性、社会属性等有明显区别。从活动存在与发生的意义来看，教学活动的过程属性更能代表教学活动的内在本质。而教学活动的功能属性与社会属性则是教学活动所带来的衍生性属性。通常意义上，教学过程指教学活动的展开过程，是教师根据社会要求和学生身心特点，在一定的环境中，借助一定的条件，指导学生认识教学内容，进而发展自身的过程。教学过程中包括了支撑教学活动所必需的最基本要素：教师、学生、教学内容。这些基本要素及其关系从活动存在与发生的角度规定着教学活动的本质属性。而学生"认识客观世界"与"发展自身"是教学活动发生以后所产生的功能性、社会性、目的性属性。由此看来，对教学过程的本质的认识需要集中于教学活动所必需的教师、学生、教学内容三要素及其相互关系，尤其是三要素相互作用而延展的过程，在此基础上，加深对"学生认识客观世界和发展自身"的认识。教学活动

---

① 中国人民大学哲学系逻辑教研室：《逻辑学》，北京，中国人民大学出版社，1996，第8~9页。

是改变学生的社会活动，学生的发展变化是教学过程本质在目的层面上的规定性。在这个意义上，随着教学活动的发展，促进学生发展变化的教学过程越来越复杂，成为一个涉及学生的认识过程、心理过程、社会化过程的复合整体。教学过程所涉及的这些具体过程规定了教学过程本质的基本取向，对某一取向上教学过程的分析与思考就形成了特定类型的教学过程本质观。

（一）教学过程的认识本质观

学生要从一个对客观世界无知的孩童成长为理解客观世界的成人，就必须认识客观世界，而教师的指导可以让学生快速有效地认识和理解客观世界，加速学生的成长与发展。从学生认识客观世界的角度看，教学过程是教师引导学生认识客观世界的过程。在一定意义上，教学内容是按照教育目的而精挑细选、反映客观世界的典型性知识经验，是学生认识客观世界的支撑、中介与前提。

围绕认识的教学过程本质观大致分为以下几种。第一种从认识的性质出发，认为教学过程是一种特殊的认识过程。其基本观点是教学过程是学生的特殊认识过程，是学生认识客观世界的过程，这种认识活动以现有知识为主要对象，力求在较短时间内传授大量的人类知识，使个人达到社会所需要的知识水平。典型的代表是凯洛夫提出的认识过程说。凯洛夫从马克思主义认识论的视角出发，肯定了教学过程必须遵循人类的认识过程，即像列宁指出的那样，"从生动的直观到抽象的思维，并从抽象思维到实践"[①]。不过，凯洛夫深刻地认识到教学过程也有着自身的特征，他认为教学过程是特殊的认识过程，其特殊性表现在学生学习的是间接知识，学生需要教师来指导，教学过程中既有巩固和认识的工作，也包括有计划地发展儿童的智力、道德和体力的工作。凯洛夫进而概括出教学过程的基本阶段，即"感知、理解、巩固、应用"四个阶段。[②]

中国学者特别推崇教学过程的特殊认识说，一些学者从马克思主义认识论的立场出发，对特殊认识说进行了深刻而系统的阐述，认为教学过程具有两层含义。第一层含义是教学过程本质上是一种认识过程。这里需要注意两点：首先，这里的认识，不是心理学上与情感、意志、价值观相并列的认识概念，而是一个知情意行相统一的过程。其次，教学过程本质上

[①] 戴绳祖：《教学过程基本阶段辨析》，《九江师专学报（哲学社会科学版）》1985年第3期。

[②] 同①。

是一种认识过程并不意味着教学过程就是认识过程，哲学上的认识和教学认识之间是一般和特殊的关系，不能用哲学上的认识过程代替教学过程。第二层含义是教学过程是一个特殊的认识过程。这里的特殊性主要体现在三个方面：首先是认识的间接性，即学生认识的对象和认识的方式都是特殊的，认识的对象主要是间接经验，认识的方式主要是学习，尤其是知识的学习，而不是以亲身体验为主。其次是认识的指导性，学生的认识是在教师的指导下进行的，教师在教学中起主导作用，但是，教师主导和学生主体是辩证统一的，教师要发挥主导作用就应该更注重学生的主体性。最后是认识的教育性。学生认识的过程同时也是德、智、体全面发展的过程，情感、意志、价值观以及能力、技巧都不是和知识矛盾的，而是统一的。①特殊认识说是一种影响很大、认同者最多的教学过程本质观。该观点最初起源于苏联凯洛夫主编的《教育学》，是我国在解放初期学习苏联教育学的基础上，逐步形成和完善起来的。它抓住教学过程中学生领会知识的过程与人类一般认识过程既基本一致又有其特殊性的特点，对整个教学过程进行了概括。②

在教学活动中，实践是认识的一种延伸与补充。教学活动需要学生在规定的时间内采取认识活动而掌握间接经验。事实上，通过实践活动而获得的直接经验，在一定程度上是为了加深对间接经验的理解，或是对间接经验的印证。实践是人们能动地改造和探索现实世界一切客观物质的社会性活动。在绝大多数情况下，学生参与的实践活动具有模拟现实性，它将真实的实践活动抽象化，采取"认识—实践—认识"的认识路线，其基本的目的是深化认识，而且一般也不会像真实的实践活动一样采取"实践—认识—实践"的实践路线，更难以对外在于学生的现实世界产生创造性的改变。于是，为了获得直接经验、验证和补充间接经验而参与的社会实践活动主要是准实践活动或者模拟真实的实践活动，而非人类在真实的境遇中为变革客观现实世界所经历的实践活动。此外，学者们将教学活动作为改造学生的特有的社会实践活动，更多地是强调教学过程发生之后所得到的结果。以实践的观点来看待教学过程，所关注的是从师生开展活动、学生获得一定的意义，到学生发生某种成长性变化这一逻辑链的"过程"和"最终结果"的意义。把教学活动看作本质上是一种特殊的实践活动，这

---

① 王策三：《教学论稿》，北京，人民教育出版社，1985，第168页。
② 李定仁、张广君：《教学本质问题的比较研究》，《华东师范大学学报（教育科学版）》1997年第3期。

样的理解，无论从教师的角度看，还是从师生共同行动的角度看，其着眼点都是教学过程中自主行为者具体的感性的外部行为及其结果所蕴涵的意义。① 这种观点是从教学的结果来看教学过程的，采取的是一种结果分析的方法。在这个意义上，教学过程的实践本质观、认识-实践本质观等都是对教学过程认识本质观的补充或延伸，甚至就是这样一种教学过程认识本质观——教学过程是借助和模仿人类真实的实践活动而进行的认识过程。

值得一提的是，有学者提出，教学过程是学生在教师的精心组织和指导下，对人类已有知识经验的认识活动和改造主观世界、形成和谐发展个性的实践活动的统一过程②。这种观点注意到了教学过程的整体性，看到了教学过程中教与学、认识与实践的统一。不过，和认识-发展本质观一样，认识-实践本质观也面临逻辑上的拷问：在认识与实践之间，谁是上位概念，谁是本质属性？事实上，学生的学习活动是一种特殊的认识活动，也是一种特殊的实践活动，但两者相比较，在学习过程中学生的认识活动是第一位的，实践活动从属于认识活动，学生从事实践活动最终不是为了实践本身，而是为了更好地掌握知识、发展能力、全面提高综合素质。不仅如此，认识-实践本质观表面上在强调认识和实践两者的重要性，同时又将教学过程人为地分裂为教师和学生两个不同主体的活动过程，实际上并没有把教学当作一个整体来看待。

第二种教学过程本质观是从认识方式出发的，即教学过程的教学方式说。在教学活动中，认识方式实质上是指向师生与教学内容的关系，在直观上表现为了将教学内容转化为学生的知识经验师生所采取的方式方法。为了引导学生认识世界，教师采取的基本方式是将代表世界的知识与技能传递给学生，而学生采取的基本方式则是学习这些知识与技能。基于此，就形成了教学过程传递说和学习说。教学过程传递说认为，教学就是传授知识经验的过程，教学过程的本质就是知识或技能的传授，即教学是"教师有目地传授和指导学生学习科学文化知识与技能的教育活动"③。教学过程传递说将教学过程视为一个知识、技能或经验的复制过程，教学过程的实质在于教师将已经掌握的知识、技能和经验以教学内容为中介传递给学生。从方法论的角度来看，教学过程传递说采用的是一种描述性的定义，它看到了教师、知识在教学过程中的重要作用，但是忽视了学生的主体性，

---

① 李定仁、张广君：《教学本质问题的比较研究》，《华东师范大学学报（教育科学版）》1997年第3期。
② 郝森林：《教学过程本质的再认识》，《教育研究》1988年第9期。
③ 李保强：《关于教学概念的辨析与思考》，《齐鲁学刊》1996年第2期。

没有看到在教学过程背后学生与教学内容之间的相互作用。

和教学过程传递说明显不同的是，教学过程学习说充分认识到了学生在教学过程中的重要性，认为教学是学生在教师指导下的学习活动。① 所谓教学，本质上是学生在教师指导下，批判继承和探索创新的学习过程。② 它从学生学习的角度审视教学，把教师的指导作为一种必要条件，教师通过为学生的学习和发展提供方向、支持与评价而获得教学价值与意义。这种立足于学习、学生来认识和把握教学活动本质的思维方式，虽然有一定的合理性，但是在方法论上，与立足于教的教学过程传递说一样有缺陷。因为教学系统是一种生成系统，它既不可以还原为作为其要素之一的"教"，同样也不可以还原为另一个要素"学"。③

为了克服教学过程传递说与教学过程学习说相互脱节的问题，学界还提出一种关联说。教学是教师的教和学生的学统一的活动，这是教学过程关联说的基本观点。如前所说，教学过程传递说着眼于教师的教，教学过程学习说强调学生的学，而教学过程关联说的着眼点是教和学的联系、相互作用及其统一。由此出发，它认为教与学的关联是教学存在的前提，没有二者的相互作用就没有教学，教与学同居首位，教学不是自在的而是人为构成的，因而它重视教学的社会实质，把教学活动看成社会活动的一种特殊形式，将教学作为人类活动的统一的整体来考察，并从教学论的立场上强调反映社会目的的教学内容的特点和教学过程的客观性，以及两者之间的相互制约和统一。④ 当然，和前面的本质观相比，教学过程关联说旨在说明教学过程中教与学的联合统一、缺一不可。不过，教学过程关联说并没有从教学过程的现象当中抽象出其本质，因而没有做出事实性判断。

第三种教学过程本质观是从认识主体出发的，侧重的是主体之间的关系。这种教学过程本质观基于人类活动是因人而存在与发生的观念，为了调动教学活动中教学主体的能动性，将师生及其关系作为审视教学过程本质的出发点。典型的观点是教学过程的双边活动说、特殊交往说等。双边活动说强调教学过程中人的因素，把教学过程看作是教师和学生之间教与学活动的融合，即教学是教师的教与学生的学的共同活动。于是，教学就

---

① 路冠英、韩金生：《教学论》，石家庄，河北教育出版社，1987，第31~32页。
② 严成志：《教学本质的对比研究》，《四川师范大学学报（社会科学版）》1995年第4期。
③ 李定仁、张广君：《教学本质问题的比较研究》，《华东师范大学学报（教育科学版）》1997年第3期。
④ 同③。

是"教育目的规范下的、教师的教与学生的学共同组成的一种教育活动"①，进一步说，就是通过教师的教和学生的学而共同完成预定任务的双边统一活动。②这一观点主要采取矛盾分析方法，认为本质源于教学活动的内在特有矛盾，而教学活动主要是由三个基本要素组成的，这三个基本要素就是教师、学生和教学内容，而教学过程的本质是三个要素的矛盾统一。

持这种教学过程本质观的还有特殊交往说。斯卡特金在《中学教学论》中写道："教学过程的本质首先在于这是一个教师与学生相互作用的过程，没有这种相互作用，就没有教学。"③不少学者认同这种说法，认为教学是有知识和经验的人与想获得这些知识和经验的人之间的交往。教学过程完全可以视为师生交往过程，交往即是教学过程的本质。持这一观点的人本主义学派代表人物罗杰斯，视教学为课程实施的关键，提出了著名的非指导性教学理论，认为教学过程是一种动态的过程，要注重教师和学生之间的意义交流。这种观点被我国一些学者所接受，他们把教学过程看成教师和学生之间的特殊交往过程，强调不能把教学简单地理解为师生授受知识的过程，也不能把它看成学生内在潜力展开的过程，而应该把它看成师生间知、情、意、行相互作用的过程，认为"教学活动中没有师生共享的教学经验及成果，就没有交往，就称不上是教学活动"④。在这个意义上，教学是一种师生双方以教材为中介，以传授知识和技能、促进学生发展为中心任务的特殊交往活动。⑤有些学者引入文化生成的理念，认为教学是以促进人与文化的双重建构为核心，以特定文化价值体系为中介，旨在促进人的文化生成的师生特殊交往活动。⑥总体来讲，教学过程的交往本质说从教学的起源进行分析，认为教学起源于交往，也应该回到交往，是作为一种特殊的交往而存在的。

与认识的性质相比较，认识的方式与认识的主体是较为下位的、相对较为次要的。于是教学过程的特殊认识说就对教学方式说、主体关系说具有统摄功能，或者说，后两种教学过程认识本质观是对特殊认识说的补充。

---

① 王道俊、王汉澜：《教育学（新编本）》，北京，人民教育出版社，1988，第181页。
② 刘克兰：《现代教学论》，重庆，西南师范大学出版社，1993，第46页。
③ 〔苏〕斯卡特金：《中学教学论——当代教学论的几个问题》，赵维贤、丁酉成等译，北京，人民教育出版社，1985，第17页。
④ 叶澜：《教育概论》，北京，人民教育出版社，1991，第38~41页。
⑤ 靳玉乐、尹弘飚：《教学本质特殊交往说论析》，《教育理论与实践》2001年第10期。
⑥ 张广君：《教学存在的本质透视》，《西南师范大学学报（人文社会科学版）》2000年第4期。

这三种对教学过程本质的基本认识共同构成了教学过程的认识本质观。

(二) 教学过程的心理本质观

教学活动的核心是教师指导学生获得发展。苏联教育家赞科夫最先提出了教学与学生发展的关系问题，并在20世纪50~70年代开展了长达十几年的小学教学新体系的实验。他认为传统的教学体系只注重完成让学生掌握知识和技能的任务，新教学体系应完成双重任务：让学生掌握知识和技能，同时要"以尽可能大的效果来促进学生的一般发展"①。这种教学发展观催生了认识-发展的教学过程观。教学过程到底是认识过程还是发展过程？认识论者认为教学过程归根到底是要引导学生掌握人类积累起来的科学文化知识，而掌握科学文化知识实质上就是能动地认识世界，学生的智力、体力的发展以及品德的形成都离不开知识的掌握，都要受到认识规律的制约。而发展说则认为教学的最终目的是培养人，促进学生的全面发展，认识只是一种心理活动，它不包括学生的发展，学生的智能和品德的发展虽然是在认识的过程中实现的，但发展高于认识。② 这种教学过程本质观实质是从认识的角度指出了教学促进学生发展的观念。

教学促进学生发展的观念虽然强化了学生的发展，不过，由于学生发展过于抽象，且人们通常采用学生能力发展的结果反过来判断与描绘教学过程，因而它实际上没有真正地触及教学过程，难以发现教学过程促进学生发展的事实。对于这一问题，当学生发展落脚到由学生心理特质来表征之后，教学促进学生发展的观念才真正地在教学过程的层面得到有效体现。这使得教学过程促进学生发展的内在本质逐渐明朗化，形成了教学过程的心理本质观。赫尔巴特就将教学过程中学生的心理活动看成观念的运动，是概念与概念、主要概念与从属概念之间系统化联结的运动。由于赫尔巴特的"观念的运动"脱胎于哲学范畴，他未能有效地判断学生在教学活动中的心理过程，这使得基于"观念的运动"的教学过程理论没有得到有效关注，却逐渐演变成由哲学意味浓厚的认识论所引导的教学过程本质观。直至20世纪，学生心理能够被科学地、详细地刻画，教学过程促进学生发展的本质才真正得以呈现，教学过程的心理本质观才变得具体生动。

教学过程的心理本质观从认知的角度来观察教学过程。巴拉诺夫认为"对教师和学生来说，教学过程首先都是认知活动"，应该把"认知"看作关于教学的定义中首要的概念。在巴拉诺夫看来，教学过程主要体现为一

---

① 〔苏〕赞科夫：《教学与发展》，杜殿坤等译，北京，文化教育出版社，1980，第26页。
② 王道俊、王汉澜：《教育学（新编本）》，北京，人民教育出版社，1988，第197页。

种儿童的认知过程，教师所起的作用是把握儿童的认知规律，只有在教学过程与儿童认识过程相吻合的情况下，才能产生教与学的共鸣，教学程序内在的逻辑力量也就主要表现在能正确地把握特定的教育对象的认知发展规律，以及据此恰当地安排教学过程中的每一个环节。①

与这种观念相关的教学过程心理本质观有如下基本认识。一是教学过程就是安排情境、控制反应，使学生形成适当的感应性，并通过练习强化，最终形成习惯的过程。② 持这一观点的主要是行为主义学派，代表人物是美国的桑代克。桑代克认为学习就是联结，心即是人的联结系统。所谓联结，指某情境仅能唤起某种反应的倾向。这些"先天的联结"乃是一切教育和人类其他控制作用的起点。教育的目的就在于使某些联结永久保持，把某些联结消除，并把另一些联结加以改变。桑代克的联结主义强调刺激与反应之间的联结，行为主义学派所主张的刺激-反应的教学机制就是以桑代克的联结主义为蓝本的。行为主义学派认为教学过程就是一个不断训练和强化正确行为、形成习惯的过程，因此，教学过程中的关键环节是安排一定的情境，对学习者的行为和反应进行控制和管理。与桑代克的研究类似，德国的弗兰克和贝尔认为教学过程就是一个对学生进行行为控制和行为管理的过程。他们运用控制论和信息论研究教学过程，对学生的行为进行控制和管理。这也是行为主义学派强调的。不过，行为主义学派更多地是从生理机制的角度审视教学过程，而弗兰克和贝尔则更多地是从管理的层面来探究教学过程。

二是教学过程的本质就是探究和发现。持这一观点的主要是结构主义学派，代表人物是美国的布鲁纳。他认为一门学科不仅应该教专门的知识或技能，而且应该使学生明确学科知识组成的基本结构。他指出，不论我们教什么学科，都应该让学生理解该学科的基本结构。这是在运用知识方面的最低要求，这样才有助于学生解决在课堂外所遇到的问题和事件，或者日后课堂训练中所遇到的问题。③ 在布鲁纳看来，对结构的学习就是学习事物是怎样相互关联的。任何学科的基本原理都可以用某种形式教给任何年龄的任何人。他认为教学就其实质来说，就是使学生充分发挥其探究、发现的能力，从而获得知识、发展能力。与学科结构相匹配的发现教学法，基于学生头脑中已有的认知结构，引导学生对新知识进行顺应与同化，从

---

① 瞿葆奎：《教育学文集·教学（中册）》，北京，人民教育出版社，1988，第86页。
② 姜俊和：《当代国外对教学过程本质的几种认识》，《外国教育研究》1989年第2期。
③ 刘启迪：《改革开放以来中小学教材编写的反思与展望》，《当代教育科学》2018年第8期。

而扩展或更新学生的认知结构。

(三) 教学过程的社会化本质观

教育具有实现个体社会化的功能,教学活动需要促进学生社会化,相应地,教学过程存在促进学生社会化的本质。加之教学活动是一种育人的社会活动,教学过程就表现出特有的社会化特征。持这一类教学过程本质观的典型代表是生活说。以杜威为代表的美国实用主义教学论,认为必须从儿童个人生活实践或直接经验出发来学习知识,即"做中学"。杜威实际上将教学过程作为学生适应生活的过程,"做中学"将学校里知识的获得与生活过程中的活动联系起来,强调通过活动的开展促进学生发展。不过,教学意味着生活,这更多地是理解教学的一个认识维度,而不是在事实上把教学变成一种日常生活或完全等同于社会生活。因为所谓教学,有一个把教师与学生联系起来的中介——知识,教学是受过教育的教师在一定的时空里传授知识的活动,它不同于口耳相传的日常生活中的学习。[1]

更加突出地强调教学过程社会化本质的观点是价值增值说,它将教学过程看作价值主体为追求和实现价值目标而展开的活动过程。在教学活动中,第一位的价值主体是社会,教师在教学中的活动,是作为社会这一价值主体的代表而开展的活动。第二位的价值主体是学生。相对于社会,学生首先是价值客体,与此同时,学生又是价值主体,学生也有自己追求的教育价值目标。但从总体上看,学生的教育价值目标具有从属于社会教育价值目标的性质。教师作为社会代表,在教学活动中所要取得的教育价值是全面的教育价值,因而教师引导学生所开展的认识活动,是活动的一部分而不是活动的全部,不同课程的教学所要取得的教育价值的侧重点是有所不同的。基于此,教学过程的本质是教师接受社会的委托,在学科教学中为了取得学生的德、智、体、美全面的教育价值的增值,运用学生素质形成的各种规律,和学生共同展开价值构想、价值调节、价值实现的活动过程。[2]

教学过程的生活说、价值增值说等学说强调了教学活动的社会属性及社会化表征,凸显了教学过程的社会化本质。但是,借用其他类型的社会活动来比拟教学过程的社会化本质,显然不能有效地触及教学过程社会化本质的真正内涵。

总体来看,三种基本形态的教学过程本质观勾画了教学过程本质的基

---

[1] 迟艳杰:《教学意味着"生活"》,《教育研究》2004年第11期。
[2] 马兆掌:《也论教学过程的本质》,《社会科学战线》1991年第4期。

本内涵。从教学活动内部的行为发生与过程延展来看，教学过程认识本质观表明教学活动是教师指导学生认识客观世界的过程，是一种直观、外显的过程。教学过程心理本质观表明教学活动是教师引导下学生自我心理发展的过程，是一种深刻、内隐的过程。而教学过程社会化本质观也同样主张教学活动是一种深刻、内隐的过程，是学生逐渐社会化的过程。这三种教学过程在教学活动中是同时存在的，反映了教学过程本质的不同侧面，其中教学过程认识本质是前提与表象，教学过程心理本质与社会化本质是由教学过程认识本质所诱发的结果及其实质。

第八章 教学研究方法论变革的文化审视

教学论要发展为一门成熟学科必须从教学研究方法论上进行突破。进入 21 世纪，中国教学论的发展面临着全新的任务，即构建"中国特色的教学论""本土化的教学论"。而强调"本土"，必然涉及"外来"。与中国社会现代化进程的轨迹一致，中国教学论的气质受到中国传统文化与西方舶来文化两方面的影响。因此，要完成教学论本土化建设这一任务，需要我们回溯教学研究方法论发展的历史轨迹，从中西教学研究方法论的共性与差异中寻找出路。

第一节 教学研究方法论界说

一、方法与方法论释义

方法是科学方法论中最基本的概念之一。关于方法的含义，古今中外有不同的理解。在中国古代，方法被认为是"量度方形之法"[1]。在欧洲，方法一词意味着沿着正确的道路运动，意味着接近或达到某一目标的途径[2]。有学者认为方法是一种工具和手段，是一种程序或结构，是一种技巧和艺术，等等。较为普遍的看法是，方法是从实践上和理论上把握现实的、为解决具体问题而采取的手段或操作方案的总和，是人们为了达到某种目的而采取的措施、步骤、程序、计划、方案等等的总和。[3]

方法论是一个宏大的概念，它源于希腊语，是指关于方法的理论或学

---

[1] 韩增禄：《"方法"概念初探》，《自然辩证法研究》1986 年第 4 期。
[2] 同[1]。
[3] Gove, P. B., 1968: "*Webster's Third New International Dictionary, Unabridged*", Springfield, MA, Merriam-Webster, 1423.

说，也就是关于科学认识活动的体系、形式和方法的原理的学说。[①] 科学研究层面的方法论，主要从方法的角度，总结发现世界和认识世界的经验、探讨科学研究的过程，特别是科学研究方法的特点、各种方法之间的相互联系与相互作用，以及科学研究的评价及成果的应用，等等。在哲学层面，方法论通常与世界观联系在一起。哲学是理论化、系统化的世界观，方法论是世界观指导下的自觉实践。哲学既是世界观也是方法论：当人们用它去说明世界的时候，就是世界观；当人们用它去指导认识和改造世界的活动时，就成为方法论[②]。方法论是人们认识和改造世界的方法的学说或理论，它以方法为对象，研究方法的特点、性质、功能和内容，探讨方法形成、变化和发展的规律。有研究者从系统的角度将方法论解读为三个层层涵盖、各司其职的方法体系。在宏观层次，方法论依托哲学，将世界作为认识与改造的对象，以探索世界的普遍本质与基本规律为目的。因此，哲学方法在方法论体系中具有统领性质，在其他学科领域具有普遍的适用性。在中观层次，方法论将许多领域的客体作为认识和改造的对象，表现为一般规律在科学领域的应用，如逻辑方法、数学方法、系统方法、信息方法、控制方法等。这些方法在众多科学领域具有共同的指导作用。在微观层次，方法论是指某一具体领域或某门学科所使用的方法。它以某一具体领域的客体为认识和改造的对象，并以某一学科所研究的特殊规律为客观依据，是某一具体领域的特殊规律的主观应用，如实验法、田野研究法等[③]。

不难发现，方法论是一个众说纷纭、复杂晦涩的概念。为确保讨论的一致性，本文对方法论的认识定位在哲学层面，即将方法论看作是指导人们进行研究的最普遍的思维模式和行为方法。

二、教学研究方法论的含义

方法论是一切学术研究的基础，教学论也概莫能外。方法论存在于人们的意识之中，是贯穿于研究全过程的思维意识，是"自觉的思想的活动"。人们对教学活动的认识方式、研究的思想起点、研究的整体架构和研究发展的思维轨迹，都是教学研究的方法论组件。方法论与教学研究的结合，形成教学研究方法论。它一方面开辟了教育研究的新领域，成为研

[①] Gove, P. B., 1968: *"Webster's Third New International Dictionary, Unabridged"*, Springfield, MA, Merriam-Webster, 1423.

[②] 吴元樑：《科学方法论基础》，北京，中国社会科学出版社，1984，第134页。

[③] 叶澜：《教育研究方法论初探》，上海，上海教育出版社，1999，第14～18页。

究对象之一；另一方面为教学研究提供基础性的研究方法与思维结构支持，对教学研究和学科发展起着重要作用。

不过，由于不同研究者的理解和切入角度不同，对教学研究方法论概念的认识尚无定论。克龙巴赫（L. J. Cronbach）、苏珀斯、舒尔曼（L. S. Shulman）的观点具有一定的代表性。他们认为，教育或教学研究的方法论就是对教育学或教学论的学科探讨（discipline inquiry），是对学科进行的整体把握与研究。①

在我国，关于教学研究方法论的认识，一般沿用对科学方法论的研究，即将教学研究的方法论分为哲学方法、一般的科学研究方法和具体的研究方法三个层次。教学研究方法论应针对教学研究的一般规律与主要特点开展研究，探讨与教学研究相关的问题，包括教学研究的原理（本质、特点、层次、结构等）、教学研究的方法、教学研究的技术（抽样统计等具体技术、研究方案的设计和结论的表达等一般研究技术）、教学研究的评价。可见，教学研究方法论不只是针对教学研究方法，而是对教学研究的元认知，是对教学研究过程的理论探索。"它主要探讨和研究教学应从何处着手、有哪些规范，如何根据问题选择合适的方法，如何收集分析资料、构建理论以及如何对某一理论进行评价等。"② 质言之，对教学研究方法论的理解，就是对如何开展教学研究的理解。

在教学论学科体系中，方法论是支撑学科大厦最重要的地基。它为教学研究探索先进的方法、提供独特的视域、打开广阔的思路并构造崭新的思维方式。因此，教学研究方法论的主要任务不是直接帮助研究者认识教学的原理及其规律，解决教学过程中遇到的基本问题，或者创造新的与教学相关的知识，而是为教学研究提供基础的方法工具——既包括具体的研究方法，也包括抽象的思维方式。其中，思维方式似乎更为重要。

可以说，教学研究方法论的关键不在于对方法的内涵把握，而是运用和创造方法以进行教学研究的思考。相比晦涩复杂的方法论内涵，作为思维方式存在的方法论更加具体与可操作，是一种可为研究者所领悟与应用的方法论意识。它包括问题意识、结构意识、时空意识、自我意识等诸多方面。问题意识，指教学研究过程中研究者主动发现问题、聚焦问题、深入问题、解决问题的思维与研究能力。结构意识与关系思维、层次意识有着类似的含义，是指将研究对象置入系统之中，考察它在系统之中的位置以及它与系统内其他要素之间的相互关系与作用方式。时空意识提醒教学

---

① 王嘉毅：《教学研究方法论》，兰州，甘肃文化出版社，1997，第6页。
② 同①，第5页。

论研究者要注意时空的情境性，处理好理论的继承与发展、本土化与移植的关系。自我意识是研究者主动寻求与构建方法论以推动研究深入与学科发展的意识。一方面，它针对方法论本体，指研究者在研究过程中自觉运用方法论意识来构建、发展方法论；另一方面，它指研究者运用方法论来推动学科建设与发展。①

教学研究方法论与教学论学科建设与发展存在着天然的紧密关系。学科方法论的确立，关系到教学论学科的根基是否牢靠，未来的发展是否具有内在的生长点与推动力；对方法论的理解与运用，关系到教学研究的质量高低，关系到新教学理论知识与实践方法的产生。有学者指出教学研究方法论构建面临着三个紧迫的问题：一是把握教学研究主题及界定研究域；二是在多种教育思潮理论并存的情况下寻求理论基础；三是在方法不断创新的当今形成教学研究基本方法体系建设的新思路。② 对教学研究方法论的深入探讨，反映了教学论研究者对学科核心问题、学科属性与学科发展等元问题的深切关注。

对学科方法论的关注与探索，引导教学论研究从自在走向自为，是教学论学科迈向成熟的重要标志。对教学的经验总结和理论探讨虽古已有之，但教学论作为一门独立学科存在的历史并不长，对学科方法论研究的自觉觉醒时间更是短暂。近年来，学界已普遍认识到方法论对开展教学论研究和推动教学论学科发展的重大意义。梳理中外教学研究方法论发展的历史轨迹，是为了找寻未来教学论研究的生长点，更好地推动教学研究及学科方法论的发展。

我国教学论学科深受中西方双重影响。我国教学思想有着深厚的历史底蕴，同时，教学论研究又带着深深的西方痕迹，中西教学思想研究传统在教学论研究中都扮演着不可或缺的角色。中西方的学问与思维方式交汇融合后形成了我国现代教学研究方法论特色。当下，迅捷的信息传播和广泛的学术交流必然使文化创生成为教学研究方法论重要的生长点。

在文化比较视域中加强中西方教学论学术传统的交融将会进一步促进我国教学论研究的发展。回顾历史，来自西方的教学论传统奠定了我国现代教学论的基础。而所谓的西方传统，确切地讲，是始于德国、成形于苏联的传统。这种传统注重概念的分析与演绎，通过逻辑推导构建宏大经典

---

① 李怡明：《论教学论研究的方法论意识》，《西南大学学报（社会科学版）》2013 年第 6 期。

② 裴娣娜：《基于原创的超越：我国教学研究方法论的现代构建》，《教育研究》2004 年第 10 期。

的理论体系。从较早的赫尔巴特，到20世纪的凯洛夫，无不如是。同时，以美国为代表的部分国家教学论领域的实证主义和量化研究也为我国教学论研究者所关注。特别是随着中国赴美交流的学者人数不断增加，运用美国教学论的思维方式和方法进行研究的比重不断加大。在西方教学论研究领域，美国、德国、挪威、瑞典、英国等国家的教学论研究者一直以来都对其他国家学者所做的教学论研究，特别是方法论意义上的比较研究抱有极大的热忱。文化比较视域下的方法论研究将是未来教学论发展的重要方向。

对于我国教学论研究而言，当下国际新一轮的比较研究已与中国之前几十年进行的比较研究大有不同。之前，我们几乎一直将学习和借鉴作为比较研究全部的目的。但经过几十年的不懈努力，中国教学论研究已自成一套体系。当下，中国教学论研究已逐渐与国际接轨，对外国教学思想与理论的简单复制、搬运已不能为中国教学论发展提供足够的养料。教学论比较研究必将走向另一层次，即在与西方的学术交流过程中，在共同理解的研究领域之内，发出中国教学论研究的声音，让中国教学论与国外教学论产生更深层次的融合。一直以来，在与西方进行教学理论交流的过程中，由于中外学者语言逻辑、思维方式的不同，加之中国学者外语写作水平的限制，中国本土教学理论一直未能在世界范围内广泛传播。在西方世界对中国教育产生浓厚兴趣之时，中国教学论更应凝练出属于自己的研究内核，形成能为世界所理解的教学论研究流派，成为国际上一股重要的理论创生力量。

第二节 文化视域下教学研究方法论的变革与发展

纵观历史不难发现，教学研究方法论的发展与教学论学科发展密不可分、一脉相承。中西方不同的文化传统，孕育出不同的教学思想与教学实践。20世纪初，中国走上现代化之路，开始学习西方学术研究方法，教学论研究也借此大潮进入中国。经过百余年时间，中国教学论蓬勃发展，已然形成具有中国特色的教学论研究体系。不过，我们仍有必要回顾中西方教学研究方法论的发展历程，总结历史规律，为教学研究方法论和教学论学科未来发展寻找方向。

一、西方教学研究方法论的变革与发展

夸美纽斯《大教学论》的发表是教学论成为一门独立学科的公认的标志。在此之前,西方对教育教学的探讨与哲学并未做清晰区分。而只有当一门学问成为独立的学科时,才会进行专门的方法论探讨。因此,教学论学科从混于哲学之中到独立出来,再到追求自身学科发展道路,每一次变化都意味着教学研究方法论的变革。由此,我们将西方教学研究方法论的发展历史划分为哲学方法论时期、教学研究方法论确立时期、教学研究方法论自觉发展时期三个阶段。

(一)哲学方法论时期

哲学方法论时期,是指教学论学科成立之前的历史阶段。这一阶段虽然未有教学论学科,甚至未有教学论或教学研究之提法,但教育教学思想却并不贫乏。实际上,在这一时期并未形成当今复杂的学科及研究方向划分,所有人类社会的思想精华,或今日话语所谓的"学术研究",都以哲学思辨为主要的内容。而这些哲学思想中所包含着的关于教学的思想及方法讨论,为后世教学研究及方法论发展奠定了深厚的思想基础。总体而言,这一阶段在哲学的统领下,教学思想、教学理论、教学方法之间的界限模糊交融,难以细辨,我们既无法将它们从哲学思想中划分出来,也很难在它们之间进行清晰的区分。

这一时期的教学论,可以视作以哲学思辨为方法论基础对教育教学实践经验的反思及理性追问。彼时的哲学以"智慧之学"的名义几乎囊括了对所有学问的探索,教学被当作哲学家探索世界本原问题和对哲学思想进行现实观照的"实践之法"。哲学家在探讨和传播知识的过程中,必定对如何准确、有效地传达思想与知识进行了自觉或不自觉的理性思考和实践探索。这些努力虽未被冠以教学研究之名,但对教学的目的、内容、手段、方法进行了总结与反思,形成包含在哲学思辨方法论体系中最贴近实践底层的方法基础。可以说,此阶段的教学,有思想、有论述,却无现代意义的研究;有方法,却无明确的方法论提升。

例如,苏格拉底著名的"产婆术",被认为是最早的教学方法之一。苏格拉底认为知识的本源是"善",是永恒的、普遍的真理。因此教学的目的是使人具备知识(美德)。在他看来,世界是神依照"善"的原则进行安排的,因而这种"善"的美德已然为人类所具备。人是具有可塑性的,教学的过程是教授美德的过程,教师完全可以通过"产婆术"引导出

早已存在于人们心中的"善"。苏格拉底详尽地论述了什么是知识、什么是美德、什么是"善",却从未论述什么是"产婆术"。而对"产婆术"的研究,则是后世之功了。

这一时期的哲学以追求世界根本的、同一的本原为目的。苏格拉底认为"善"是具有普遍性与永恒性的,于是他通过问答引导人们认识道德知识的本质。这样,苏格拉底把认识世界的共相放到了人们面前,教导人们去认识世界的普遍与一般。苏格拉底之后的柏拉图,认为现实世界中的事物并非世界的本质,真理蕴含在个别事物背后的理念之中,现实世界只是理念的投射。教学除了要培养合格的公民,还要促使人去追求真理——认识理念世界,回忆理念世界所见到的事物。这样,柏拉图将教学对人的作用进一步深化,将教学与理性的获得直接关联。这种追求普遍性的哲学世界观及方法论,影响了后世人们对教学论的认识与追求。作为原先包含于哲学之中而后又分化出来的一门学问,教学论也同样追求着对教学最普遍的、具有共性的认识。

古希腊哲学深刻地影响了后世人们对其他学问的研究。一方面,如前所述,在柏拉图之后,对普遍性与共性的追求上升到世界观层次,为教学论学科的理论化与体系化奠定了思想基础;另一方面,哲学着力思辨的思维方式,在很长一段时间内是人们认识世界最为有效的方法,成为从其发展和分化而来的其他学科的方法论基础。

(二)教学研究方法论确立时期

当教学(教育)研究从哲学中分离出来,探讨属于自己领域的问题之时,如何研究便成为这门学科必须回答的问题。在教学论学科的确立过程中,从哲学思辨到科学研究是这一时期教学研究方法论的主要发展方向。

夸美纽斯的《大教学论》是西方第一本教学论专著,其出现被视为教学论与哲学分离、成为独立学科的开端。在《大教学论》中,夸美纽斯系统地论述了教学的目的、作用、内容、方法、原则、组织形式等,将这些关于教学的概念组成了相对系统与完善的理论体系。难能可贵的是,相较之前对于教学的认识,夸美纽斯以自然哲学和经验哲学为基础,提出感官的认识只是知识的开端,进而由教学现象的经验总结转向理论论证,试图寻找教育教学的规律性认识,大大提升了教学研究的理论层次。这种由基本概念扩展开来的规律探寻,是教学论学科发展的重要一步,是教学研究方法论的雏形。就方法论而言,它延续的是苏格拉底、柏拉图到中世纪神学一脉相承的对普遍规律的追寻,又进一步地将这种努力从哲学中脱离出来并提升到另一个思维层次,使教学论的发展朝着理性与科学的方向推进,为教学论的理论化和体系化奠定了方法论的根基。

夸美纽斯的教学论思想体系是时代的产物,满足了当时人们对教育教学实践与研究的要求。自此之后,教学论作为一门独立学科逐渐发展。在学科建立之初,由于长久以来深受哲学影响,思辨仍是教学论主要的方法论基础。但是,当一门学问走向专业化、学科化时,对学问所特有的研究方法与方法论的探寻便成为它最迫切需要寻找的立足点与生长点。随着近代自然科学技术的进步,教学研究开始从科学研究中摄取养分,寻找推动教学论发展的方法论基础和具体的研究方法。

赫尔巴特努力地寻求教学研究的科学化。他明确提出教育学应该尽可能地保持对哲学的独立性,关键点便是要具有教育学独立的研究方法。他认为必须建立起教育科学,用科学的理性精神和分析方法从事教育研究。他说:"假如教育学希望尽可能严格地保持自身的概念,进而形成独立的思想,从而成为研究范围的中心,……任何科学只有当其尝试用其自己的方式,并与其邻近科学一样有力地说明自己方向的时候,它们之间才能产生取长补短的交流。"① 于是,他将教学理论建筑在概念之上,认为如果没有独有的概念作为基础,教学研究就只是实践过程中的经验总结,难以成为一门区别于哲学的独立学科。因此,他也在伦理学和心理学的方向上展开探索,大大拓宽了教学研究的理论基础。

赫尔巴特在教学研究方法论上的努力,深刻影响着今天的教学论研究及学科发展。但应该看到,尽管赫尔巴特强调在哲学之外寻找教学研究的方法论,并努力向心理学、伦理学等方向发展,但思辨性质的方法论仍然占据着主导地位。教学研究还是以归纳与演绎作为最主要的方法基础,利用基础概念进行思辨推导并构筑出整个理论体系。实际上,哲学思辨和科学方法一直是教学研究的两大方法论基础。

(三) 教学研究方法论自觉发展时期

一门学问成为学科初期,虽会遇到诸如研究对象、研究领域、研究方向等方法论层面的问题,但这些问题都不是当时的主要问题。随着学科不断发展,特别是向专业化方向深入时,方法论的探寻便成为关系这门学科能否为世人所承认的关键。探索学科方法论,确立学科的思维模式与研究行为准则,旋即成为学科建设的突破口。

---

① 〔德〕赫尔巴特:《普通教育学》,李其龙译,北京,人民教育出版社,2015,绪论第5页。

纵观历史上各门学科的创立与发展历程，学科方法论都充当着不可或缺的角色。有学者指出："从对研究方法的有意无意借鉴，到总结归纳出独特的方法，再到主动寻求方法论支持、主动运用方法论思维模式进行研究，正是学科方法论从无意识到文化自觉的'自我'发展过程，也是一门学科从反思到学科内核成型的过程。"① 所谓自觉，是指教学论研究者已经意识到并主动利用方法论推动教学理论和教学论学科发展。这当然不是说任何一个教学理论和教学研究都以方法论研究作为目的和开端，但在总体趋势上，方法论的发展已成为教学论的核心支撑。

在18～19世纪科学进步的浪潮中，各学科都在探索各自的科学方法论，形成了独立的学科体系。科学化探索也为教学论学科发展开辟了广阔空间。在这一时期，教学论一方面延续哲学思辨传统，另一方面尝试从其他学科中吸取与借鉴思维与研究方法，努力拓展教学研究方法论的层次与深度。在教学论的发展过程中，不断有新的范式、视角、思路和方法补充进来，丰富教学研究方法论，使教学研究方法论呈现出"百花齐放、百家争鸣"的繁荣景象。

19世纪的实证主义研究范式，将矛头直指以哲学为方法论基础的教学研究，提倡建立"科学的教育学"。虽然这个"科学"更多地是指相对狭义的"自然科学"，而且实证主义也可以被归于一种哲学思想，但它确实为教学研究方法论的发展开辟了一条新道路。实证主义继承经验主义的传统，提出把以经验为基础的科学与以先验为基础的形而上学区分开来，坚持以教学现象和教学实践为基础，运用诸如观察、统计等方法直接在教育实践中获取经验并借此获取教学知识与理论。在实证主义看来，教学论要想获取科学学科的地位，教学研究的目的就必须是获取科学的知识，方法也必须是实证的方法。实证主义批评传统的以思辨推导为主的理论体系是虚妄的、教条的，它虽然否定了人类理性思维能力对认识的作用，过分机械地划分所谓的科学方法和科学知识，倒向了另外一种"二元论"，但确实客观地推动了教学论学科的发展，并且成为现代教学论重要的方法论基础之一。

而哲学方法论也并未落后，不断涌现出的新的哲学思想与流派推动着教学论学科的发展。杜威的进步主义教育哲学，以"经验"为核心概念，批判刻板的传统教育，从思维方式上完全改变了人们对教育教学的认识，

---

① 李怡明：《论教学论研究的方法论意识》，《西南大学学报（社会科学版）》2013年第6期。

成为与赫尔巴特主义分庭抗礼的经典教育思想。杜威指出,教育没有一个预先设定的外在的目的,也不存在一个终极的、固定不变的目的,教育是一个不断促进儿童生长和发展的过程,教育要培养"民主的生活方式"和"科学的思想方法"。"杜威在教育中影响的本质是什么呢?也许最重要的影响是他建立了一种思维的特殊气候。"① 这种对教育教学新的思维方式的开启,正是这一时代哲学推动教学论发展的经典例证,它和永恒主义、要素主义、人本主义、后现代主义等思想一起深刻影响着教学论发展的历史轨迹。

时至今日,对教学研究的方法论基础究竟姓"哲"还是姓"科"仍有争论。且不论两者孰优孰劣,从哲学向科学方法论的转向,的确丰富了教学研究的视野,为教学研究开辟了广阔天地。现在,我们仍处于教学研究方法论自觉发展的历史时期,对其他研究领域思维方式和研究方法的借鉴和改造,是最近半个多世纪方法论突破的热点。随着社会发展,研究者们逐渐意识到,分门别类、互不相干的学科划分方式越来越难以准确反映复杂的社会现象和不断发展、不断创新的社会实践活动。研究者们普遍意识到,要解决复杂的教学问题,必须从多方面、多学科、多因素入手。教学是人的实践活动,诸如人类学、社会学、心理学、脑科学等与人相关的领域都可以为教学论发展提供养料,教学研究的多元化趋势也越来越明显。可以看出,多元化既是对教学研究复杂性的回应,也是教学研究方法论的自觉探索。从方法论角度来看,任何一种方法都存在其独特的优点,也有其无法摆脱的局限性。采用多元化的方法,既是提升研究可靠性、确保研究质量的途径,也是提升学科生命力、延续学科脉络的必然选择。教学研究方法论的研究,需要"海纳百川",从更多的方向为教学论学科发展打开局面。

二、我国教学研究方法论的变革与发展

对我国而言,"教学论"是一个舶来词,其作为一门学问也是在近代出现的。但我国的教育传统却源远流长,教学思想丰富,如先秦诸子百家之言、《学记》等。由于近代及之后的教学论与传统教学思想界限分明,因此我们将教学研究方法论的发展过程分为古代与近现代两个阶段并分别加以讨论。

---

① 〔澳〕W. F. 康纳尔:《二十世纪世界教育史》,孟湘砥、胡若愚主译,长沙,湖南教育出版社,1991,第152页。

（一）我国古代教学研究方法论

我国古代学术研究，突出儒家经世致用的学风，它以究天人之际为出发点，落脚点是修身、治国、平天下，力求在现实社会中实现其价值①。用今天的学术语言来解释，我国古代学术研究突出的是实践理性，这是一种重视问题解决与行动策略的精神与态度。因此，我国传统学问不在理论哲思上深究，不进行纯粹抽象的理论思辨，而强调现实的实用性。古代的教学思想也是如此，它看重对现实教学过程中问题的妥善解决及实践规律的总结，其缺陷是"由于强调人事现实，过分注重与实用结合，便相对地忽视、轻视甚至反对科学的抽象思辨，……长久地停留并满足在经验论的水平，缺乏理论的深入发展和纯思辨的兴趣爱好。而没有抽象思辨理论的发展，就不可能有现代科学的充分开拓"②。因此，我国虽然出现了世界上最早的关于教学的论著《学记》，却未能产生所谓的现代教学论。虽然如此，我们仍可以从我国古代丰富的教学思想中提炼出不少方法论特征。

第一，对经验进行论断式总结。其代表就是《学记》。《学记》是中国乃至世界上出现最早、体系较为完善的教学论专著。《学记》中的教学思想十分丰富，讨论的内容包括教学目的、关系、原则、方法、考核与机构设置等，体系不可谓不全面，而全篇总共才1229字，这说明其论述语言十分精练。中国历代哲学家、教育家关于教学思想的论述，尽管各有千秋，但大都未能超越《学记》的体系。《学记》在表达观点时往往用"警句格言"的方式，如"大学之法，禁于未发之谓豫，当其可之谓时，不陵节而施之谓孙，相观而善之谓摩。此四者，教之所由兴也"。这种表达方式直抒观点，并不通过复杂的逻辑推导来证明，也不进行深入的分析加以说明。这种天启式的观点阐释方式一直是我国古代文人为文的主要方式。后世学人又以前世之作作为自己的立论基础，如朱熹从《中庸》中取"博学之、审问之、慎思之、明辨之、笃行之"而提出自己"即物而穷其理""格物以致其知"的教学思想。这种对经验的论断式总结，虽缺乏深入的思辨精神，但客观上推动了我国古代教学思想的发展。

第二，人性假设的方法论推衍。人性考察是我国古代教学思想阐发的重要起点。借由对人性的认识来推导教育之意义与教学之方法，是我国教学思想中重要的方法论。孔子论"唯上智与下愚不移""中人以上，可以语上也；中人以下，不可以语上也"，便是在阐释人性与教学之间的关系。

---

① 曹德本：《中国传统文化学方法论》，《学术界》2001年第2期。
② 李泽厚：《中国古代思想史论》，北京，人民出版社，1985，第37页。

在他看来，人的资质影响着教育的效果与方法，中等以下资质的人是很难明白深奥的道理的。孔子对人性与教学的言说仍显质朴，孟子和荀子则提升了人性说的理论层次。无论是孟子的性善说，还是荀子的性恶说，都清晰地阐明了人性与教育的逻辑关系。在他们看来，教育与教学是引导或遏制人性的手段，针对什么样的人性，就需要什么样的教学方法。孟子言："人皆有不忍人之心。先王有不忍人之心，斯有不忍人之政矣。以不忍人之心，行不忍人之政，治天下可运之掌上。所以谓人皆有不忍人之心者，今人乍见孺子将入于井，皆有怵惕恻隐之心，非所以内交于孺子之父母也，非所以要誉于乡党朋友也，非恶其声而然也。"① 仁义礼智是人性的四德，这可以通过每一个人都具有的普遍的心理活动加以验证。荀子则认为，君子与小人之别在于后天的教导，如果克服了人性的恶，便可以成为君子。他说："材性知能，君子小人一也。好荣恶辱，好利恶害，是君子小人之所同也。""人之生固小人，无师无法则唯利之见耳。""尧禹者，非生而具者也，夫起于变故，成乎修为，待尽而后备者也。"② 西汉的董仲舒提出了"性三品说"，将人性分为"圣人之性""中民之性""斗筲之性"，认为"性者生之质也，情欲人之欲也。或夭或寿，或仁或鄙，陶冶而成之，不能粹美，有治乱之所生，故不齐也"③，这实际上是人性"且善且恶"的假设。

（二）我国近现代教学研究方法论

近代以降的教学论发展过程是一个对西方教学论研究学习与融合的过程。它始于19世纪末20世纪初，当时中华民族开始全方位地向西方学习，现代教学论思想也随着中国知识分子对西方科学体系的借鉴而引入。中国社会经历的深刻变革让西方的科学精神与知识体系成为知识分子拯救中国的主要工具。教学论就是在这一浪潮中成为我国科学研究一分子的。中国现代教学论建立之后，在充分吸收西方教学思想的基础上快速发展。之后，经过并不太长的时间，中国的研究者开始认识到中国传统教学思想蕴含的财富以及我国教学论走独特发展道路的需要，并开始重新审视西方教学思想与教学研究传统的关系，探索并构筑中国教学研究的方法论基础。可以说，中国近现代教学研究方法论，就是在借鉴吸收与继承发展的矛盾中不断发展的。

---

① 《孟子·公孙丑上》。
② 《荀子·荣辱》。
③ 《汉书·董仲舒传》。

与那段历史中的其他事物一样，中国教学论学科形成与研究科学化是在"救亡图存"的历史背景下完成的。清朝后期，开明的思想家就对中国落后的教育体系进行反思。龚自珍提出培养具有科学精神和实践能力的"经世致用"之才，改变中国传统空谈心性的考据学问，改革封建教育体系，引入西方科学。魏源也对汉学、宋学进行了抨击，认为教育既要"教"，也要"化"。自洋务运动开始，中国开始逐步学习西方的先进科学技术，但在"中学为体"的框架下未能对西方的科学研究体系进行充分吸收。不过，在中国开始与世界现代化进程接轨之际，现代教育体系和教育科学逐步为学人所认识。20世纪初，五四运动将科学精神传播给普通大众，启蒙了中国社会的科学意识，西方的教育科学体系和各种教育教学思想在中国广为传播，中国教育开始走上科学化道路。在"教育救国"思想的号召下，中国学者力图通过教育教学更新人们的思想、提升国民的素质，进而改变国家的命运，振兴中华民族。在这一时期，中国出现了现代意义上的教学研究并开始了教学论学科科学化的进程。在西方教育教学思想的影响下，中国产生了自己的教育思想，如实用主义教育思潮、科学教育思潮、乡村教育思潮等。

中国教学研究的大发展是在新中国成立之后。第一个发展高峰是在新中国成立伊始全面向苏联学习时期，当时中国引入运用马克思主义原理进行分析的凯洛夫教学体系，构筑了中国现代教学论深厚的苏联方法论底蕴，它至今仍深刻影响着中国教学论学科的发展。马克思主义哲学为中国带来了一整套科学的世界观与方法论。运用辩证唯物主义和历史唯物主义对教育教学问题进行考察研究，对我们认识和改造教育教学实践，指导教学研究发展起到了决定性的推动作用。凯洛夫主编的《教育学》是教育史上第一部运用马克思主义基本原理阐述社会主义教育理论与规律的专著，它在马克思主义认识论的基础上构建起了现代教学论体系。凯洛夫的教学思想，在对教学的作用、教学过程的本质、教学与人的关系等教学论基本问题的认识上具有重要的方法论意义与启示。另外，凯洛夫教学思想体系代表的马克思主义哲学与中国的教学思想乃至文化传统与思维方式的契合，也是其对我国教学研究方法论造成深远影响的重要原因。一方面，我国数千年的大一统思想与凯洛夫教学论强调统一、强调权威、强调标准的深层思想基础一拍即合；另一方面，凯洛夫运用马克思主义哲学对教育教学进行的精确严密的理论阐释与我国传统思想中的辩证思维相互契合，极易为我国学者理解与接受进而被作为指导学科发展的思维基础。因此，在相当长的一段时间里，只有马克思主义和凯洛夫体系成为指导我国教学论的方法论基础。

  第二个发展高峰是在改革开放之后。经历了"文化大革命"十年封闭以后，教学论学者与其他学科学者一样，急切地希望吸收新的知识营养来快速地推动学科回到正轨并继续发展。此时，除了马克思主义哲学继续作为指导教学研究的思维与方法基础外，西方最新的教育思想与方法也逐步地被我国教学研究者所引进与吸收。人本主义、现象学、解释学、存在主义、后现代主义、批判理论等哲学思想或思潮，从研究视野、理论支撑、思维方式等方面极大地拓宽了教学论的方法论基础。在广泛吸收西方的哲学、教育教学思想及方法之后，我国的教学研究方法论基础从马克思主义哲学一元向多元发展。以信息论、系统论、控制论"三论"为例，此"三论"脱胎于科学技术领域，因为具有完整的理论体系、思维逻辑与行为方法而上升为方法论，对哲学、自然科学、社会科学和思维科学产生了极大的影响。这其中也包括教学论，以其为指导思想和方法论基础发展而来的教学控制论、教学系统论、教学信息论也应运而生，为教学论学科发展开辟了一个新方向。必须提及的是，在这个历史过程中，我国教学论研究者开始具备方法论自觉，主动追寻学科方法论基础作为学科发展的内在动力，致力于通过对学科基本预设、基本立场、研究视角、分析框架等外在"骨架"与内在"价值"的探讨，努力将教学论的学科轮廓与内核勾勒得更为清晰。事实上，"对现代教学研究方法论的反思与重构，张扬它的现代理性与发展价值，将为我国教学理论的世纪转换、教学思想流派的孕育和产生，以及教学改革实践的发展，提供重要的基础"①。

三、中外教学研究方法论比较

  中国教学论及其方法论，深受中西方教学研究传统的影响，在吸收外来营养与继承传统知识过程中不断发展。因此，有必要厘清中外教学论在方法论层面上的不同之处，澄清方法论迷思，帮助研究者更加自觉地促进方法论发展。通过前文对中西方教学研究方法论发展历程的梳理和对比，可以总结出三点结论：第一，中外教学研究方法论生发点不同，中国教学研究方法论的原始起点是伦理规范，而西方则是逻辑思辨；第二，中外教学研究方法论的生发方式不同，中国是内省式的，而西方则是外察式的；第三，中外教学研究方法论的生发表现不同，中国表现为单一传统，而西

---

① 裴娣娜：《基于原创的超越：我国教学研究方法论的现代构建》，《教育研究》2004年第10期。

方则是多元传统。

（一）中外教学研究方法论的生发点不同

虽然在中外思想史上早期教学研究都被作为外在的"形而下"的手段，但其生发点却并不一致。总体而言，包括教学思想在内的中国古代思想采取的是以人性假设为出发点的伦理取向，而西方则是基于逻辑推衍的思辨取向。

以儒学为主流的中国古代思想将伦理作为核心，教学是为获取伦理知识和巩固伦理秩序服务的。中国传统文化的核心是"天之道与人之道的统一，天之道指的是自然界的根本准则，人之道是指圣人效法天之道，修己治人而行政事，最终是二者的统一，实现天人合一的理想境界"①。这种以天道驭人事的逻辑起点决定了中国古代思想的伦理特质，而对人性的考察是构建伦理体系的基础。孔子认为"性相近、习相远"，肯定了人性的相似和后天学习对人性的巨大影响，而学习的目的是将人引向"仁"的最高品格境界。孟子和荀子对人性具有不同的认识取向，主张采用不同的教学方式，这进一步拓展了教学与人性的关系。之后，各代教育名家都将人性作为教学的起点。直至宋代，理学思想进一步地深化人性理论，完成了伦理的理论化，将"三纲五常"的封建伦理与天道统一起来。理学的思想内核是天理与人伦，二者的结合即"现实当下的生活本身——'伦理世界'，其身心性命之论，无非是强调后天学习和教育之功，并藉此进入人伦圣域——仁的境界，成就理想人格"②。理学将人的个性品质与社会的组织规范上升到世界运作的基本规律的高度，并以此生发出关于社会和自然各方面的思想与理论。这种从人性出发、以伦理为目的的思维方式贯穿我国古代的思想研究，教学论也概莫能外。

西方哲学的思辨性，推动着哲学不断地发展，西方哲学经历了"本体论""认识论""语言论"等不同的发展阶段。"本体论"探讨世界的本原究竟是什么，其中有朴素的"元素说""原子说"，也有高级的"理念说""绝对精神说"；"认识论"讨论世界是否可以被人认识，人的理性是否具备认识知识的能力；"语言论"则强调人类对世界的认识最终体现在语言上。不同的哲学，丰富了西方教学论的生发点，为教学论提供了丰富的理论基础，影响着教学思想与研究的发展方向。在科学成为推动人类知识积

---

① 曹德本：《中国传统文化学方法论》，《学术界》2001年第2期。
② 张瑞璠、王承绪：《中外教育比较史纲（古代卷）》，济南，山东教育出版社，1997，第526~527页。

累与社会进步的主要方式之后，包括教学研究在内的人文研究领域开始用更丰富的方式来解读事物、解读世界。实证主义的量化研究方法，人本主义对人性关怀的强调，后现代主义对中心主义的批判，等等，都成为教学研究方法论的生发土壤。

（二）中外教学研究方法论的生发方式不同

中外教学研究方法论的生发方式亦有不同，中国教学研究方法论是内省式的，而西方教学研究方法论则是外察式的。

中国社会与文化传统形成了族群本位、官本位和社会本位的基本特征。几千年的农耕文明、自然经济形态与强大的中央集权传统，让个人依附于其所属的社会群体。在这种社会文化形态下产生的精神产品，也主要是以处理个人道德及人与人关系为主的伦理思想，在这种社会与文化环境下培育出来的思维方式必然是内省的。这是因为：一方面，伦理思维强调个人修养，导致社会和人的发展方向是向内的，即通过个体或集体的内在修为获取更强大的精神力量，实现个人与社会的进步。所以，中国伦理对个体要求"仁"的最高精神境界，对社会则向往宁静简单的和谐局面。而在儒家思想以外，对中国文化产生深刻影响的道家与佛教思想，要么追求"无为"，要么要求"出世"，同样采取的是内省式的思维与行为方式。另一方面，中国伦理思想的主要目的是巩固稳定的社会关系。中国传统社会伦理注重由个人的身份、职务、地位等构成的等级关系。这种与官本位及社会本位紧密联系的伦理体系必然具有保守性、排斥创新、反对改革。因此，支配人们的是对传统、经验、常识和社会规则的认同，并最终定型为中国内省的方法论生发方式。于是，在对教学思想的论述中，"仁义礼智信"等确保人际关系和谐和宗法制度完善的内容以及尊崇师道尊严的师生关系成为核心。

西方则与中国形成了完全不同的方法论生发方式。西方的思想发展具有探索外在世界的历史传统，充分认识人类生活的世界一直都是其哲学的终极任务。这就要求哲学必须保持充分的开放态度，保持着对世界未知领域的好奇心。文艺复兴之后，科学从哲学中分离出来，开始了对自然界系统的认识与改造，促进了人类社会的大发展。科学是人类对其身处世界的本质与基本规律进行探索的一条路径。它以实践为基本手段，经过严密的逻辑推理与精确的实验验证，获得关于事物本质及其运动规律的知识。科学方法进一步巩固与突出了西方科学研究外察式的方法论生发方式。在这种方式影响下，研究者站在教学之外，像考察自然界其他的外在之物一样对教学认真观察、仔细解剖，将教学现象、教学实践作为切入点进行深入研究。科学与其指导下生发出的各个学科，也通过对研究方法和方法论的改造促进了教学研究方法论的生成和学科发展。

（三）中外教学研究方法论的生发表现不同

中外教学研究方法论的生发表现不同：中国是单一传统，而西方则是多元传统。

所谓单一传统，并不是指我国历史上只有一种教学思想或者方法论，而是指我国文化传统中一直推崇大一统思想。我国古代并不缺乏百家争鸣的思想，但是在"独尊儒术"之后，儒家思想就成为我国思想发展的主流，它配合着封建中央集权制度的大一统统治，形成了中国人推崇权威、追求整体的文化基因。"儒学作为中国传统思想文化的主流，基本上规定了中国封建社会的思想文化的色调和格局。这种思想文化体现了强烈的封建宗法的精神，但又具有不同的时代风貌，斑烂多采，是一种多样性的统一。"① 对中国文化产生重要影响的道家和佛教思想，最后也与儒家思想渐渐融合，互取所长、合为一流，奠定了我国古代学术思想的内核。

与中国古代儒家思想独尊的情况不同，西方的思想一直处于开放的状态。没有形成统一的封建集权王朝以及与外部世界的文化交流，使欧洲总是有不同的学说、思想创生出来。从古希腊的思辨哲学到中世纪的神学，再到文艺复兴后科学的兴起，它们不断地在思想史上注入新的内容。在哲学和其他科学的影响下，西方教学论先后出现了理性主义、行为主义、实证主义和人本主义等多种理论流派。每一流派都从各自特有的理论视角出发，全方位考察教学活动，提出对教学本质的不同认识和相应的教学行为模式，着力打造各自独特的方法论基础。在自然科学和社会科学发展之后，国外教学论也广泛吸收其精华之处，特别是系统借鉴了心理学、统计学、社会学的研究体系与方法，更加仔细地扫描教学现象的细微之处，生发科学的教学思想与理论。这使得西方教学研究方法论呈现出丰富多彩的形式。

---

① 余敦康：《什么是儒学》，《文史知识》1988年第6期。

第九章 教学研究范式创新的文化审视

教学论的发展与教学研究范式的变革密切相关,教学研究范式的推陈出新往往推动着教学论的突破与创新。在教学论发展史上,教学研究范式经历了不断变革、不断丰富的历程,先后出现逻辑演绎、自然类比、实证分析、人文理解等研究范式,大大拓展了教学论研究视野。同时,教学研究范式的变革与创新蕴含着丰富而深刻的文化机理。

第一节 教学研究与教学研究范式

一、教学研究与教学论研究

(一) 教学研究及其本质

何谓"研究"?一般认为,研究是一种有目的、有计划、系统的探究活动。美国学者贝斯特和卡恩比较全面地描述了研究的主要特征①,概括起来包括:第一,目的。研究是一种有计划、有意图的活动。它以发现事物的规律性、解决新问题或改进某种实际情景为目的。第二,过程。为了达到目的,研究将是按步骤、分阶段进行的,有一套严格而系统的操作原则和程序。第三,方法。研究的过程,就是运用各种方法认识和解决问题的过程。方法以自己的尺度调节着整个活动的进行,它的正确选择与使用是研究成败的关键。②

作为人类的探究活动之一,教学研究虽具有上述共性,但也具有其特定的含义。由于教学活动本身的复杂性,也由于认识角度不同,因此,对

---

① 〔美〕约翰·W. 贝斯特、詹姆斯·V. 卡恩:《教育研究方法概论》,严正等译,北京,春秋出版社,1989,第20~24页。

② 郑金洲等:《学校教育研究方法》,北京,教育科学出版社,2003,第17页。

什么是教学研究人们有不同的认识。但一般所理解的教学研究是关于教学活动的研究。教学研究就是根据一定的规范,采用一定的方法或途径,探索教学活动的本质和规律,以丰富、发展教学理论,更好地指导和改善教学实践。①

教学研究的本质观与人们的哲学观尤其是关于科学研究的哲学观直接联系。有什么样的哲学观,便有什么样的教学研究本质观。不同的教学研究本质观,往往会产生不同的研究方法和研究理论,并导致不同的研究结果。在教学研究发展史上,先后出现过各种不同的教学研究本质观,如逻辑实证主义的教学研究本质观、解释学派的教学研究本质观、批判理论的教学研究本质观等。马克思主义认识论关于历史与逻辑相统一、理论与实践相结合的观点,为我们正确理解教学研究的本质提供了思想武器。从教学研究的本质来看,我们认为,教学研究既是一种认识活动,又是一种价值活动,同时还是一种艺术活动。② 教学研究首先是一种认识活动。在教学论范畴内,教学研究就是针对教学理论或教学实践中的某一问题,采用某种方法收集有关资料并加以分析,从而对该问题进行描述、解释、预测或改进等的活动。因而,从本质上来看,教学研究也是一种认识活动,是一种解决问题的认识活动。③ 但是教学研究并非一种单纯的认识活动,由于教学活动具有明确的目的,是一种具有特定价值倾向的活动,而教学研究的方向与教学的目的具有一致性,也表现出明显的价值倾向性,并且教学研究的过程也往往受价值倾向的制约,同时研究者个人的价值倾向也无时无刻不在影响教学研究,因而教学研究也是一种价值活动。不仅如此,教学研究还是一种艺术活动。因为教学现象极为复杂,涉及的因素多种多样,面对这一复杂现象进行研究,需要一定的艺术技巧,要根据问题的特点、研究的要求、情景的变化不断地变换研究策略,并通过共情等方法,体验、理解现象背后的意义。

(二) 教学研究与教学论研究的关系

教学研究与教学论研究一般情况下具有同一含义,人们也常常将两者等同起来,但实际上由于两者研究的侧重点不同,教学研究与教学论研究是有区别的。教学研究是对教学活动的研究,属于经验研究、工作研究,注重实用性。其特点是从经验出发,为了经验,提升经验。这种经验研究

---

① 王嘉毅:《教学研究方法论》,兰州,甘肃文化出版社,1997,第5页。
② 王嘉毅:《教学研究的本质与特点》,《教育研究》1995年第8期。
③ 同②。

或工作研究的从事者绝大多数是从事教学实践的教师、行政管理人员，他们一般在研究状况下从事教学或管理。当然，这一层次上的教学研究的从事者也不单纯是处于一线的教学实践工作者和管理者，也有高校教育工作者。

教学论研究是关于教学论的学科体系、学科建设的研究，属于范式研究、学理性研究。教学论研究强调研究共同体有共同的话语、规则、信念以及共同遵循的原则等。从事教学论研究的群体主要是高校的教育工作者，目的主要在于建构教学理论。我们在这里所说的教学研究实际上是教学论研究，是从范式意义上谈的教学研究。

二、范式与教学研究范式

（一）范式的含义

"范式"一词，原指语法中的"词形变化表"，其原意是词形的变化规则，如名词变格、动词人称变化等，由此可以引申出模式、模型、范例等义。作为一个专门术语，"范式"是由美国著名的科学哲学家库恩（T. S. Kuhn）在《必要的张力》（*The Essential Tension*）中首先提出的。但是，这一术语的广泛传播以及被人们普遍接受，还与他的经典著作《科学革命的结构》（*The Structure of Scientific Revolutions*）有关。库恩认为，"一方面，范式代表着某一科学共同体的成员所共同分享的信念、价值、技术以及诸如此类东西的集合；另一方面，范式又是指集合中的一种特殊要素——作为模型或范例的具体解决问题的方法"①。英国学者玛斯特曼（M. Masterman）做过统计，库恩在《科学革命的结构》一书中至少以 21 种含义在使用"范式"一词②。通过推敲原文，这 21 种含义可以分为三类：第一类为形而上学范式或者元范式，如把范式当作一组信念、一种新的观察方式、一张地图等。第二类是社会学范式，如把范式定义为一个被普遍承认的科学领域、一套政治制度等。第三类是人工范式或构造范式（construct paradigm），即以更具体的方式来使用范式，把它作为典型的问题和解答、一本实用的教科书或经典著作、一些工具、实用的仪器设备、一个语法规范、一个格式塔图形等。尽管库恩没有对范式这一重要概念进行明确的定义，但从它的使用上看，

---

① Kuhn, T. S., 1962: "*The Structure of Scientific Revolutions*", Chicago, The University of Chicago Press, 175.

② 〔英〕伊姆雷·拉卡托斯、艾兰·马斯格雷夫：《批判与知识的增长——1965 年伦敦国际科学哲学会议论文汇编第四卷》，周寄中译，北京，华夏出版社，1987，第 73~113 页。

这一概念与科学家集团或科学共同体这个概念密切相关。库恩在《再论范式》一文中指出，"范式"一词无论在实际上还是在逻辑上都很接近于"科学共同体"（community of science）这个词，一种范式是也仅仅是一个科学共同体成员所共享的东西，反过来说，也正是由于他们掌握了共有的范式才组成了这个共同体。要把"范式"这个词完全弄清楚，首先必须认识到科学共同体的存在。科学共同体就是指探索目标大体相同的某一研究领域的科学工作者，他们由于进行充分的交流、讨论，在专业方面达到共识，这一"共识"就是范式所替代的原始术语。[①] 总之，在他看来，范式指某一学科群体在某一专业或学科中所具有的共同信念[②]。这种信念规定了他们共同的基本观点、基本理论和基本方法，为他们提供了共同的理论模型和框架，从而成为学科的一种共同的传统并为该学科的发展规定了方向。[③] 库恩认为，科学知识的增长，科学家如何通过自己的研究促进这种增长，这些研究领域里司空见惯的事情都不是偶然发生的，而是有科学发展模式的，这种模式就是"前范式科学—常规科学—革命科学—新常规科学"。表征每一阶段的核心特征就是范式，从一个阶段到另一个阶段必须经历一种格式塔的转换。[④] 目前，学界普遍认同范式的这一基本意义，对范式的界定也基本上是从这一角度进行的。

从库恩坚持常规科学中心地位的立场出发进行哲学推论，就可以发现：范式就是指科学共同体用基本一致的思维方式来研究同一领域的特定问题，简言之，范式代表了一种近乎固定的问题和解题方法。范式不是理论，但它对理论的形成起着很大的作用。[⑤] 有研究者认为，范式指从事同一个特殊研究领域的学者所持有的共同信念、传统、理论和方法[⑥]，或者是为某一领域中研究者共同遵守的具有凝聚力和组织力的，并且取得了具有历史意义的研究成就的科学研究规则、典范或模型。[⑦] 基于此，范式是指从事某一领域的研究者在研究过程中所共同遵循的研究理念、研究假设、价值规范以及研究框架和方法等的总和。其内涵包括了该领域研究者的研究状态，以及从研究理念到具体的研究操作这样一个全面的过程。

[①] 崔允漷：《范式与教学研究》，《课程·教材·教法》1996年第8期。
[②] 夏基松、沈斐凤：《西方科学哲学》，南京，南京大学出版社，1987，第182页。
[③] 同②，第192页。
[④] 〔美〕T. S. 库恩：《科学革命的结构》，李宝恒、纪树立译，上海，上海科学技术出版社，1980，第52~53页。
[⑤] 同①。
[⑥] 靳玉乐：《现代课程论》，重庆，西南师范大学出版社，1995，第29页。
[⑦] 张武升：《教学研究范式的变革与发展趋向》，《教育研究》1994年第12期。

(二) 教学研究范式的基本含义

范式具有方法论的意义，决定着研究人员的研究程序和研究方法，所以它一经提出，就受到教学研究人员的重视。在教学研究领域，尽管以不同思想和方法为指导的两种不同类型的研究范式早已存在，但真正对范式进行系统研究是在库恩提出这一概念之后。把范式与教学研究联系起来的学者，当首推美国著名的教学研究专家盖奇。1963年，他在自己主编的《教学研究手册》中发表了一篇题为"教学研究的范式"的长篇论文，明确指出："范式是模式、形式或图式。范式不是理论，更确切地说，它是思维方式或研究形式。当人们运用这些方式或形式时，就可以形成一定的理论。"① 由此，他推衍出范式的效用，认为根据定义，范式适用于一整套事件或过程中的所有具体的事例。当人们选择一种研究范式时，就已经决定了要研究的变量以及各种变量之间的关系。② 在此基础上，他提出了随后占主导地位的"过程-成果范式"的早期形式，即教学研究的效果-标准范式、教学过程范式和教学机器范式。从那时起，西方教育领域的诸多研究者们怀着浓厚的探究兴趣，出版和发表了许多有关教育、教学、课程研究范式的论著。

简言之，教学研究的范式指的是从事教学研究的工作者所遵循的一定的信念、传统、理论和方法，如教学研究的逻辑演绎范式、自然类比范式、实证分析范式和人文理解范式等。③ 需要指出的是，在研究过程中，对于范式，有的学者谈论的是教学研究范式，而有的学者所使用的却是教学论研究范式。教学研究范式是对整个教学所涉领域的研究所形成的范式，从广义上而言，它涉及教学论学科形成之前的教学思想等内容；而教学论是一门研究教学现象、揭示教学规律的学科，它具有学科所具有的相关属性，同时也要遵循学科的一套规范。严格地说，教学论是近代才产生的，具体而言，是夸美纽斯的《大教学论》奠定了教学论的学科基础。因此，从发生学角度而言，教学要先于教学论而存在；就外延来说，教学的外延要大于教学论；就内涵而言，教学的内涵也要比教学论丰富。基于此，我们所探讨的教学研究范式是从广义上而言的，其具体内容关涉原始先民的相关教学现象和传承下来的教学思想，以及其后所形成的教学论学科的内

---

① Gage, N. L., et al, 1963: "Handbook of Research on Teaching", Chicago, Rand McNally & Company, 95.
② 崔允漷：《范式与教学研究》，《课程·教材·教法》1996年第8期。
③ 张武升：《教学研究范式的变革与发展趋向》，《教育研究》1994年第12期。

容等。

三、教学研究范式的基本类型

由于分类标准不同，教学研究范式有不同的类型。

（一）从心理学及行为科学角度进行的分类

早在 20 世纪 60 年代，盖奇就将教学研究范式分为教学研究的效果-标准范式（criterion-of-effectiveness paradigm）、教学过程范式和教学机器范式。例如，效果-标准范式采用的方式是：确定或选择可以衡量教师教学效果（teacher effectiveness）的一个标准或一套标准，然后把该标准作为因变量，测量与这一标准可能相关的因素，确定这一标准和它的可能的相关因素之间的实际相关度。简言之，按照这一范式，教学研究的变量通常置于两种类别中，即可能的相关因素与标准变量。①

上述几种范式主要是盖奇从心理学和行为科学中借鉴过来的，而不是来自教学研究本身。盖奇描述了怎样将范式运用于教学研究中，而没有回答教学研究中已经采用了哪些范式、如何运用范式等问题。

（二）从问题角度进行的分类

20 世纪 80 年代，盖奇的助手、著名的教学研究专家舒尔曼，在盖奇等前辈研究的基础上，对教学研究的范式进行了进一步研究，将教学研究范式的研究推上了一个新的台阶。舒尔曼采用的是拉卡托斯（I. Lakatos）对范式所下的定义，即范式是研究者共同具有的对研究问题的界定，是一种研究程序和研究模式，并认为在教学研究中存在着不同的范式。舒尔曼承认在大部分情况下，库恩所说的范式和他所说的范式是可以互换通用的。但他不赞同库恩所认为的，在一门成熟的学科中，在某一时期只能有一种主要的范式。舒尔曼认为，社会科学与自然科学的不同之处就在于它有不止一种研究范式。他将教学研究范式分为过程-成果范式、时间与学习范式、学生认知与教学中介范式、课堂生态学范式、教师认知和决策范式等。

（三）哲学层面的分类

一些学者基于 20 世纪占主导地位的三大哲学流派——逻辑实证主义、解释学理论和批判理论对教育研究范式进行分类。波普克威兹（T. S. Popkewitz）将教育研究范式分为实证-分析范式、符号范式和批判范式，

---

① Gage, N. L., et al, 1963: "*Handbook of Research on Teaching*", Chicago, Rand McNally & Company, 114.

胡森（T. Husen）则将教育研究的范式分为实证主义范式（定量研究）和人文主义范式（定性研究）两种。这些分类侧重于问题的"观察方法"，而很少考虑到"问题"本身。

（四）综合考虑方法、题材与理论的分类

特因曼（A. Tuijnman）认为范式有三大要素，即题材、理论、方法，他认为如果仅仅根据方法或技术来划分范式会有一定的困难，如符号互动论者既要采用实证的方法，又要采用人文的方法。在《范式和教育学的教授们》（Paradigms and Education Professors）一文中，他提出了一种划分教育研究范式的基本框架（见表9-1）。①

表9-1 教育研究范式的基本框架

		学科定向		
	范式类别	教育社会学	教育经济学	教育政治学
元理论定向	多元论者或功能论者范式	结构-功能论者理论	多元论者增长理论	古典-自由的多元论者理论
	唯物论者或关系论者范式	结构-冲突理论	制度论者理论	马克思主义者马克思理论
	自然主义者或观察范式	互动论者理论	二元论者理论	杰出人才统治论者理论

注：在三门学科中所有思想流派的方法论定向都有实证主义和人文主义的成分。

这种分类方法综合考虑到方法、题材与理论，比之前的所有分类方法更进了一步，但局限在于，这种分类方法把范式与学科及理论一一对应，而没有顾及研究者共同体，显然过于人为化而有悖范式的初衷。

我们认为，范式是某一学科领域的科学共同体所持有的共同观念和思想方法，具有方法论意义。因此，教学研究范式的分类应从方法论的角度来考虑。具体而言，可以将教学研究范式分为逻辑演绎研究范式、自然类比研究范式、实证分析研究范式、人文理解研究范式、生态学研究范式、诠释学研究方式和后现代研究范式等。

---

① 崔允漷：《范式与教学研究》，《课程·教材·教法》1996年第8期。

第二节 教学研究范式的历史变革

在教学研究发展史上,先后出现了几种影响深远的范式,即逻辑演绎研究范式、自然类比研究范式、实证分析研究范式和人文理解研究范式。

一、逻辑演绎研究范式

在教育教学研究史上,在相当长一段时期内,人们习惯于以逻辑演绎的方式来研究教育教学问题,直到现在,它仍然是我们进行教育教学研究的基本范式。这种范式主要以哲学思辨的方式,对教育教学现象进行思考,并着重于依据一定的哲学观(诸如有关自然、社会、人及其关系的观点)来构建教育教学理论,也即"从某种一般性的理论观点出发,来推演出各种看法和建议"①。这种逻辑演绎研究范式早在古代就已开始萌芽,古代人认识事物并无身外的特殊工具和专门化的方法,人自身的感觉器官和头脑是人们认识事物的万能工具。因此,观察,以自己的生活经验和感受为基础领悟现象背后的事理,形成直觉式的判断,运用大脑进行分析、综合、推理等,就成为认识事物通用的一般方法。在古代,教育家们主要关注的是教育的必要性和合理性等价值与目的判断。因此,由哲学观直接演绎或者推论出教育价值观与目的观,是主要的研究思路。在中国,孟子从性善论出发,认为教学就是引发人们的固有善端,教学就是一个由里向外的外化过程。而荀子则从性恶论出发,认为人性本是恶的,教学就是消除学生身上恶的本性,注入善的东西,教学是一个由外到内的内化过程。在西方,人们通常也采用这样一种逻辑演绎的范式来研究教学问题。苏格拉底认为人先天存在某些"观念",教学就是创造条件把这些观念"引"出来,他由此提出了著名的"产婆术"教学方法。柏拉图将世界分为理念世界和现象世界,在其本体论基础上形成了独特的社会观和人性论,并由此推演出他的教育教学观。亚里士多德则将这种研究方法进行了公式化的概括,形成三段论的研究逻辑规则②,即:

---

① 张武升:《教学研究范式的变革与发展趋向》,《教育研究》1994年第12期。
② 楚明锟:《逻辑学——正确思维与言语交际的基本工具》,开封,河南大学出版社,2000,第86页。

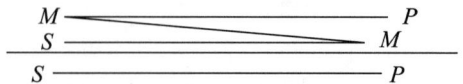

其中 M—P 是大前提，S—M 是小前提，它们都是"一般"；S—P 是结论，是个别。亚里士多德认为，科学知识都是用演绎法组织起来的一组陈述，大前提为第一原理，它是不证自明的，是一个逻辑起点，由这一真理或起点出发可以进行推断。这种逻辑演绎的研究范式首先在欧几里得几何学和阿基米德静力学中得以运用并取得伟大成就，中世纪经院哲学将其奉为独尊，使它进入科学研究的各个领域。逻辑演绎的研究范式在中世纪则表现出神学化的特点，教育家在循着演绎的路线探讨教育问题时，不再以哲学而是以神学作为起点，论证过程中主要引用《圣经》中的话语作为论据，或以上帝的名义来证明结论的正确无疑。这种研究范式经中世纪经院哲学的推崇和文艺复兴时期人文主义教育家及后期的空想社会主义教育家的努力，而逐渐成为教学研究的范式，并被广泛运用。

尽管培根提出科学归纳法，但逻辑演绎的方法仍然是当时教学研究的一种重要范式。康德在思考教育教学问题时，"并未把培根所提议的那种归纳法当作可用于研究教育问题的一种学问来考察，而是把教育学看成是曾被培根斥之为既有的研究方法，即以一般原理的演绎为基础的思想和技术的体系来考察的"①。1803 年，《康德论教育》一书出版，康德的教育教学思想是以其《实践理性批判》和《道德形而上学原理》两书中的伦理学理论为基础而建立起来的，其结论都是先验的教育观念的演绎。1806 年，赫尔巴特的代表作《从教育目的演绎出来的普通教育学》（即通常所称的《普通教育学》）出版，从标题可以看出，其构建教学论的方法是一种逻辑演绎的方法。他把教育学置于实践哲学（即伦理学）和心理学之上，提出"教育学作为一种科学，是以实践哲学和心理学为基础的，前者说明教育的目的；后者说明教育的途径、手段与障碍"②。他依据"伦理学最著名的基本思想"，推论出教育的两个目的：一个涉及纯粹可能的目的领域，即培养兴趣的多方面性；另一个涉及必要的目的领域，即培养性格的道德力量。要实现这两个教育目的，前者需要的是教学，后者需要的是训育。他关于教育教学的理论均是从教育目的演绎出来的，从而形成了教学研究

---

① 〔日〕大河内一男、海后宗臣等：《教育学的理论问题》，曲程、迟凤年译，北京，教育科学出版社，1984，第 17 页。

② 〔德〕赫尔巴特：《普通教育学·教育学讲授纲要》，李其龙译，北京，人民教育出版社，1989，第 190 页。

的目的-手段范式。当今的许多基本理论研究也基本上遵循了这一范式，即从某种一般性的理论观点出发，来推演出各种看法和建议。①

二、自然类比研究范式

自然类比研究范式是近代以来逐渐形成的，代表人物首推夸美纽斯和卢梭，其后有裴斯泰洛齐、福禄贝尔等。他们采用自然类比的方法，将人的教育教学活动与自然界相对照，按自然发展规律提出了一系列教育教学主张。

自然类比研究范式，就是根据自然现象或事物产生、发展和灭亡的过程，来类比教育教学过程。② 夸美纽斯是最早采用自然类比法论证和研究教学的。苏联教育史学家麦丁斯基指出："从前每一条原理都是以'圣书'上引来的文字'做根据'。夸美纽斯一面不放弃这个旧的论证的方法，更应用了新的论证的方法——向自然引证的方法。"③ 文艺复兴时期盛行自然主义思潮或时代精神，崇尚自然，顺应自然，甚至主张回归自然，强调人是"自然之子"，因而与自然有着共同的规律。这种时代精神对夸美纽斯产生了深刻的影响。他通过对各种自然现象的分析，证明一般规律的存在，然后类推到人的身上，再要求教育教学遵循事物的本性。他根据自然现象或事物的发生与发展过程来类比教学、推断教学，以确立教学的内容与方法。其中，贯穿在《大教学论》中的一个基本思想便是教育、教学要适应自然，即著名的自然适应性原则。他认为人是自然的一部分，必然服从自然全能的法则。因而，"正确的学校秩序应向自然界模仿"④。他按照一年四个季节和植物发展的四个阶段，把人的发展过程分为四个循序渐进的阶段（幼年期、童年期、青年期和成年期）。可见，在夸美纽斯的教学思想中，自然是根据，教学是以自然为根据来说明、解释的，通过用自然类比教学，夸美纽斯获得了对教学的认识。除了自然适应性原则，他提出的其他原则，如系统性原则、直观性原则，以及他关于课程安排的看法和做法，都是或间接或直接地使用自然类比法来论证和确立的。从总体上说，夸美纽斯的研究还是遵循了演绎的路线，但他把演绎的大前提由哲学、神学转向自然，使教育教学研究迈出了摆脱由先验神学（或哲学）结论直接推演

---

① 张武升：《教学研究范式的变革与发展趋向》，《教育研究》1994年第12期。
② 李森：《现代教学论纲要》，北京，人民教育出版社，2005，第24页。
③ 〔苏〕麦丁斯基：《世界教育史（上）》，叶文雄译，北京，五十年代出版社，1953，10版，第103页。
④ 同③。

出教育结论的思维模式的第一步。

继夸美纽斯之后，卢梭、裴斯泰洛齐、福禄贝尔等都使用了自然类比的方法。卢梭提出"教育归于自然"的主张，强调教育必须根据儿童的天性，按照其心理发展的特点、规律进行，教学活动有其独特的运行规律。裴斯泰洛齐主张启发、诱导和发现式的教学。其思考和论证的思路就是：学生好比要发芽的种子。在外界条件适宜时，种子由内部胚胎萌发，开始了生长的过程。在教学中，良好的教学影响便是外界条件，而学生自主自觉的学习和主动的发展，便是内在的动力。由这一思考和论证出发逐步形成了著名的"展开说"。福禄贝尔深受夸美纽斯自然主义教育思想的影响，他认为，只有对人和人的本性进行彻底的、充分的、透彻的认识，并根据这种认识加以勤恳的探索，自然地得出有关养护和教育人所必需的知识，才能使真正的教育开花结果。① 基于这种观念，福禄贝尔关于教学的整体性、系统性和创造性的论证，大多使用了自然类比法。他依据自然界的整体性来论证和说明教学的整体性，依据事物发展的阶段性与连续性来论证和说明教学的系统性，依据生物的发展变化来说明教学创造性的重要与可行，等等。

夸美纽斯、裴斯泰洛齐和福禄贝尔等在使用自然类比方法时，表现出牵强的特点，缺乏深刻性和理论化，从严格意义上讲，这种研究方法还没有真正成为一种研究范式，自然类比的方法真正成为一种研究范式还是现代的事情。在现代，这一研究范式已经分化为两个方面：一方面是作为一种典型的研究和表达方法的隐喻，用自然的熟悉的事物比喻社会上的生疏的事物，以达到正确的理解；另一方面是移植自然科学研究方法及其原理，来描述、说明和解释教学，许多运用"三论"对教学的研究就具有这种特性。② 因此，发展到今天，自然类比法已经消除了早先的牵强的不足，而变得深刻和理论化了。这种研究范式要求在教学过程中尊重生命，顺其自然，因势利导，让人成为真正之人。同时，强调加强教学与生活的联系，把教学看作生活的过程，主张以一定的生活为中心组织教学。这种对人作为生命体的重视、对生活世界的关注是值得称道的，其中的许多思想已为后世的生态学研究范式所吸纳。当然，这种研究范式也有不足之处，它没有认识到虽然人是自然的一部分，人的发展要依存于自然以及遵循自然规律，但是人与自然的关系是通过社会关系而确立的，人的发展需要在社会

---

① 王天一等：《外国教育史（上册）》，北京，北京师范大学出版社，1984，第349页。
② 张武升：《教学研究范式的变革与发展趋向》，《教育研究》1994年第12期。

关系中才能实现。因此，这种研究范式对人的社会性的认识是极为有限的，也没有充分认识到教学是一种有目的、有意识的社会活动。①

三、实证分析研究范式

实证分析研究范式产生于近代，源于培根的经验哲学和牛顿、伽利略的自然科学研究范式，即实证分析。冯特首先将其引入教育研究领域，他把人的心理划分成若干元素逐个进行研究，以达到对其结构与功能的认识。实验教育学的创始人——德国的拉伊和梅伊曼，则在将这种研究范式运用于教育教学研究方面做出了不懈的努力。教育研究，作为一种以实证主义为基础的学科探索，最初是以"实验教育学"而闻名于世的。他们一反德国的思辨哲学传统，而受实验心理学家冯特的影响，主张把实验心理学的成果和方法引入教育理论和实践中。1903年，拉伊在《实验教学论》中提出教学实验研究的基本特征是控制情境、严密观察和精确测量，以及由此而得出因果关系。1908年，拉伊在《实验教育学》中针对旧教育学以知觉、内省的方法和别人的观察为依据来阐明教育现象的弊端，提出实验教育学将广泛采用观察、统计和实验等方法来补充旧教育学的思辨方法，使教育学研究更趋精密化，使其成为一门严密的、系统的科学。而梅伊曼则对教育教学进行事实与价值的区分，认为实验教育学研究的是"事实"而不是"价值"，系统教育学才研究"价值"。他们的这些主张反映了实证分析研究范式的研究取向。桑代克被认为是教育界中科学取向的最典型代表。② 针对过去长期运用逻辑演绎的研究范式来研究教育问题的弊端，在1903年出版的《教育心理学》中，他开始把"精确的科学方法"运用到教育研究中，驳斥了"纯理论的观点"，并呼吁把教育作为一门科学来对待，强调要用"精确的科学方法"——实证分析的方法而不是"推测的观点"来研究教育问题，强调对收集的资料进行精确的定量处理。他指出："教育思想家的罪过或不幸，是选择哲学方法或流行的思维方法，而不是科学的方法。……当今严肃对待教育理论的学者的主要职责，是要养成归纳研究的习惯和学习统计学的逻辑。"③ 在教育研究史上，他第一次用明晰的公式和实验检定的学习理论来构想教学方法，这项工作开启了教学研究的新纪元。经过冯特、拉伊、梅伊曼、桑代克以及斯金纳等人的努力，特别是

---

① 李森：《现代教学论纲要》，北京，人民教育出版社，2005，第25页。
② 冯建军：《西方教育研究范式的变革与发展趋向》，《教育研究》1998年第1期。
③ 瞿葆奎：《教育学文集·教育研究方法》，北京，人民教育出版社，1988，第183页。

一批专门研究教师行为与学生发展关系的专家的努力,实证分析方法在教学研究中的范式地位最终得以确立①。

实证分析研究范式的理论基础是实证主义。在本体论上,实证主义把教育过程视为自然过程,认为教育现象是客观存在的,不受主观价值因素的影响,不以知识、理论为中介。与物理学把世界分割成最小的、不可毁灭的原子运动相对应,教育科学也可把完整的教育过程作为一项实体化的活动加以多系列、多侧面的划分,使之成为各种变项,即对各种教育现象可做抽离式的研究,探究其间的因果关系及交互作用。在认识论上,实证分析研究范式表现出机械的客体中心论或反映论特质,认为认识是对客体直观、机械的反映,各种复杂的现象可以通过还原变为最基本的构件,并借助构件之间的机制加以理解。这种研究范式还强调客观事实独立于认识主体之外,主体与客体是两个截然分开的实体,主体可以通过对一定工具的操作而获得对客体的认识。在对客体的认识上,实证分析研究范式认为,教育现象必须是可以被经验地感知的,一切概念必须还原为直接的经验内容,理论的真理性必须由经验来验证。事实与价值是相互独立的客体,不能相互渗透。在方法论上,实证分析研究范式则设定方法可以独立于对象,具有普遍性,同时强调量化的必要性。② 循此观点,在教学研究中,它强调凡是存在的现象都可以以数量的形式来呈现;所有的研究变量都应加以量化,以便用数学方法来建立统一的、普遍的、永恒的系统知识;任何一个现象都可以分成不同的变量,通过变量就可以了解该现象;教学研究应从个别细小的变量开始,然后从变量的相互关系中逐渐引出因果法则。③ 采用实证分析研究范式对教学进行的研究主要集中于效果问题。由于教学研究本身受研究结果能否被直接应用、能否用于解决策略问题等影响,实证分析研究主要关注三个方面:第一,教师特征研究,着重研究教师个人的智力、经验、心理特点、态度、期望、知识或信念等基本素质;第二,教学方法研究,着重研究教师的教学安排,如选择教学目标、决定教学内容、布置教学环境、安排教学时间,以及师生之间的活动内容和方式,等等;第三,教师行为研究,着重研究某段时间内教师的教学行为,如提问的种类和次数以及教学的特色等。

总体而言,实证分析研究范式主要有以下特点:第一,研究教学事实。

---

① 台湾教育学会:《教育研究方法论》,台北,师大书苑,1987,第102~110页。
② 冯建军:《西方教育研究范式的变革与发展趋向》,《教育研究》1998年第1期。
③ 王嘉毅:《教学研究的本质与特点》,《教育研究》1995年第8期。

实证分析研究范式强调教学事实与价值的分离，把教学研究看作探索纯粹事实知识的活动，排除科学及其应用的价值，认为教学研究应专门探讨事实，旨在说明教学"是什么"。第二，保持价值中立。在教学研究过程中，实证分析研究范式强调必须排除研究主体的价值观、态度等个体因素对研究结果形成的影响，只对事物进行客观描述，以保证研究的客观性。第三，采用量化方法。这种研究范式强调多采用自然科学的方法和程序，尤其是以量化的方式来处理教学现象，即研究者事先假定并确立具有因果关系的各种变量，然后运用观察、实验和测量等研究手段或工具对这些变量进行测量和分析，从而检验研究者的预测。第四，运用线性分析。实证分析研究范式把研究重点放在实体上，忽视对事物的关系与结构研究。它以还原论为依据，往往把复杂事物还原为简单现象，把整体看作是部分的叠加。在事物变化的因果关系分析中，用线性分析作为基本的思维模式。第五，强调解释（explanation），旨在说明教育"是什么"，通过形成规律性知识，来预测、操作或控制教育活动。就理论与实践的关系而言，它倡导一种工具理性观。实证分析研究范式认为，教学理论是对客观教学活动的解释系统，教学实践只不过是理论的技术应用而已。

"过程-结果"范式，是实证分析研究范式的典型代表。20世纪60年代以来，它在英美等国的教学研究中被普遍采用。这是一种以采用客观观察、实验或准实验设计、相关分析等统计技术为主要特征的实证性研究，它基于如下假设:[1]

第一，"教学"是教师在教室里的一组可观察、可分析、可比较的行为。"教学"可以被划分为可观察的精细行为，如讲解、提问、指导、表扬等，不同教师分解后的教学行为具有相似性和可比性。

第二，教学行为与情境因素无关，它可独立于教学情境之外而发挥作用。无论在什么时间、什么地点，我们所观察到的教师的教学行为都是一样的。恰如舒尔曼所言："教学之有效性取决于相对而言独立于时间和地点的可分析、可观察的教学行为本身。"[2]

第三，教学行为完全可以被"客观地"记录下来，不同研究中的"客观"记录和结论可以"综合"起来得出"一般性"的结论。

第四，对被划归为同一范畴的特定行为的研究结果的统计处理，是建

---

[1] 白益民:《"过程-结果"教学研究范式"科学"承诺的再审视》,《河北师范大学学报（教育科学版）》2000年第2期。

[2] 王佃娥:《中小学体育教师教学行为有效性研究》,北京,北京体育大学,2010,第8页。

立"因果关系"的基础。依据这种关系，我们可以充分理解教学，改善教学。

"过程-结果"范式深受行为主义的影响，它认为教师的行为会影响学生的行为及学业成就，因而重点关注教师行为特性与学生学业成就之间的关系，并认为教师的行为、学生的行为与学生的学业成就都能够用观察、测量等方法予以量化。在运用"过程-结果"范式进行教学研究时，研究者主要处理教学过程中的两类变量，即教师的教学行为（过程）和学生的学习成绩（结果），其目的是探究这两个变量之间的相关情况。在具体进行研究时，研究者主要采用观察、调查、实验和测量等方法记录师生双方的行为，用标准化成绩测量评估学生的学业成就，然后用统计方法确定教师行为与学生学业成就之间的关系。① 这种研究范式一般将研究过程分为观察阶段和实验阶段。第一个阶段主要采用现场观察的方法来考察教学的过程，观察教师的教学行为和学生的学习状况，目的在于把教师的教学行为变量中的主要因素与学生的学习联系起来。观察课堂教学过程中的教师行为，一般会"运用观察分类量表，通常是'低水平推理（low-inference）'量表，即记录要观察的事件发生的次数而不是判断或评价观察到的活动的质量"②。在此基础上，运用统计方法，对课堂教学过程中一些孤立的、具体的和可分别计算其发生频率的各种形式的师生相互作用进行分析，得出关于教师行为的描述性结论。学生的学习成绩（即教师教学的结果），则主要通过教育测量的手段来获得，通过了解学生学习成绩是否增值，来判断教学的有效性。第二个阶段主要采用实验方法，考察第一阶段得出的研究结论，探明两类变量间是否具有必然的因果关系。因此，从方法论来讲，"过程-结果"范式基本上属于实证分析研究范式的范畴。

"过程-结果"范式是在使教育研究科学化的努力中产生的，追求教学研究的科学性是其主要目的。但是从"过程-结果"范式所隐含的假设与"科学"研究的承诺来看，其结果却与初衷相去甚远。其根本原因在于：它忽略了教学的意向性、多变性特点。教学是一种意向性的活动，而"过程-结果"范式却把教学的意向性排斥在研究之外，表现出难以克服的局限性。同时，教学活动总是在特定的教学情境中发生的，不同地区或学校的教学情境有所不同，并且这种教学情境还在随时发生变化，具有不可预

---

① 王嘉毅：《教学研究方法论》，兰州，甘肃文化出版社，1997，第19页。
② 崔允漷：《教学研究的过程-成果范式述评》，《华东师范大学学报（教育科学版）》1994年第3期。

测性。不仅如此,教学活动还总是与教学情境发生着交互作用。"过程-结果"范式的局限性则在于:第一,它把教学行为作为独立的实体与教学情境相分离,忽略了教学行为与教学情境之间的交互作用。"过程-结果"范式没有把教学的意向性、教学内容和教学情境等因素作为教学这一整体不可分割的部分,而是把它们当作教学的可分解的部分,也就是说,以"科学"的分析思维方式破坏了教学的整体性。第二,以通过"科学的""普遍化的"方法得来的"结论"推断教学的本质,也就是以"科学的"因果关系式的"规律"剪切教学的复杂性和丰富性。[1] 第三,忽略了教学与教学研究的特殊性。教学是一个充满价值判断的过程,教学研究本身具有价值判断的成分,实证研究倡导保持"价值中立",违背了教学研究的要求。

四、人文理解研究范式

人文理解研究范式是针对实证分析研究范式的缺陷和不足而提出和确立的。它萌芽于文艺复兴时期。最早使用这种方法的教育家当推卢梭。对此,有教育家指出:卢梭不像伏尔泰、狄德罗那样走理性路线,却步入情感的途径。[2] 卢梭对教育教学的思考与探讨不是借助理性的验证方法,而是使用经验的、情感的、直觉的、领悟的等非实证方法,用他的心灵来领悟、感应教育教学的规律和特点。《爱弥尔》一书是卢梭教育教学思想之大成,其中的真知灼见是卢梭凭自己的情感力量和体验而获得的。这种以主体的情感体验和直觉把握为研究方法的尝试,逐渐成为人文理解研究范式的重要信条和模式。[3]

在卢梭之后,人文理解研究范式不断完善和发展,其代表人物当数社会学家狄尔泰。在实证分析研究范式强调科学的方法和从自然科学研究中类推出人文科学的研究方法时,狄尔泰却意识到人文科学与自然科学有着本质区别。在他看来,自然世界中的一切都是机械的,是规则的运作,而人文世界则是一个充满自由与创造的世界,是一个生活体验的世界。自然科学关注的是事物的因果关系,适用于分析、说明、归纳、检验等"经验"的方式;而人文科学关注的是对人的生活和自我意义的认识和理解,适用于解读、诠释、感悟等"体验"的方式。他认为,人对生活的意识是从全部经验中产生的,而不是从科学实验和逻辑证明中产生的。因而他指

---

[1] 白益民:《"过程-结果"教学研究范式"科学"承诺的再审视》,《河北师范大学学报(教育科学版)》2000年第2期。
[2] 林玉体:《西洋教育史》,台北,文景出版社,1987,第297页。
[3] 张武升:《教学研究范式的变革与发展趋向》,《教育研究》1994年第12期。

出：我们不能只是把自然科学的研究方法直接移植到人文科学领域，这丝毫不表明我们就成了大科学家的真正门人。我们必须使自己的知识适用于我们的研究对象的本性，只有以此为基点，才能找到科学家对待他们研究对象的正确方式。① 据此，他把人类的理解活动从理性的附庸之中解放出来。20世纪初，人文理解研究范式在社会科学领域广泛运用，并逐渐推广到教学研究中，社会调查、参与式观察、现场体验与研究等研究方法在教学研究中被广为运用。博厄斯（F. Boas）、米德（M. Mead）、沃勒尔（W. Waller）等运用人类学的观念、思想并通过人类学研究方法去探讨教育教学问题。沃勒尔认为教育教学研究不能失去人的品性，不能丢掉内在的人性现实的情境，而必须持由"具体"表现出来的现实的态度。他指出："从我自己的情形来说，对具体的偏爱使我不大相信统计的方法；就我的目的而言，这种方法似乎没有什么用处。对人生的理解，不仅可以通过直接研究社会现象而得到增进，也可以通过对从社会现象中抽象出来的数字符号的研究得到增进，也许两者的效果不相上下。"② 为此，在教学社会学研究中，他根据深入交谈、生活史、现场观察、案例记录、日记、信件和其他个人文献来描述教师和学生的社会经历。人文理解研究范式在人本主义思想家那里获得成功运用。人本主义的代表人物罗杰斯在研究教学时采用的不是实证分析的方法，而是人文理解的方法。他站在学生一边，设身处地地体认他们的心理，为他们着想，为他们的学习创造条件。此外，现象学主张用整体的方法研究人及人的生活，用"共情"来理解人类反应背后的动机，这对于人文理解研究范式有着深刻的影响。

人文理解研究范式继承了人文社会科学的传统，以解释学为哲学基础，在本体论上强调一种整体观和联系观。坚持人文理解研究范式的共同体坚信：教学研究的本质是理解教学系统的"规范体系"，把握现象背后的意义和价值，而不仅仅是探讨实证分析中的因果关系。他们关注得更多的是课堂教学活动过程本身，而不是过程中一些引起研究者特别注意的项目；更注重研究主体的心理过程，特别是个性、情绪、情感、动机等非智力因素。在他们看来，教学过程充满了意义和价值。他们同样期望通过研究解决教学效果问题，但与坚持实证分析研究范式的研究者相比，他们更能把握教学效果的真实含义。人文理解研究范式针对过去采用实证主义方法研究课堂环境里的复杂情况难以得出令人满意的结论并解决实际教学问题这

---

① 邹进：《现代德国文化教育学》，太原，山西教育出版社，1992，第26页。
② 瞿葆奎：《教育学文集·教育研究方法》，北京，人民教育出版社，1988，第373页。

一弊端，主张放弃使用统计分析等量化方法，改用对研究人员长期观察记录并做定性分析的方法，即强调整体、综合的研究思维方式，反对机械的分析方法。

综而述之，人文理解研究范式主要有以下特点①：第一，反对事实与价值相分离的实证主义观点，反对机械的分析方法，坚持整体、综合的研究思维方式，认为应对教育教学中价值系统的互动关系予以整体的理解，研究者与被研究者、研究对象及其背景、研究方法和研究内容、事实与价值、理论与实践等，都必须放在整体和结构中来理解。第二，强调教育教学是一个特殊的研究领域，是一个充满了价值的过程。教育教学研究本身就带有价值判断的成分，因而所谓"价值中立"的研究不仅违背了教学研究的要求，也将教学研究带入了歧途。第三，强调主体设身处地的体验和感悟以及对直觉的深层捕捉与艺术把握，把理性的逻辑分析用于组织和系统研究的成果。

"教室-生态"研究是人文理解研究范式在教学研究中的具体运用。20世纪70年代中后期发展起来的"教室-生态"研究，又称"教室人种志"（classroom ethnography）。鉴于教学活动的复杂性，它采用人类学、生态学的观念和方法，即文化和社会人类学者对社会集团和社区做现场研究时所采用的"人种志方法"。它不用实证的研究方法来获得和处理资料，而是利用观察和晤谈等方法，深入了解研究对象，系统地记录一切所见所闻，然后以其他资料，如班级记录、相片或刊物等，加以补充。②"教室-生态"研究的心理学依据是社会心理学中的"人际互动说"。在"教室-生态"研究中，教室被看作一个人际沟通的情境，在这个情境中，研究者依据师生的互动和他们所持的教学观去了解课堂教学中的教和学的过程以及师生的互动情况，通过定性分析的方法从中鉴别出一些有利于学生之间、师生之间沟通的因素。为此，研究者需要深入到所要研究的教学活动中，客观、中立地观察和描述教学活动的本来面貌，如师生双方在教学活动中如何行动、如何交互作用等，通过共情去体验和理解其背后的意义，以发现教学活动中师生双方的信念、价值、内部动机、情绪、情感等。

"教室-生态"研究以自然情境下的课堂教学活动为研究对象，力求保持课堂教学活动的原有生态，不对课堂教学活动加以人为控制，以便使一切教学现象在自然情境下产生和发展。在自然情境下，研究者通过了解师

---

① 余嘉云：《现代西方教学研究的主要范式及其发展趋势——实证主义范式与人文理解范式的比较与研究》，《教育科学》1999年第4期。

② 黄显华：《教学研究范式探讨》，《香港中文大学教育学报》1991年第2期。

生双方在日常课堂教学过程中产生的关于人际相互作用的看法及其对课堂教学效果的影响,来进一步认识课堂教学的特征。与"过程-结果"范式重点观察教学过程中教师的教学行为和学生的学习成绩不同,"教室-生态"研究的观察重点是学生在课堂教学过程中的学习机会、学生参与学习的具体过程、师生之间的意见沟通是否顺畅、课堂教学过程是否顺利等。不仅如此,由于师生在日常课堂教学情境中的人际互动并非完全出于事前安排,他们有相当大的自主性,因此,"教室-生态"研究十分关注师生的思想和行为的主动性。由于"教室-生态"研究在方法上借鉴的是文化和社会人类学中的人种志方法,重视对行为意义的解释,因此这种研究十分重视课堂教学情境中师生对行为意义的解释,关注课堂教学中教师教学的目的、学生学习的意向、师生对教学或课程的重要性的看法、师生参与某种教学活动的理由等。"教室-生态"研究的结果一般是以"磋商"的方式来说明课堂教学中师生人际互动的动态过程。所谓"磋商",是指师生之间不断交换意见、彼此增进了解、逐渐达成共识的过程。

总体来说,"教室-生态"研究表现出以下特征[①]:注意学生个人和环境(主要指人文环境)的相互关系,认为教学过程并不是教师向学生施加影响的单向过程;把课堂教学过程中教师的指导和学生的学习看作不断的人际互动过程;把教室看作其他环境(如学校环境、社区环境、家庭环境和文化环境等)的一部分,并重视了解其他环境对教学的影响;非常重视一些不能直接进行观察的内容,如学生的思想、态度、感受和感觉等。毫无疑问,"教室-生态"研究克服了实证分析研究范式忽视教学的意向性、复杂性、丰富性和整体性的弊端,但也有其局限性:以质性分析的方法去剖析课堂教学情境中师生之间人际互动的动态过程,难以做到完全客观。

第三节 现代教学研究范式

一、生态学研究范式

当今,人类正面临着严重的生态危机,人们以生态学的理论为方法论武器,追问危机产生的根源,思索解决危机的对策,生态主义观念深入人心。当生态学发展到研究人和自然普遍的相互作用问题的层次时,就已经

[①] 蒯超英:《教学研究的三种主要范式》,《上海教育科研》1995年第4期。

具有了哲学的性质，它已经构成了人们认识世界的理论视野与思维方式，具有了世界观、道德观和价值观的性质。① "生态学"（ecology）一词由希腊文 oikos 衍生而来，oikos 的意思是"住所""家务"或"生活所在地"，可以用"eco"表示，而"logos"则表示学科及理性之意。② 生态就像一个家。家是什么？家首先应该是一种关系复合体，蕴含着深厚的并且难以被知性认识的关系结构。③ 在现代汉语中，"生态"一方面始终保持着与生存、生命、生产的密切关联，另一方面又具有总体性、整体性和全面性的特征。④ 生态的观点就是生命的观点、有机的观点、自组织的观点、内在关联的观点。⑤ 依据生态学的观点，生态主义把整个生物圈乃至宇宙看成一个生态系统，其中的一切事物都是相互联系、相互作用的，强调每一个物种在维持生态系统完整性中所起的作用及其所具有的内在价值。具体而言，生态主义的系统观包括以下五个要点⑥：第一，每一样东西都和另外的东西相联系。如果把一样东西从生态系统中移走，必定会影响整个生态系统。第二，整体大于部分之和。生态系统具有协调作用，但系统的效应不是简单的线性叠加。第三，知识依赖于处境。在整体论中，每一部分的意义都依赖于它和整体的关系。第四，过程优先于部分。生态系统是一个开放的、有物质和能量交换的系统，这个稳态的系统与其说是由部分构成的，不如说是由过程构成的。第五，人与非人自然相统一。以生态主义的观念来认识教学，便形成了生态主义的教学观。它包含教学的系统观、教学的过程观、教学的情景观、教学的差异观、教学内容观、师生观和教学的互动观等思想。⑦

（一）教学的系统观

教学是一个有机联系的系统。布朗芬布伦纳（U. Bronfenbrenner）认为每个人都生活在一个包括了大系统、外系统、中间系统和小系统的生态环境中，小系统对人的发展的影响最直接、最重要，它由每个人在家庭、学校、商店或者夏令营等处所经历的日复一日的事件和活动所组成。小系统

---

① 刘贵华、朱小蔓：《试论生态学对于教育研究的适切性》，《教育研究》2007 年第 7 期。
② 同①。
③ 余治平：《"生态"概念的存在论诠释》，《江海学刊》2005 年第 6 期。
④ 同③。
⑤ 同①。
⑥ 苏贤贵：《生态危机与西方文化的价值转变》，《北京大学学报（哲学社会科学版）》1998 年第 1 期。
⑦ 王牧华：《另一双眼睛看教学——教学研究的生态主义范式初探》，《辽宁教育学院学报》2000 年第 4 期。

具有诸如地点、时间、行动、参与者和角色等各种特殊的要素，小系统对人的行为的影响比其他任何生态系统更大，也更受人的行为的影响。① 这种视角下的教学，被看作是一个由教师、学生、教学内容、教学事件等子系统组成的小系统，系统内部各组成部分之间互相联系、互相制约。同时，这个小系统又受到大系统、外系统和中间系统的影响。因此，在研究教学时，应充分考虑到系统内部的相互关系，从微观上将教学放在具体的教学情景中考察。同时，要注重系统之间的相互关系，在宏观上将教学放在大的政治、经济、文化背景下加以考察。

（二）教学的过程观

教学系统具有开放性、动态性，由不断进行信息交流和能量转换的过程组成。

布朗芬布伦纳认为人的发展就是"在生命的始终，正在不断生长的有机体与其所处的不断变化着的环境之间的逐步的相互的适应"②。而教学正是伴随着人的发展过程而不断发生、不断进行的过程。受怀特海的过程哲学的启发，生态主义课程学家雷格尼尔认为人的发展、学习、教学都是过程，都在不断的发生之中，他据此提倡一种"循环式教育"。③ 这种循环并非简单的重复，而是教学情景在科学规律指导下的一种特定的转换、联系。

（三）教学的情景观

生态主义心理学家发现了解儿童所处的情景对于预测儿童的行为有重要意义。此外，生态主义摒弃知识的纯粹客观说，认为知识依赖于处境，只有将其放入一定的背景之中它才能获得意义。受这两种观点的影响，生态主义教学观对教学情景给予了高度的重视。就教学所处的大系统而言，教学情景有广阔的范围和丰富的内容，远远超出了课堂和教室的天地，已将教室、学校和社会紧紧联系在一起。这些教学情景与教学所要达成的目标之间可以是一致的，也可以是不一致的；可能是可预期的，也可能是不可预期的。因此，它是十分复杂的，充满了多样性和不确定性。

（四）教学的差异观

与教学情景的复杂性和不确定性相一致的，是进入教学情景的个体的差异性。每个个体都有着自己独特的文化背景、个性特征、理想信念、价

---

① 钟启泉、李其龙：《教育科学新进展》，西安，陕西人民教育出版社，1993，第56页。
② 同①。
③ 梁晓：《生态主义教学研究范式初探》，《教书育人》2009年第24期。

值观和认知方式，因而表现出很大的差异性。生态主义教学观不仅正视差异的存在，而且尊重这种差异性。因此，寻求一种普遍的、一般的逻各斯中心主义的标准的努力不仅是不必要的，而且是有害的。基于对教学双方的文化背景、个性特征、价值追求等方面差异的尊重，人们致力于寻求与差异性相一致的丰富多彩、富有成效的教学模式。通过灵活多样的教学策略的实施，差异性的合法地位在教学领域得到了切实的保护。

（五）教学内容观

生态主义的系统观认为整体大于部分之和，整个生态系统具有协调系统各个组成部分（子系统）的作用。因此，生态主义主张构建教学内容系统，追求教学内容的完整和谐。概而言之，其主张实现教学内容中直接经验与间接经验的统一。由于教学情景具有范围的广泛性、情况的复杂性等特点，这必然带来教学内容某种程度上的不确定性。与以往的教学观不同的是，生态主义的教学观给予了这种不确定性以合法地位，充分考虑到它给教学带来的影响，并能因势利导，采取灵活的应变措施。

（六）师生观

在后现代主义知识观面前，教师的权威性受到怀疑和挑战，教师被赋予"必要的指导者""合作的探究者""平等的对话者"的意义。生态主义重视教学情景，关注学生掌握知识时的内部情感体验，认为学生学习的过程就是他们不断发现自我的过程。在这个过程中，教师和学生不断地进行沟通和对话，教师扮演必要的引导者、合作的探究者和平等的对话者等角色。教师的主要作用在于激发学生的求知欲望，引导他们发现自我、开发自己的潜能，培养他们与他人合作、共事的态度与技巧，实现他们身心的和谐发展。

（七）教学的互动观

教学过程中的沟通和对话其实不仅仅在教师和学生之间展开，在学生与学生之间这种关系也很重要。生态主义的系统观认为生态系统中的各组成部分（子系统）相互联系、相互作用，但在教学系统中，学生与学生之间的相互作用与影响在此之前却没有得到应有的重视，学生同辈群体在教学过程中的合法性地位遭到漠视。实际上，这种教师与学生之间以及学生与学生之间的交流，正是生态主义教学所追求的互动。同样，学生与学校管理者之间、学生与家长之间，以及教师之间、教师与教育管理者之间、教师与学生家长之间的互动关系也在时时刻刻影响着教学过程。

生态学研究范式指的是人们在借鉴生态学的理论和方法研究教学领域

的现象和规律时所形成的一些共同的观念、理论和方法。① 这种研究范式把教学看作一个由教师、学生和教学事件等组成的生态系统,它们有各自的生态位,彼此相互联系,各自在维护生态平衡中发挥举足轻重的作用。正因为如此,教学具有开放性、动态性的特征。在进行教学研究时,我们应充分考虑系统内部以及系统之间的相互作用,不能孤立地看待教学系统中的每一个因素。不仅如此,这种研究范式关注生命、崇尚自然,认为教学是在自然情景中进行的,教学过程充满复杂性、变化性、灵活性等特点。因此,教学研究就应该在现场进行,研究者应融入教学情景中,运用参与式观察、访谈等质性研究方法直面鲜活的教学现实与教学问题,运用移情的方法理解与体验教师和学生的情感、态度、价值观、动机等,同时强调教学内容的整体性、和谐性与系统性。生态学研究范式是目前比较新的一种研究范式,它吸取了以往研究范式的精华,同时也具有一些后现代的特征。它主张直接经验与间接经验、科学精神与人文精神的统一和融合。但是,由于尚不成熟,它给教学研究带来的建设性作用还是有限的,提出的问题也多于它解决的问题。生态学研究范式要在教学研究领域形成"大气候",还有一个相当长的过程。②

二、诠释学研究范式

诠释学以对意义的理解和解释为主要目标,其产生的历史并不长,但运用这种方法进行研究可上溯到古希腊时代。诠释学是从对文学作品、《圣经》经文、各种法典史籍等文本意义的理解发展而来的,原初形态的诠释学主要是对荷马及其他诗人的作品的批评和解释,到中世纪拓展到对神的寓意的体悟和对宗教经文的解释,是一种狭义的文本解释方法论。从早期的"文献学"和"神学诠释学"转变到现代哲学意义上的诠释学,施莱尔马赫(F. D. E. Schleiermacher)发挥了重要作用。施莱尔马赫突破了对具体文本的解释技巧的关注,将理解与解释的意义置于中心,把诠释学从独断论的教条中解放出来,使之成为一种包含避免误解的解释规则体系的普遍诠释学。使特殊诠释学向普通诠释学转变具有了明确形式的是狄尔泰。在认同人文科学与自然科学相关,且两者在方法上有一定共通性的同时,

---

① 王牧华:《另一双眼睛看教学——教学研究的生态主义范式初探》,《辽宁教育学院学报》2000年第4期。
② 李森:《现代教学论纲要》,北京,人民教育出版社,2005,第29页。

狄尔泰强调指出"人文研究方法从其出发点起就不同于物理科学的方法论"①,"必须逐渐制定在它们自己领域内的更确定的程序和原则"②,并用"理解"来代替自然科学的"因果说明法",开启了近代诠释学作为人文科学研究方法论的先河。

而实现方法论诠释学向本体论诠释学转向的则是海德格尔(M. Heidegger)。海德格尔从存在的意义这一哲学基本问题出发,论证了理解不仅是一种认识方式,更是一种人的存在方式,认为诠释学的对象不再是单一的文本或人的其他精神客化物,而是人的存在本身;理解不再是对文本的外在解释,而是对人的存在方式的揭示。诠释学不再被认为是对深藏于文本里的作者心理意向的探究,而是被规定为对文本所展示的存在世界的阐释。海德格尔提出了著名的诠释学循环理论,他认为在解释开始之前,要解释的东西已经在我们的世界观中了,它是我们预先已有的东西——前有,即人的文化背景、传统观念、风俗习惯、知识水平、思想状况以及所从属的民族心理结构等这一切。前有是内涵稳定而外延模糊的存在视界,包含了各种可能性。究竟如何去解释?解释者需要一个特定的角度和观点,也就是海德格尔所称的前见。我们会在事先将我们的见解加在任何在我们前见中已被理解的东西上,通过解释,它就可能被我们概念化地加以掌握。除此而外,还需有前设,即用一个观念来弄清楚问题的结构。前有、前见、前设是任何解释的基础,它们一起构成了理解的条件。伽达默尔(H-G. Gadmer)则把现象看作人类的世界经验,通过强调理解的普遍性,他确立了诠释学作为一种以理解问题为核心的哲学的地位。

诠释学是围绕着"理解"这一核心概念来建构其内容框架的。伽达默尔关于"理解"的独到而深刻的见解是其最富建设性的思想之一。他认为:第一,理解具有非客观性。在他看来,理解不可能做到完全客观。一方面,被理解的对象本身所蕴含的信息是一种具体而丰富的结合,理解本身就不只是说明或再现,而是需要理解者积极、主动地去发现其中内含的意义;另一方面,理解者在理解中不可能排除前识,前识的存在不可避免。③ 第二,理解具有历史性。与狄尔泰把时间看作是一种妨碍理解的消极的东西不同,伽达默尔认为时间并未造成理解的绝对疏离,而使理解获

---

① 赵修义、童世骏:《马克思恩格斯同时代的西方哲学——以问题为中心的断代哲学史》,上海,华东师范大学出版社,1994,第397页。
② 同①。
③ 叶澜:《教育研究方法论初探》,上海,上海教育出版社,1999,第298页。

得了一种效果历史。在伽达默尔看来，理解按其本性乃是一种效果历史事件，没有不带"偏见"的理解，成见或偏见是理解的过程中不可缺少的组成部分，理解永远是相对的。此外，理解中的传统是先于我们存在的，传统具有同时性，它是前理解所包含的全部世界历史经验。传统是我们存在和理解的基本条件，是理解之源和理解的起点，是传统把理解者与理解对象不可分割地联系在一起。理解者不可能走出传统，以一个纯粹主体的身份理解文本。通过传统，人的视域得以极大地拓展。第三，"一切理解都是自我理解"，理解具有自我反思的作用。伽达默尔认为："解释学过程的真正实现依我看来不仅包容了被解释的对象，而且包容了解释者的自我理解。"① 正是在这个包容的过程中，个人的经验得到了丰富，原有的框架发生了变化。他指出，在理解的过程中，我们总有一个原先熟悉的、组织好的世界，这成为我们理解的出发点，并引导我们的期待，但在理解的过程中，又总有一种新的经验进入我们的原有世界，并使它们发生变化和重组，从而扩大和丰富了关于世界的经验。② 第四，理解具有语言性。语言是理解必不可少的媒介。理解与语言的关系，一方面表现为理解的对象的本质存在于语言中，另一方面解释的语言总是同文本有着一种联系，当理解通过解释获得某种明确的语言时，它并没有创造出脱离被理解和解释的意思。第五，理解是"视界融合"。在伽达默尔看来，理解的结果是新的交融的视界的形成。理解最终实现的不是以一种视界代替另一种视界，而是两种视界的交融。

基于上述观点，诠释学派在教学研究的本质上秉持这样的观点：教学研究的本质是对教学系统规范体系的理解，而不仅仅是逻辑经验主义的因果关系的探讨。也就是说，教学研究的本质是对教学活动意义的掌握，而不是对教学活动的客观描述。③ 在他们看来，教学是意义与符号在社会交互作用的过程中进行交换、沟通、重建的动态过程，因而教学无法脱离文化、社会因素，仅仅通过客观观察、描述是无法揭示教学现象背后的意义的，诠释和理解是研究教学现象不可缺少的方法。

诠释学所蕴含的思想和方法促使我们从另一个视角重新审视教学的意义，确立崭新的教学观。

---

① 〔德〕汉斯-格奥尔格·加达默尔：《哲学解释学》，夏镇平、宋建平译，上海，上海世纪出版集团，2004，第57页。
② 叶澜：《教育研究方法论初探》，上海，上海教育出版社，1999，第299页。
③ 王嘉毅：《教学研究的本质与特点》，《教育研究》1995年第8期。

(一) 回归生活世界的教学目的观

受实证主义思想的影响,过去的教学活动追求功利价值,沉迷于理性和概念化,过于崇尚科学世界,而忽略了人处于其中的生活世界,导致了学生与生活世界的疏离。诠释学对人生命存在的关注,对价值及意义的追寻,使教学的目的发生转变,强调对生活世界的意义追求与理解,强调教育教学回归生活世界,使其重新找回本真意义,使学生把对生活世界意义的理解与建构作为自己真正的目的,唤醒、提升学生的自我意识,让学生理解人与世界、人与人之间的关系,理解人生和生活的意义。

(二) 注重学生个体"履历"与"经验"重组的课程内容观

正因为理解者存在"前识",理解的过程中不可能排除人的"前识""偏见",传统是理解之源和理解的起点,因此,学生个体的"生活经验"和"履历情境"在课程与教学中具有十分重要的意义。课程是一种经验的诠释和学习的体验,是学生个体的"生活经验"和"履历情境"的重组和建构。课程材料不是用来灌输的僵化的知识,而是师生对话的桥梁,是文化与学生生活履历的中介。在教学中教师应允许学生在各自的教育视界和情境中解释和重建课程内容的意义,并展开积极的对话,努力去理解,以产生不同视界的融合。

诠释学的方法还为教学研究提供了一种新的视角。首先,教学研究的整体观的确立。实证分析研究范式注重对研究对象进行严密的逻辑分析,以探究其内在的因果关系,但往往疏于对事物整体关系的把握。而诠释学认为对整体意义的把握必须建立在对部分理解的基础上,而对部分的理解又必须以对整体的把握为前提。这是一种循环。在狄尔泰看来,重构一个人的生命整体不可能通过单纯的逻辑推理来实现,因为在精神科学中发挥作用的是完整的人,生命的基本特征体现在整体与部分的关系中,而非因果关系中。海德格尔和伽达默尔从存在论的立场出发,以理解者的"前理解"作为诠释学循环中的"整体",它所反映的是理解者的文化、社会、历史等生存境况。理解的对象主要是历史流传物或文本。理解者的"前理解"与理解对象之间是互动关系,这种互动表现为一个不断更新的循环往复过程。① 诠释学循环注重对事物的整体理解,注重探究事物存在的意义和价值。这种思想为教学研究提供了一种方法论。教学研究所涉及的问题是包含许多部分的整体,并且教学活动也是社会活动的一部分。教学研究

---

① 杨四耕:《教育研究的诠释学方法》,《当代教育论坛》2003年第12期。

要注重研究对象的整体与部分的关系，探究部分时必须有对整体的认识，对整体的认识又依赖于对部分的了解；不仅要分析教学的内语境，还要探究教学活动的社会语境。

(三) 对教学意义及价值的追问

实证主义将教学现象与自然现象等同，因而强调在教学研究中秉持"价值中立"的立场，对教学问题进行客观的、实证化的研究，而不应有主观价值的介入。实际上，教学现象是一种复杂的社会人文现象，既包含客观事实，同时又隐含着一定的价值和意义，具有历史性与社会性。教学活动具有鲜明的价值倾向，参与教学活动的人是价值负载体，他们交织在社会历史文化传统的价值体系中，因此价值涉入是教学研究所无法回避的。将教学现象视作价值无涉的而进行客观观察和数理统计的实证研究，是很难揭示教学现象的历史性与价值性的。诠释学中的"效果历史意识"观点强调理解的历史性和境域性，从而使教学研究由探究普适性的规律转向寻求情境化的意义与价值。

(四) 平等的研究关系的确立

理解是理解者与被理解者不同视界相互对话、相互融合的过程，双方在一定的历史视域中彼此沟通、相互理解，实现视界的融合以产生新的视界，从而扩大和丰富双方关于世界的经验。这种思想为教学研究中新型研究关系的建立提供了理论依据。研究者不是以旁观者的身份，置身于研究对象之外而进行居高临下的、所谓"客观"的研究的，而是试图参与其中，与研究对象建立平等的关系，相互沟通、相互理解、相互影响，通过亲身体验了解对方并更深入认识自己。研究者与研究对象的关系不是认识与被认识、利用与被利用的关系，而是相互理解与相互开放的关系。

三、后现代研究范式

"后现代主义"是与"现代主义"相对应的范畴，是西方哲学后期发展出的几个思潮或倾向的总称①，其思想纷繁复杂、扑朔迷离。尽管后现代主义有着不同的理论取向，但有一点是共同的：它们超越了由笛卡尔和康德所开创的现代主义传统中的理性观念和理性主题。作为一种哲学思潮，后现代主义以批判现代主义的"绝对理性、规范性、确定性"为己任，主张世界的"多元性、开放性和不确定性"。后现代主义思想为教学研究提

---

① 单丁：《课程流派研究》，济南，山东教育出版社，1998，第342页。

供了新的研究视角,促进了教学研究范式的转换。

(一) 反对本质主义与基础主义,直面鲜活的现实

现代主义秉持基础主义、本质主义的观念。所谓基础主义,按照伯恩斯坦(R.J. Bernstein)的界定,意指这样一种信念:存在着或必须存在着我们在确定理性、知识、真理、实在、善和正义时能够最终诉诸的永恒的、非历史的基础或框架。① 基础主义认为人类文化和知识存在一个可靠的基础或"阿基米德点",寻找基础并在此之上构建文化的等级秩序或思想体系是哲学的主要任务。例如,笛卡尔认为,要摆脱概念、理论和规范的任意性与非理性,不能依靠毫无根据的偏见、传统或外在权威,只能诉诸理性自身的权威,诉诸终极的基础。受现代主义思想影响,现代教学研究范式的基本思路是,以某种思想为出发点,建立系统的概念、法则,并以这些概念和法则来解释教学现象。其主要特征就是探求具有确定性的教学本质或规律。为了寻求这样一种本质或规律,研究者往往会诉诸某些永恒的思想基础,诸如人性、自由、主体性等,并认为这是一种理性的思维方式,它所表现的其实是一种基础主义倾向。② 这种对基础孜孜不倦的寻求,必然会陷入同一性思维之中。试图用某种元话语来描述教学现象,不仅使教学研究者因认为自己把握了对教学现象唯一正确的解释而陷入一种自大的情绪中,而且它否定了教学现象的"多元性"与"多义性",把丰富多彩的复杂的教学现象还原成苍白贫乏的单一世界。

而后现代主义则消解了这种基础主义,认为终极的基础是不存在的,它不过是人们主观臆构的产物。利奥塔(J-F. Lyotard)认为现代主义无非是借助"元叙事"或哲学解释而使科学合法化,而后现代主义则反对这种元叙事,认为即使是自然科学研究也无非是"语言游戏",也具有不确定性、相对性、不可通约性。③ 正因为这样,后现代主义反对从"第一原理"出发推出一切的思维方式,倡导以差异、多元取代统一、普遍,以模糊性取代确定性。作为现代哲学重要表征之一的本质主义,是人的思维方式与外界关系的一种线性反映。本质主义认为,无论是本体论还是认识论都存在着本质与现象的区别,本质是事物内在的、固有的属性,现象则是本质

---

① 王治河:《扑朔迷离的游戏——后现代哲学思潮研究》,北京,社会科学文献出版社,1993,第84页。

② 靳玉乐、于泽元:《教学研究范式的后现代转换》,《西南师范大学学报(人文社会科学版)》2004年第3期。

③ Lyotard, J. F., 1984: "*The Postmodern Condition: A Report on Knowledge*", Minneapolis, University of Minnesota Press.

外在的、偶然的表现。认识事物就是透过现象看本质。后现代主义反对这种现象与本质的逻辑的二元对立，试图消解哲学所追求的超验的"本体"。德里达（J. Derrida）以反中心主义表现出反本质主义倾向，他一直致力于对"逻各斯中心主义"的解构，以消解中心与边缘的对立。罗蒂（R. Rorty）则表现出明显的反本质主义倾向，根本否认本质与现象的区别，企图放弃内在与外在、某物的核心与其边缘领域之间的区别。他指出："那些希望真理具有一个本质的人，也希望知识、或理性、或研究、或思想与其对象之间的关系也有一个本质。而且他们希望他们能够运用他们对这样的本质的认识来批评在他们看来是错误的观点，并为发现更多的真理，指明前进的方向。"①

在消解了基础与本质的同时，后现代主义对现代主义所倡导的一元的、统一的世界观和思维方式进行了彻底的解构，在他们看来，"没有一种合理的观点能证明世界可以呈现为一个绝对单一的事实"②。美国当代著名的后现代主义者霍伊（D. C. Hoy）认为，根本不存在什么可以断言事物如何发生或必然发生的"先天方法"。科学无法获得统一的认识，真理的合法性无法被证实，而只能以其实际效用作为判断的根据。罗蒂认为："一个信念之真，是其使持有此信念的人能够应付环境的功用问题，而不是摹写实在本身的存在方式的问题。"③ 这样一来，与现代性联系在一起的对普遍性、一元性、同一性、确定性等追求的合法性被否定，代之而起的是对特殊性、多元性、差异性和变异性等的肯定和崇尚。因而，教学研究不再是为了寻找某些本质、规律并为这些本质、规律做出证明，而是要真正面对教学现象，解决教学中所出现的问题。传统的从高一级学科理论推衍低级学科理论的演绎方式，以及从现象中抽取本质的归纳方式都要在这一思想之下予以适当的转换。

（二）消解二元对立论，倡导多元化思维

以认识论为中心的现代哲学，表现出表象主义的特点，即视主体与客体、心与物是二元的、对立的。笛卡尔提出了用镜子类比的"心"的观念，在"心"与"物"的二元对立关系上，他认为"心"可以对"物"进行直观映照，形成了机械决定的"镜式反映论"，由此形成了主客二分

---

① ［美］理查德·罗蒂：《后哲学文化》，黄勇译，上海，上海译文出版社，1992，第8~13页。

② 任红杰：《后现代主义反基础主义的取向》，《首都师范大学学报（社会科学版）》1999年第2期。

③ 同①，第1页。

的形而上学思想方法。过去的教学研究主要以二元论为基本的认识论原则。以我国学者对教学过程本质的探讨为例，无论是从主客体关系的角度还是从矛盾关系的角度，在认识论方面从根本上说都是二元论取向的。然而20世纪以来，相对论、量子力学、混沌学等科学研究的新突破，对笛卡尔以来的现代哲学观念产生了巨大的冲击。人们开始对"心"与"物"的直观映照关系、主体与客体的对象化关系产生了怀疑。后现代主义对以理性主义和科学主义为基调的二元对立思维模式进行了彻底的解构，反对这种主体与客体、"心"与"物"的认识的二元对立，消解了思想的客观性。后现代主义代表人物罗蒂反对把人心作为"自然之镜"，反对所谓的客观真理。在他看来，"是我们的信念和愿望形成了我们的真理标准，……因为我们没有一个天钩可以把我们吊离我们自己的信念和愿望，而达到某个较高的'客观'立场"①。这种对二元对立论的消解，必然带来对多元化思维的崇尚。

后现代主义认为无论是思辨式的研究，还是实证或分析性研究，都存在共同的特点或缺陷，即思维过程是直线性的、逻辑性的、平面化的，表现出一种还原论或直观映照式的思维模式。后现代主义反对单一视角和线性的思维模式，强调世界的多样性和丰富性，肯定人在认识万事万物时所表现出来的差异性。它要求我们在认识事物的过程中，打破线性的简单化思维模式，树立动态的、非线性的、多元化的、开放的复杂性思维模式。它允许多种方法，容纳一切思想，以摆脱僵化的形式理性。利奥塔在批判以总体化的统一性为特征的西方哲学认识论的同时，提出"纷争哲学"的概念。这种"纷争哲学"就是要探讨规则的差异性。纷争就是一种表现差异的沉默，让少数派发言，它保存差异而不压制差异，它追求理性的多元性而不是一种单一的理性。后现代主义强调的是多元性、多样性、差异性和他者性。②梅洛-庞蒂（M. Merleau-Ponty）指出，没有人能同时看到立方体的六个面，也就是说，随着时空的变化和认识者的改变，人类认识的结果是不同的。后现代主义的先驱尼采（F. W. Nietzsche）认为，我们对世界和现象的透视角度越多，我们的解释和知识就越丰富、深刻。福柯（M. Foucault）从知识考古学的角度认为任何单一的理论和方法都不能把握话语的多元性，应该从多个视角去分析研究对象。总之，现实世界不存在权威的客观的选择方法，而存在着多种可供选择和互不相同的概念体系或

---

① 〔美〕理查德·罗蒂：《后哲学文化》，黄勇译，上海，上海译文出版社，1992，第4页。
② 江怡：《走向新世纪的西方哲学》，北京，中国社会科学出版社，1998，第524页。

假设体系，每个体系都能解释世界。因此，人对现实世界的认识只能是多样的和歧义的，人应该从多个视角认识和理解世界。教学研究中对任何教学现象的解释不能是一元的、单向度的，而应是多元的、多维度的。这样，教学研究就不再是对广泛一致的话语的追求，而在寻求对教学现象多元的、创造性的解释。

（三）轻视理论建构，尝试解释

理性主义认为理性是人的本质，也是万物的本质。理性具有至高无上的权威。如英国哲学家洛克说："理性应是我们最高的法官，应当指导所有事物。"费希特也曾说："人类尘世生活的目的即是依照理性的自由，去把所有人类关系都安排得井井有条。"① 现代主义表现为一种有限的思维方式，它总是从某种给定（或假定）的东西出发，认为世界存在先验的、不证自明的绝对真理，即各种各样的"给定"。现实是给定的，在此假设之上形成了图画式的理论概念，似乎理论是与现实相对的，正确的理论无疑是对现实的准确把握和真实描绘。后现代主义认为，理性也不过是一种有限的、现成的方法，因而对理性至上、理性权威进行了彻底的解构。通过对理性的批判，后现代主义彻底否定了先验的、不证自明的绝对真理，即各种各样的"给定"对人的束缚。后现代哲学"用一个未知的、不确定的、复杂的、多元的世界概念取代了传统的给定的世界概念"②。实际上，教学现象从来就不是"给定"的而是复杂多变的，任何教学现象都具有时效性与地域性，"此时、此地"的教学现象与"彼时、彼地"的教学现象间并不存在着可通约性。因此，教学研究最好"就事论事"，而不能过多地"就事论理"。同时，根据阿多诺（T. W. Adorno）等人所揭示的"思想的局限"，研究者也只能相对地认识教学现象，像黑格尔那样绝对地把握现实是不可能的。复杂多变的现实与现代主义所秉持的理论的客观性、绝对性是格格不入的。因此，在教学研究中，研究范式由建构理论向尝试解释的转换是大势所趋。面对具有诸多不确定性的教学现象，我们需要摒弃具有排他性的"理论"概念，尝试着去解释而不是去"界定"教学现象。解释的最大特点是开放，说一个解释是好的，并不意味着它是唯一的。

（四）拒斥外在的理论指导，崇尚互动建构的行动研究

现代认识论以主客二元对立为基本特征，建立在这种认识论基础之上

---

① 王治河：《扑朔迷离的游戏——后现代哲学思潮研究》，北京，社会科学文献出版社，1993，第105页。

② 同①。

的现代教学研究范式秉持这样的信念,即认为存在着一个可以知解的、稳固的、可议论的、不可还原的本质的"我",因而作为研究主体的研究者是有能力通过理性的"我思",或通过观察、归纳和演绎的方法来把握教学过程这一客体的本质或规律,从而为教学立法的。后现代主义者则质疑这种"观察-分析-指导"的研究方式,认为在现代教学研究范式中,研究者是以外在于教学过程的方式开展研究的,这种研究的真实意图是以一种霸权式的、原子式的自我为复杂的教学现象立法。这样做的结果,一方面产生了大量癫狂的、臆断式的独白,另一方面,则对教学中的各个因素产生了压制性的影响。① 事实上,并不存在着一种独立存在的、原子式的主体。现代主义的自我观,正如后现代主义者所指出的那样,靠的是征服、奴役甚至是消灭他者来实现的,它拒绝承认并尊重其自身的依赖性。而这种依赖性,在后现代主义看来,恰恰是主体赖以存在的前提条件。德里达认为,我们之所以能够认识到对象的在场,仅仅是因为在场有着它不在场的"痕迹",仅仅是因为我们有了关于不在场的概念。换言之,自我实际上不可避免地包含了他人。正因为如此,研究者以外在于教学过程的方式开展研究行动是专横的甚至是不可能的。实际上,教学研究者、教师、学生、课程等诸多因素之间是相互含摄、相互拥有、相互作用的关系,教学研究者不是一种原子式的个体,教学研究者更加尊贵的身份或可以进行指导的权力并不存在,他不可避免地内在于教学过程,在教学中与其他因素进行交流,从而不断地改变自身。

不仅如此,研究者以外在于教学过程的方式开展研究行动的不可能之处还在于,人的理性并不能洞悉全部真理。一方面,这是由于人类理性自身的局限性。后现代主义对现代理性的可靠性和合法性提出了质疑。第一,理性并不是人的本质,弗洛伊德的精神分析学业已表明,所谓统一的人性是由本我、自我和超我三个部分组成的,是显意识与潜意识的组合体,人并不能完全理性地控制自己的活动。福柯通过话语分析认为,被笛卡尔看作是绝对可靠、绝对确定的"第一原理"的"我思"也并非什么理所当然的东西,本质上也是被创造、被生产的,是一种"社会建构"。这一观点与马克思的"人是社会关系的总和"有异曲同工之妙。第二,人的认识能力是有限的,然而理性主义者却执意地把认识到的有限的东西当作某种"真理",犯了以有限替代无限的错误。第三,人的理性一旦辅助客体,便

---

① 靳玉乐、于泽元:《教学研究范式的后现代转换》,《西南师范大学学报(人文社会科学版)》2004年第3期。

会对客体产生一种规定性的压制，从而造成客体的扭曲，甚至导致灾难性的后果。① 另一方面，则由于解释活动的特征。"解释的历史性"是解释活动的主要特征。在解释活动中，不论是文本还是解释者都内在地镶嵌在历史之中，都具有历史性。解释者的历史性表现为他不可能摆脱自己被历史、时代所限制的理解视域而以一种纯粹的意识进入解释对象之中。这意味着"成见"不可避免地要进入解释者的理解当中，成为一切解释的基础，因而要完全重建文本或反映作者的原意是不可能的。在教学研究中，任何研究者试图持有某种"先入之见"，再现教学的本质或规律是不可能的。

正因为研究者不可能以外在于教学过程的方式展开研究，因此，在教学研究中应重视确立研究者的身份，要摒弃现代研究范式中研究者作为立法者的身份，否定其外在的权威性，而把研究者作为教学过程中不可缺少的一个因素，他与其他教学因素是平等的、互惠的，在与其他因素的交流与对话中建构对教学过程的创造性的解释。同时，要倡导研究者与其他教学因素积极对话，达到视界融合。在教学研究中，教学研究者必须创造有利环境，让教学过程中的各个因素与自己对话、交流，在对话与交流中不断促成"视界融合"，推动教学发展。

（五）消解话语权威，追求平等对话

20世纪以来，世界哲学的研究渐渐发生了根本性的转向，即由传统哲学的本体论中心和现代哲学的认识论中心向后现代哲学的语言中心转变，即以语言范式取代以往的意识范式，从认识主体和意识内容的研究转向语言学的讨论。后现代主义认为，语义具有不确定性，语言是人在特殊的地域生活中偶然产生的符号系统，不存在语言与实在、语言与真理、符号与"所指"之间的必然联系。决定语言符号意义的语境是变动不居的，无所谓语言的"真意义"，真理不是唯一的、绝对的，而是具有多重性的。同一现象可能有不同的诠释方式，传统哲学或现代哲学把人类文化遗产和先哲成见视为"元叙述"或"元话语"，并视之为绝对可靠的权威，这是无根据的。权威话语是人们思想的桎梏，僵化了人们的思维，妨碍了各学科的发展。为此，后现代主义致力于消解话语霸权，赋予不同的话语以平等的权力。如利奥塔主张话语的"多元论"，强调话语的"差别"，力求让被"真理"所淹没的声音讲话。英国学者巴什勒（J. Bashler）提出"本体论上的平等"，认为任何存在的东西，不论是伟大的还是平凡的，都是真实

---

① 靳玉乐、于泽元：《教学研究范式的后现代转换》，《西南师范大学学报（人文社会科学版）》2004年第3期。

的。没有什么东西比别的东西更真实、更具有实在性。"本体论上的平等"要求摒弃一切歧视,接受一切差异。① 利奥塔提出"谬误推理"的概念,认为人类话语交往的目的并不在于追求共识和统一的标准,而是通过宽松的争论去发现悖论和错误,追求一种异质标准。罗蒂主张,不同的理论描述都具有存在的必要性和合理性,不存在"大写"的真理,只有"小写"的真理,每一种思想都是真实的、平等的。正因为如此,后现代主义主张倾听一切声音,极力推崇一种开放性的、公平性的对话,在对话中达到新的视界融合。

过去的教学研究过分强调绝对真理的合法性,形成了无数的权威话语,权威话语的形成必然会约束和限制人们的语言表达,甚至为研究者设定了思维的阈限。以往教育家的权威话语无时无刻不在影响着其后教育研究者的研究方向、研究方法和研究成果。我们所谓的创新和进步,极有可能就是在无意识地重复那些为人们所接受且已根深蒂固的话语。② 后现代主义主张在教学研究中使用崭新的话语,力图用崭新的话语、多元的表达方式替代传统的权威话语系统,从而使教学研究充满生机和活力。同时,呼吁倾听处于边缘地带的声音,强调研究者和被研究者之间进行开放、平等的对话,建立理想的沟通情境。这种理想的沟通情境就是指人在相互沟通过程中,真诚地和正确地使用语言。遇到意见分歧的时候,讨论者并不倚仗权威或其他扭曲的手段去令对方接受自己的见解,而是双方信守着共同认可的有效的规则,用论证支持自己的观点,通过反复讨论达成共识。③

第四节　教学研究范式创新的文化机理

一、教学研究范式创新的内涵解读

教学研究范式是指从事教学研究的工作者所遵循的一套信念、传统、理论和方法,是特定时期、特定阶段教学研究者所遵循的研究范型。创新,即创造革新,包括两个方面:一是"无中生有",即创造出新的思想、新的理论或新的事物,是彻底性和根本性的变革;二是"有中更好"或者

---

① 刘复兴:《后现代教育思维的特征与启示》,《山东师大学报(人文社会科学版)》2001 年第 4 期。
② 余凯、徐辉:《后现代主义与当代教育思潮引论》,《比较教育研究》1997 年第 6 期。
③ 阮新邦等:《批判诠释论与社会研究》,上海,上海人民出版社,1998,第 36 页。

"有中更优",即在原有的基础上实现新的突破,既可以是局部的变化,也可以是整体性的发展,只是这种变革尚未触及根基所在。基于此,教学研究范式的创新意味着教学研究范式的转变,一般表现为教学研究信念、理论、方法以及技术等的革新。

具体而言,教学研究范式的创新包括两层意蕴:首先,教学研究范式的创新意味着新旧范式的更替与转型,是教学研究范式的根本性变革。每一种教学研究范式的出现都有其独一无二的历史背景、文化土壤,以及所针对的特定的教学问题域,我们不能简单地以"先进"或"落后"、"优"或"劣"的标准来判定它们。然而,新的教学研究范式的出现或者形成,总是源于原有的教学研究范式不能很好地解释或说明教学领域中层出不穷的问题或者各种新异的变化。因此,在一定程度上而言,新的教学研究范式的出现仍是一个推陈出新的过程,它既是对教学理论变革的反映,也是对教学实践尤其是各种教学疑惑、教学问题的积极应对。其次,教学研究范式的创新意味着特定教学研究范式内部发生了结构性变化,包括教学研究思想、理论基础与研究方法等的变革。如在科学型教学研究范式中,其教学研究思想涉及经验主义、逻辑实证主义、科学实证主义等思想,其理论基础涉及心理学、社会学、统计学等多学科的相关理论,其研究方法则包括早期的观察法、测验法、调查法,到后期的各种教育教学实验方法和数理统计分析方法等。基于此,教学研究范式的创新体现了教学研究者的不懈探索,是教学研究者对社会发展、教育教学变革所做出的积极回应,是特定时期教学研究共同体对教学研究规范的引领和创新。

二、教学研究范式创新的文化机理[①]

教学研究范式是一定历史和文化背景下的教学研究范型,具有历史性、文化性和境遇性的特征。首先,教学研究范式的历史性表明教学研究范式的形成基于特定的历史基础,并反映特定的教学研究的历史图景。同时,教学研究范式的变革并不是断裂式的,而是具有内在的历史性、阶段性和连续性。其次,教学研究范式的文化性反映了教学研究范式的文化特质,即不同文化背景下教学研究范式的文化差异性,如在英美文化圈、欧洲大陆文化圈和东方文化圈中,由于文化上的差异,形成了风格迥异的教学文化和教学研究范式。最后,教学研究范式的境遇性则体现了教学研究范式

---

① 张鸿翼、崔友兴:《论教学研究范式变革的机理》,《西南大学学报(社会科学版)》2018年第3期。

所针对的教学问题域的情境性、教学研究过程的情境性,以及教学研究结论的解释、应用和推广的情境差异性。教学研究范式创新的文化机理不仅体现了教学研究范式变革的历史性、文化性和境遇性,而且揭示了教学研究范式创新的内在动因和外在条件,反映了教学研究范式创新的多重动力。整体而言,教学研究范式创新的文化机理包括:知识型的转变、教学思想的引导、教学研究问题域的突破、教学研究方法的革新以及教学技术的变革。

(一) 知识型的转变

社会的变革,尤其是政治、经济和文化的发展是引发教育教学变革的重要动因。然而,社会发展对教育教学提出的要求,在其根本上是通过对知识的重新选择和传播而实现的。正如有学者指出:"教育学家们主要是从社会状况(主要是政治和经济状况)来考察一个时代的教育状况,这也是非常有道理的,有助于把握教育的社会性质。但是,这种研究的视角忽略了一个重要的问题,即一个时代社会政治和经济所提出的教育要求也是通过教育过程中知识的重新筛选、配置和传播来实现的,或者说,对教育提出的新的政治与经济要求实质上体现在新的知识要求。"[①] 由此可见,统治者对教育提出的要求实质上是新的知识型(即一个时期所有知识生产、辩护、传播和应用的标准)要求,也就是符合其阶级利益的知识型要求。在不同的知识型要求下,必然会出现不同的教学,知识型的转换(原有知识型出现危机,新的知识型替代原有知识型)也必然导致教学研究范式的转换。可见,知识型变革是诱发教学研究范式变革的重要动因。

从知识型变革的视角来看,人类的知识型发展大致经历了如下四个阶段:神话知识型、形而上学知识型、科学知识型和文化知识型。[②] 为此,教学研究范式也相应地经历了神话型教学研究范式、形而上学型教学研究范式、科学型教学研究范式和文化型教学研究范式四个阶段。

首先是神话型教学研究范式。在原始先民时期,由社会文化所形成的知识型主要是神话知识型,其特征主要表现为神秘性、情景性、叙事性和隐喻性。这时的教学活动主要是口耳相传并且与生产劳动密切结合,其目的主要是赋予儿童社会资格以及传递有用的生产生活经验;其内容主要是仪式性知识和神秘性知识以及生活中积累下来的经验;其形式主要是仪式、生活中的口耳相传。此时的教学研究是极其朴素的、纯粹的。

---

① 石中英:《知识转型与教育改革》,北京,教育科学出版社,2001,第 8 页。
② 同上,第 46 页。

其次是形而上学型教学研究范式。在这一阶段，知识被认为是认识者的理智和信仰的产物，范畴和命题是主要的知识陈述形式。形而上学知识型的特征在于绝对性、演绎性、逻辑性、终极性和神圣性。此时的教学研究范式也主要体现为哲学思辨演绎以及自然类比等形式。如孟子主张"性善论"，因而认为教学要发扬善端、求放心；荀子持"性恶论"，因此认为教学要去恶端，去伪存真。夸美纽斯在《大教学论》中认为教学是"为来世永生做准备"，从而演绎出教学是"把一切事物教给一切人们的全部艺术"的观点。他还根据自然的变化及其特征，提出了教学适应自然和泛智教学两大原则，以及直观性、量力性、循序性教学原则等。赫尔巴特从实践伦理中演绎出教育的目的，借助心理学提出了教学的方法以及教学的阶段等。可见，这种类型的教学研究范式大都是通过逻辑演绎等方式来建构教学理论，研究者通过形而上的思考，设定一个元理论或者逻辑演绎点，然后由此推论出一系列具体的操作方式和原则。它们还通过对自然的观察发现其中的"规律"，然后把它迁移到教学上来，典型的如自然类比法、教学适应自然原则等。

再次是科学型教学研究范式。科学知识型的特征在于客观性、中立性和普遍性，强调科学研究是对客观事物的真实反映，在研究过程中研究者要保持价值中立，致力于寻求具有普遍解释力的知识。在科学型教学研究范式中，研究者的理念在于通过自己的努力建立科学的教学，相信教学或者教学论也可以像自然科学一样通过实证的手段提高科学性。因而教学研究的价值在于揭示大量教学现象中的客观规律，并以这些客观规律有效地解释各种扑朔迷离的教学现象；教学研究的过程也像自然科学研究一样，通过提出研究假设、进行实验，得出结论，强调统计、测量等手段的运用。

最后是文化型教学研究范式。文化知识型的特征在于文化性、价值性和境遇性。它强调，知识并不是客观中立的，相反，它体现着一定的价值取向和文化表征，是价值涉入而非价值无涉的；知识并不是"放之四海而皆准"的，相反，它具有一定的境遇性，它产生于特定的情境中同时也只适用于特定的情境。文化型教学研究范式的特征是：在教学研究的目的上，强调对师生的关注，强调学生知识、技能、情感、人格等维度的发展以及良好价值观的形成；教学研究的价值取向不仅在于为学生的完满生活做好准备，同时也要让学生在当下的生活中体验完满；在教学研究方法上，主张采用叙事研究、行动研究等方法。

（二）教学思想的引导

思想具有强劲的洞察力和穿透力，它能够透过世间的迷雾，直抵事物的本质。每一次社会的变革无不肇始于思想的启蒙和思想的引领。教学在其本质上是师生之间进行文化知识传承与创新的多重互动交往活动,是教师与学生之间思想的碰撞,是"一个灵魂撼动另一个灵魂"。因此,教学永远具有思想性是应然的愿景,思想性是教学的本体属性。在一定程度上,教学变革的发生主要源于社会变革,尤其是政治、经济、文化和科技进步所提出的新的要求,但在实质上,是新思想的萌发,是新旧思想的冲突、转型和更替所诱发的。基于此,教学研究范式的创新离不开教学思想的引导。

从教学思想史的角度而言,每一次教学思想史的演进都相应地产生和形成了不同的教学研究范式。从夸美纽斯的自然主义教学思想到赫尔巴特的主智主义教学思想,再到杜威的实用主义教学思想,可以说是教学思想史上的三次重大转型,相应地也引发了教学研究范式的三次变革。夸美纽斯从自然类比的角度出发,提出教学思想和教学原则。夸美纽斯指出:"一只鸟儿要想繁殖它的种类,它不会在万物都被寒冷冻僵了的冬天去繁殖,也不会在万物都被酷热烤焦了的夏天去繁殖;……它只在春天去繁殖,因为那时太阳给万物带回了生命与精力。"[1] 通过对鸟儿繁殖的类比和模仿,他指出,"园丁当心地不违背季节去做任何事情","谨慎的建筑家也必须选择正当的时机去砍伐木材、烧砖、下脚、建造以及粉刷等等"[2]。据此,学校不应犯直接违反这个原则的两个错误,即"没有选择运用心灵的正当时机",同时"心灵的运用没有正确地划分阶段,使一切进展能经各个必经的阶段去得到,一点也不漏掉"[3]。为此,"人类的教育应从人生的青春开始,就是说,要从儿童时期开始(因为儿童时期等于春天,青年时期等于夏天,成年时期等于秋天,老年时期等于冬天)","一切学科都应加以排列,使其适合学生的年龄,凡是超出了他们的理解的东西就不要给他们去学习"[4]。

赫尔巴特运用逻辑演绎的方法建构了其教学理论体系,其教学思想以培养人的伦理道德和理智能力为核心。赫尔巴特基于对心理学中兴趣概念的分析、借鉴和模仿,论述了教学的步骤。他认为兴趣包括注意、期望、要求和行动四个相互区别的阶段,据此,他提出教学也应包括明了、联合、系统和方法四个环节。在明了阶段,"开始学习的人只能慢慢地前进,以

---

[1] 〔捷〕夸美纽斯:《大教学论》,傅任敢译,北京,教育科学出版社,1999,第76页。
[2] 同[1],第77页。
[3] 同[1],第77页。
[4] 同[1],第77~78页。

最小的步伐前进最为稳妥；他必须在每一点上作必要的停留，以便能确切地理解各点"①。在联合阶段，赫尔巴特认为："关于联合问题，它不是单独发生的，尤其是在开始时不可能单独发生，只能是系统地完成的。……一个系统，不仅仅应当学习它，还要应用它，而且应当经常地在适当的地方增加新的东西使它完善起来。"② 在系统阶段，则要求"系统通过突出主要思想使学生感觉到系统知识的要点，并通过较大的完整性增加知识的总容量"③。在方法阶段，赫尔巴特指出："学生通过作业、自己写作与修改可以得到方法的思考练习。"④ 由此可见，通过对兴趣发生过程的四个阶段的分析、借鉴和模仿，赫尔巴特提出了教学过程的四个步骤。赫尔巴特在《普通教育学》和《教育学讲授纲要》中体现出来的教育教学模仿思想具有一定的抽象性，很多时候，其模仿对象并不是具体的事物或者活动，而是具有一定抽象性的概念、原理与思想。赫尔巴特在教学研究中，尤其是在对教学目的和教学过程的论证中，强调培养人的理智能力、推理能力和思辨能力，主张从伦理学、心理学的相关理论出发，演绎教学的理论体系，形成了主智主义和逻辑思辨主义的教学研究范式。

杜威受实用主义思想的影响，主张教学研究应像科学研究一样，遵循严谨的实证分析和归纳的过程，形成了科学实证的教学研究范式。比如在分析了思维的五个阶段后，他提出了教学的五个步骤。他认为思维的五个阶段包括：（1）暗示，即在疑难情境出现后，将会产生改变困境的观念，并暗示我们调整原先的行动。（2）理智化。杜威指出："在任何反省活动中，都有把整个情境中起初仅仅表现为感情性的因素加以理智化的过程。这种转化可以使得情境中的困难和行动的障碍更加明确起来。"⑤ （3）假设，即根据问题提出可能的解决方案。（4）推理，即"一种观念被引导到另一个原先已被检验的相关观念。当然，这种观念连续展开的推理，要依靠人们头脑中已经具备的知识积累。这不仅依靠从事探究的人的先前的经验和所受的专门的教育，同时，也依靠当时、当地文化科学的状态"⑥。（5）用行动检验假设，即"通过明显的行动对推测的观念加以检验，以便

---

① 〔德〕约翰·弗里德里希·赫尔巴特：《赫尔巴特文集·教育学卷一》，李其龙译，杭州，浙江教育出版社，2002，第219页。
② 同①，第219~220页。
③ 同①，第220页。
④ 同①，第220页。
⑤ 〔美〕约翰·杜威：《我们怎样思维·经验与教育》，姜文闵译，北京，人民教育出版社，2005，第95页。
⑥ 同⑤，第97页。

得出试验性的证实或验证"①。杜威指出,思维的五个阶段的顺序不是固定不变的,这五个阶段"只是一个大概的轮廓,是反省思维不可缺少的几个特质。实际上,它们中间有的可以两段合并起来,有的阶段也可以急匆匆地通过,而谋求结论的重担也可能主要放在单一的阶段上,使得这一阶段看来似乎是发展不均称的。在这里,不可能建立一些固定的规则。怎样处理,完全凭靠个人的理智的机巧和敏感性"②。依据思维的五个阶段,杜威提出了教学的五个步骤或者要素:"第一,学生要有一个真实的经验的情境——要有一个对活动本身感到兴趣的连续的活动;第二,在这个情境内部产生一个真实的问题,作为思维的刺激物;第三,他要占有知识资料,从事必要的观察,对付这个问题;第四,他必须负责有条不紊地展开他所想出的解决问题的方法;第五,他要有机会和需要通过应用检验他的观念,使这些观念意义明确,并且让他自己发现它们是否有效。"③ 可见,在杜威的教学思想体系中,其教学理论的建构打破了逻辑演绎的思辨范式。他遵循科学研究的过程,强调教学研究应像科学研究那样,从提出问题、界定问题、形成假设、验证假设到最后得出结论,形成了教学研究的科学主义范式。

(三) 教学研究问题域的突破

不同教学研究范式所针对的教学研究问题及问题域具有一定的差异。欧洲大陆的教学研究主要体现了哲学思辨式或逻辑演绎式教学研究范式,其研究的问题通常涉及概念、范畴、原理,注重学科逻辑研究,强调学科体系构建。美国的教学研究注重应用逻辑,强调从学习者的需要和教学实践中的问题出发去建构理论④,主要体现为实用型或者科学型教学研究范式,其研究的问题一般表现为学生经验的生成、学习与发展的关系、知识与能力的关系等,突出问题逻辑研究,注重实践意识和实际问题的解决。由此可见,不同的教学研究范式具有其特定的研究问题或者问题域。

问题域是围绕着核心问题所形成的问题丛。只有明确了研究的核心问题,才能揭示其问题域所在。为此,要明晰教学研究的问题域,其前提在于把握教学研究的核心问题。教学研究的核心问题需要具备四个特征:一

---

① 〔美〕约翰·杜威:《我们怎样思维·经验与教育》,姜文闵译,北京,人民教育出版社,2005,第98页。
② 同①,第100页。
③ 〔美〕约翰·杜威:《民主主义与教育》,王承绪译,北京,人民教育出版社,1990,第174页。
④ 李松林:《推进教学论研究的突破口》,《教育研究》2012年第8期。

是教学研究的核心问题应该揭示研究对象的最本质的规定，即教学研究的核心问题是整个教学论体系建立的根据和基础；二是教学研究的核心问题应如实反映教学根本事实，教学事实通常表现为师生以课程为中介的多向交流建构活动；三是教学研究的核心问题应该揭示教学过程的根本机制，即教学研究的核心问题应该以简约的方式揭示教学过程中最具有根本意义的内部转化过程及其心理机制，为教学论研究提供认识论、本体论和方法论方面的暗示和明示；四是教学研究的核心问题应该是居于中心地位和起着统摄作用的问题。据此，教学研究的核心问题应该具有足够的开放性和包容性，以在动态发展过程中不断充实、拓展和完善。① 进一步而言，教学研究的核心问题应该具有根本性、纲领性和中心性的特征。② 从教学研究范式变革的角度而言，教学研究范式的转型也意味着教学研究的核心问题或者问题域的转换。在古代的形而上学型教学研究范式中，其研究的核心问题是如何通过逻辑演绎构建教学体系，其问题域通常包括概念、范畴，以及概念和范畴之间的逻辑和关系。在近现代的科学型教学研究范式中，其研究的核心问题从学科逻辑转向了问题逻辑，更加关注"什么知识最有价值"或"谁的知识最有价值"，聚焦于如何提高教学的有效性，促进学生的学习与发展，其问题域一般包含学习与发展、教师与学生、知识与能力、课程与教学等。基于此，教学研究范式创新的关键在于教学研究问题域的突破，也就是说，教学研究核心问题或者问题域的转换是教学研究范式创新的内在机理。为此，推进教学研究范式的转型与升级，提升教学研究质量，需要不断地提出新问题，促进教学研究问题域的转换。

（四）教学研究方法的革新

研究方法规定了研究的具体程序和手段，是保证信息准确性和结论科学性的前提。研究方法一般可以分为三类：一是科学主义研究范式下的量化研究；二是人文主义研究范式下的质性研究；三是融合了量化研究和质性研究的混合研究。③ 据此，教学研究方法大体可以划分为量化教学研究方法、质性教学研究方法和混合式教学研究方法三类。

量化教学研究方法从特定假设出发，将教学现象数量化，明确相关变量的关系，由此得出"科学的""客观的"研究结果。量化研究有一套完备的操作技术，包括抽样方法（如随机抽样、分层抽样、系统抽样和整群

---

① 李松林、巴登尼玛：《何为教学论研究的核心问题》，《教育理论与实践》2016年第1期。
② 熊川武：《论教学论基本问题》，《华东师范大学学报（教育科学版）》2010年第1期。
③ 李森、陈晓端：《课程与教学论》，北京，北京师范大学出版社，2015，第282页。

抽样)、资料收集方法(如问卷法和实验法)、数据统计方法(如描述性统计和推断统计)等。其基本研究步骤是:研究者事先建立假设,确定具有因果关系的各种变量,通过抽样的方式选择样本,使用经过检验的标准化工具和程序采集数据,对数据进行分析,建立不同变量之间的相关关系,必要时使用实验干预手段对控制组和实验组进行对比,进而检验理论假设。质性教学研究方法强调研究者深入教学现象,通过亲身体验了解研究对象的思维方式,在收集原始资料的基础之上建立"情境化的"和"主体间性"的意义解释。与量化研究相比较,质性研究是在自然环境而非人工控制环境中进行的,研究者本人也是研究的工具,收集资料的方法是多样化的,其结论或理论的形成方法一般为归纳法,即自下而上地在相关资料的基础上提出理论假设,而这个结论或理论实际上是研究者和研究对象之间的"视界融合"。[①] 混合式教学研究方法则是根据教学研究问题及情境,综合运用量化教学研究方法和质性教学研究方法对教学现象和教学问题展开探讨和分析的一种研究方法。混合式教学研究方法是多样化教学研究方法的有机运用,能够更有效地揭示教学问题的本质,并对教学现象或者教学问题做出更加合理的解释。在科学型教学研究范式中,其研究方法主要体现为量化教学研究方法,具体有测验法、调查法、数理统计法、实验法等;而在文化型教学研究范式中,其研究方法则主要为质性教学研究方法或者混合式教学研究方法,如田野调查、行动研究、叙事研究、课堂志等。教学研究方法的革新是教学研究范式创新的重要机理,在不同的教学研究范式下,研究者所运用的教学研究方法亦是大相径庭。从形而上学型教学研究范式到科学型教学研究范式的过渡,意味着教学研究方法从演绎法向归纳法的转型,从逻辑思辨式研究向实证分析式研究转向。为此,推进教学研究范式的创新,离不开教学研究方法的革新和转型。

(五)教学技术的变革

技术是推动社会发展的关键因素,是推动教学演变和发展的重要动因。从原始初民时期的教学到古代社会的教学,再到近现代社会的教学的转型,其背后也包含着教学技术的不断更新。在不同的教学研究范式下,人们所运用的教学技术往往也不尽相同。

在原始初民时期的神话型教学研究范式中,由于生产力水平低下,教学通常表现为年长一代对年幼一代的经验传递,以帮助儿童获得日常生活

[①] 陈向明:《质的研究方法与社会科学研究》,北京,教育科学出版社,2000,第12页。

和交往的基本规范、礼仪知识与仪式性知识。这一期间的教学技术主要体现为一些朴素的实物的运用,如木棍、石器等器具的使用。在古代的形而上学型教学研究范式中,教学研究聚焦于学科体系和宏大理论的构建,教学研究方法通常为逻辑演绎法,如从《圣经》或者一些经典论著中寻找不证自明的逻辑演绎点,进而通过逻辑分析,建构教学理论体系。这一期间的教学技术主要是服务于直观教学的实物、图画、绘本等教具的使用。在近现代的科学型教学研究范式中,教学研究强调实证归纳,注重从经验、事实和数据中获得普遍性的认识和结论。这一时期的教学除了使用传统的实物教具之外,还运用了幻灯机、计算机、投影仪等现代多媒体设备,而教学研究则打破了传统的逻辑思辨,大量运用了现代测量、调查、数理统计、观察与实验等技术。由此可见,教学技术的变革是教学研究范式转型的重要动因。要推动教学研究范式创新,需要革新教学技术,尤其是需要加大对当下现代信息技术、"互联网+"技术的运用,充分发挥教学技术对教学发展和教学研究的推动作用。

第十章　教学论发展的未来趋势

21世纪政治经济的发展、科技文化的进步，对教育提出了越来越高的要求。同时，教育要培养出适应时代发展要求的新型人才，也对教学论研究提出了更加迫切的要求。新形势下，我国教学论将如何发展？这是每一个教学论工作者必须面对的重要课题。

第一节　加强教学论学科文化建设

当前，为应对时代发展的需求，我们在从不同侧面、不同角度加强对教学理论应用研究的同时，还要开展关于教学理论、教学论学科的反思性研究工作。如何建构21世纪的教学论学科体系？如何建立中国特色社会主义教学论体系？……这些是加强教学论学科建设，尤其是教学论学科文化建设亟须思考的重要问题。

1985年，在中国教育学会教学论专业委员会成立的首届年会上，教学论学科体系的构建问题就成了讨论的重要话题。2001年，教学论专业委员会第八届学术年会召开，围绕教学论学科体系的反思与重建问题，与会者进行了热烈讨论。学者们回顾了教学论学科体系在我国的形成和发展历程，并从不同角度就这一体系存在的不足进行了批判与反思，提出了建构当代教学论学科体系的理论构想。有学者提出，要进一步完善教学论的实践规范体系，同时发展描述规范体系、诠释规范体系等①；也有学者提出，要以主体性为生长点构建主体教学论体系②；还有学者提出，要以实践活动、实践基础上的交往、主体性这三个重要命题为核心建构现代教学理论体

---

① 刘玉娟、杨洪山：《试论我国现代教学论发展的生长点》，《唐山师范学院学报》2005年第1期。

② 李森：《现代教学论纲要》，北京，人民教育出版社，2005，第16～20页。

系①，等等。这些构想，都是在时代发展的背景下，基于批判、反思教学论学科体系的局限而提出来的，虽然见解各异，但都有一定的合理性。加强教学论学科文化建设，推进教学论学科体系建构，构建新世纪的教学论学科体系，应注意以下几个方面的问题。

一、进一步探讨教学论学科文化建设的理论基础

从我国目前的教学论研究来看，主要的理论依据来自哲学、心理学和系统科学。在哲学上，主要是马克思主义哲学，以马克思主义关于人的全面发展学说为依据确立教学目的，以辩证唯物主义的认识论为依据确立有关教学过程的原理。在心理学上，主要是运用心理学有关人的发展阶段的理论作为实施教学的依据。在系统科学上，主要是用系统科学的一般系统论来分析教学的要素及其结构关系，运用控制论、信息论来描述教学过程。现代科学的高度分化与高度综合的发展趋势以及教学论研究范围的不断扩展，要求我们从不同学科理论中汲取营养，进一步深化和拓展教学论学科文化建设的理论基础。教学论学科文化建设理论基础的深化体现在哲学方面，就是要对马克思主义关于人的全面发展学说有新的理解，重新认识马克思主义关于人的全面发展学说的实质。有关哲学认识论的研究也不能停留在感性与理性、理论与实践的抽象的统一认识上，必须深入到对教学认识过程微观的社会心理机制的研究上。同时，在以马克思主义哲学作为教学论的主要哲学基础的前提下，应注意汲取现当代中西方哲学研究的成果。教学论学科文化建设理论基础的拓展主要是要进一步加强同其他相关学科，如社会学、经济学、伦理学、生态学、文化学、信息科学以及自然科学等的联系，以扩大教学论学科文化建设和教学论研究的理论基础。

二、增强教学论学科文化研究的原创意识

长期以来，在我国教学论研究中一直存在着挥之不去的"引进情结"和相应的"移植偏好"，习惯于从国外引进或从相关学科移植、"拿来"相应理论。应该说，在理论研究中，一定的引进和借鉴是必要的。但是，在引进、借鉴他国和其他学科的研究成果时，如果只是简单地拿来套用或盲目照搬，难免会使自己的研究立场丧失，只是站在别国、其他学科的立场上说话，不清楚自己的问题所在，以他人的问题为问题，更谈不上理智的借鉴，结果在简单的复制和模仿中，使教学论或者成了别的学科的材料库，或者成了别人

---

① 裴娣娜：《现代教学论（第一卷）》，北京，人民教育出版社，2005，第43~46页。

理论的印证者。因此，要使教学论成为一门成熟的学科，研究者需要重视对教学论学科文化的研究，增强学科内涵的原创意识，站在本学科的立场、角度，从本国的现实情况出发，建立起既带有本国传统文化色彩又体现本学科特色的教学论学科文化体系，进而推进教学论学科体系建构。

三、积极关注课堂教学文化

教学理论和教学实践关系密切，教学实践是教学理论研究的基础。建立现代教学论学科体系，就要实现教学理论和教学实践在原点意义上的结合，即教学要回归生活。目前，在世界各国的课程与教学改革过程中，教学理论工作者与实践工作者的密切合作、理论研究和实践教学的密切结合，正成为教学论研究的主流取向，也是各国教学论学科文化建设的显著特征。应对这样的世界教育教学的发展趋势，我们需要建立起符合中国教学实际的、具有中国特色的教学理论体系，形成体现中国特色的教学论学科文化和研究文化。为此，研究者必须深入实际的教学过程，在具体的教学情境中，既要关注教师的"教"，更要关注学生的"学"，不仅要关注学生的生活，也要关注教师的专业发展，在实际的教学生活中发现问题、研究问题，以促进新的教学理论的生成和新的教学行为的发生，以这样一种方式创生符合中国教学实际的、具有中国特色的教学理论体系和教学论学科文化。

四、体现时代要求，树立开放的研究理念

新时代中国教学论发展面临着信息技术、人文主义浪潮和知识经济等方面的挑战，21世纪中国教学论的发展必然建立在科学技术高度发展并广泛应用于教学领域的基础上。未来教学将不再是人—人或人—机对话的单一模式，而是人—机—人对话的复合结构模式，教学论将在思维模式、观念形态、概念范畴、结构体系以及研究方法上发生根本性变化[①]。教学论作为"教育科学的心脏"，在新的世纪，其地位将会得到进一步加强，对教育科学所起的作用和影响也会越来越大，由此对教学论学科文化的建设和发展也会提出一系列更新更高的要求。因此，我们必须进一步解放思想，以更开放的心态、更宽阔的视野，以一种超前意识和眼光去审视21世纪的社会发展和教育教学发展，并在此基础上深入探讨教学论学科文化，构建和发展教学论学科文化体系。

---

① 张传燧：《论21世纪中国教学论发展趋向》，《广西师范大学学报（哲学社会科学版）》2002年第3期。

第二节　推进教学文化的比较研究

教学在本质上是一种文化本体存在，是根植于一定的文化传统与文化背景中的。离开文化，教学就成了无源之水、无本之木。教学的主旨即在于探究存在于生活中的文化现象，以便彰显与揭示其中的文化范型，使学生能顺利地完成文化建构的活动。① 作为一种文化的存在，教学论的发展既要探讨自身所根植的文化土壤，找寻教学论发展的文化之根，又要放眼世界，在丰富多彩的世界多元文化中拓展教学文化的视野。基于此，在全球化、信息化的时代背景下，推进教学文化的比较研究将是教学论发展的未来趋势之一。

一、教学文化的历时性比较研究

在一定意义上讲，教学文化就是教学在时间之流中的积累和沉淀，时间的连续性让教学文化的脉络得以清晰，也让教学文化研究得以可能。教学文化的历时性比较研究主要包括三个方面：一是从纵向的角度对教学文化进行历时性梳理，涉及教学论各个范畴的系统梳理，如对教学价值取向、教学目标、课程教材、教学方法、教学模式、教学评价、教学管理等的历史演变进行整理研究。二是对教学论各个范畴进行专题性比较研究，如古代、近代、现代教学文化的比较研究，通过对不同历史时期教学文化范畴的纵向比较，进而揭示教学文化历史演进的内在逻辑、推进机制、影响因素以及发展动力等。三是对教学论历史发展过程中的重大事件进行文化比较研究，揭示影响教学论发展的转折性事件背后的文化因素。

二、教学文化的共时性比较研究

教学文化的共时性比较研究，主要源于文化之间相互沟通、理解和对话的需要，是进一步深化对教学文化理解的关键。教学文化的共时性比较研究是不同文化之间教学的相互认识、理解与欣赏，同时以不同教学文化传统为例证，相互吸收、取长补短、双向诠释，以推动不同教学文化发展

---

① 廖辉：《教学研究的四种路向：基于文化视角的思考》，《当代教育论坛（教学研究）》2011年第6期。

的"间性"研究。① 教学文化的共时性比较研究，主要是从空间的视角对特定时间段不同区域、国家、民族之间的教学文化进行对比分析，从多维的视角对特定教学范畴的文化进行比较，进而揭示教学文化的异同点及其深层原因，并形成共识，促进教学文化的理解与发展。在教学文化的跨文化比较中，首先，需要确定比较的基点，即进行教学文化比较的观测点和维度。其次，要从文化的角度分析不同文化背景下相关教学范畴的内涵、特质、差异和共性，以及内在的文化机理。最后，要在横向比较的基础上，揭示不同教学文化之间的异同点，并相互借鉴、取长补短、形成共识，促进教学文化的交流。

对教学文化的共时性比较研究，可以加深对教学的理解和认识。研究不同文化背景下的教学现象和教学问题，探究其特点和规律，有助于理解和改进相关教学活动，了解各种教学现象产生的原因、各种教学的优势与局限。教学作为文化传承与创新的一种特殊的交往活动，是一个开放的系统。应该在跨文化的比较中对不同的教学传统加以审视，对不同文化传统影响下的教学做到兼收并蓄，以检验、修正和完善已有的教学理论，为我国教学改革与发展服务。认识"他者"，只为更新和完善"自我"。在中西方文化的多元互动中，寻求中西方教学的互比、互释、互补、沟通和融汇，分享彼此的知识、文化与智慧，乃至重构教学观念，形成"和而不同"的教学文化，这将是教学论研究与发展的重要趋势之一。②

三、教学文化的整体性比较研究

教育本质上是一种活动，一种有组织、有目的、促进学生身心发展的活动。教学是教育活动的主要途径，它起源于人类交往活动，是师生之间通过对话、合作、交流进行文化知识传承与创新的特殊交往活动。从复杂性理论的视角而言，教学活动是一个复杂的系统，涉及教师、学生、教育管理者等多元主体，教学价值、教学目的、教学内容、教学过程、教学组织与管理以及教学评价等诸多要素，以及不同情境中教学主体复杂多样的心理变化。因此，教学文化的比较研究通常会涉及教学方方面面的因素，为此，需要从整体性的角度对教学文化进行比较研究，以更加全面深入地剖析教学本质，理解教学的深刻内涵。

---

① 廖辉：《教学研究的四种路向：基于文化视角的思考》，《当代教育论坛（教学研究）》2011年第6期。
② 同①。

教学文化的整体性比较研究是指从更加全面系统的角度对不同文化背景下的教学活动及其要素进行全方位的分析与研究，既包括对教学活动及其范畴的历时性比较研究和共时性比较研究，又涉及对教学活动及其要素的立体性比较研究。教学文化的整体性比较研究是多维度、多层次、多视角的对比研究。譬如对教学活动的比较研究，一方面需要从时间的视角，揭示不同历史阶段教学活动的表征、变迁历程，以及发展过程中的差异及其内在原因；另一方面需要从空间的视角，比较分析不同场域中教学活动的表现形态、内在机理，以及显著的异同点。此外，还需要深入到不同文化下的人的心理因素、历史因素、传统和习惯中去，以便对不同文化背景下的教学活动做更加深入的剖析，揭示教学活动的本质。

第三节　聚焦教学论研究的整合与深化

一、教学论研究中多元性与开放性的并重

21世纪是一个全球化、信息化、多元化、开放化和个性化的时代，适应时代发展，当代教学论必然表现出多元性与开放性的特点，呈现出多元性与开放性并重的发展趋势。

当代教学论的多元性和开放性特征主要表现在研究理念、研究内容、研究方法等方面。首先，在研究理念上，当代教学论把多元性和开放性作为自己的基本理念，倡导理论研究的创造性，鼓励多元的研究风格，在教学论的各个领域、各个层次上都提倡进行多元和开放的研究。其次，在研究内容上，当代教学论提倡既要批判地继承本国传统教学论思想，又要合理地借鉴和吸收国外优秀的教学研究成果，正确地处理传统与现代、国际化与本土化之间的关系；提倡既要对本学科体系进行高度分析和高度综合的研究，又要对其他相关学科进行开放综合的研究。最后，在研究方法上，当代教学论反对过去那种单一的、僵化的研究方式，主张进行开放、多元的研究，即用系统的、整体的研究方法代替孤立的、线性的研究方法，用发展的、动态的研究方法代替僵死的、静止的研究方法，特别注意理论研究和实证研究的紧密结合。①

---

① 吴也显：《教学论发展之我见》，《教育研究》1996年第8期。

二、教学论研究中国际化与本土化的融合

回顾教学论的发展历史，可以发现我国现代教学论研究在继承中国传统教学论思想的同时，也在不断地学习西方。20世纪30年代，我们先后引进了以赫尔巴特为代表的传统教学论和以杜威为代表的进步主义教学论；50年代，我们学习的是苏联的教育教学理论和教学模式；80年代，伴随着改革开放，国外一大批教学论思想和流派被引介进来，为我国教学论的发展提供了方法论基础和研究思路。这种引进、移植为我国教学论的发展，为缩小我们和西方的理论差距做出过巨大的贡献。通过移植与积累，我国现代教学论逐步走上独立发展、自主创新的道路。但是，长期以来，我国教学论研究走的是一条"拿来主义"的道路，即对国外的教学理论并没有真正地消化吸收，只是简单地套用，而没有结合中国实际，没有考虑中国国情。这种"食洋不化"的做法，其结果只能是教学理论的表面繁荣，而不能对教学实践发挥真正的指导作用。90年代以来，研究者们越来越认识到，引用和借鉴国外的教学理论，必须立足本国实际，适应本国国情和文化传统。如果仅仅停留在移植和模仿的水平，那么我国的教学论研究势必仍然是别人的"实验田"和"材料库"。[①] 21世纪，我国教学论的发展面临着现代化、国际化、民族化的趋势。我国教学论研究者在吸收、借鉴国外优秀教学理论研究成果的同时，已逐渐认识到教学论本土化的重要性。教学论本土化问题是我们在进行教学论研究中面临的首要问题，即怎样立足于我国的现实国情，充分吸收、合理借鉴国外的教学理论与实践成果，建立起具有中国特色的教学论体系。

本土化并不等于自我封闭，本土化的另一个方面是有宽广的国际视野。尤其是在全球一体化的今天，东西方文化日益交融，教学论的发展必将是在自身研究的基础上与世界不断融合，教学论的国际化与本土化必将成为教学论研究的未来走向。21世纪，我们应采取更为开放的态度，在批判地继承本民族的优秀教学论思想的同时，大胆学习借鉴世界各国的优秀文化成果，坚持古为今用、洋为中用，在学习借鉴的基础上有所创新，创造出具有中国特色并能对世界产生影响的教学理论体系。

---

① 蔡宝来：《出路与展望：现代教学论的未来发展》，《西北师大学报（社会科学版）》2002年第2期。

三、教学论研究中传统与现代的整合

教学论的发展是一个传统与现代不断整合的过程。任何新的教学思想和理论都是在批判地吸收以往的教学理论的基础上产生和发展的。纵观历史可以发现，我国传统的教学论思想体系，无论其教学目的、教学原则、教学方法、教学手段还是教学评价都对现代教学理论的发展产生过积极影响。我国现代的教学论正是在批判地吸收传统教学论基本思想的基础上建立、形成和发展起来的，而传统教学理论也由于现代教学理论的继承和创新而注入了现代气息。传统教学论是现代教学论的坚实基础，没有对传统教学论的继承与发展，现代教学论无异于"空中楼阁"。教学论正是在这种传统与现代不断整合的过程中向前发展的，传统与现代的不断整合是教学论向前发展的不竭动力。①

今天，传统教学论与现代教学论整合的发展趋势表现得尤为明显。面对这一发展趋势，我们在研究教学论时就要做到：一方面，必须克服把传统教学论和现代教学论对立起来的错误做法。对传统教学论，我们既要看到其历史局限性，又要看到其合理性，要一分为二地辩证分析。另一方面，我们要以发展的眼光研究和发展现代教学论，使之适应并反映时代要求，具有现实生命力，以指导当代教学实践。

四、教学论研究中科学精神与人文精神的统一

科学主义和人文主义作为人类把握自己和世界的两种基本方式，长期以来一直处于对立的状态。这种对立反映到教学论研究中，就是实证分析与人文理解方法的对立。科学主义在教学论研究中主要表现为对知识和教学的理性认知和分析，强调因果关系的解释、精确的定量分析和预测，有利于提高研究的精确性、严密性和科学性。在现代，由于人们能利用信息技术等现代科学技术有效地观察、记录和处理教学论研究中的数量关系，因而在一个时期内科学主义成为我国教学论研究中的主要取向。但是科学主义过于强调人的理性，这种理性至上的研究取向放大了理性、科技在学生发展中的作用，而忽视了对人的生命的重视和价值关怀②。人文主义则重视人的非理性因素，如情感、态度等，强调群体间的交往、环境的潜在

---

① 李森：《现代教学论纲要》，北京，人民教育出版社，2005，第34~35页。
② 王富平：《人文化：当代教学论研究的重要取向》，《内蒙古师范大学学报（教育科学版）》2002年第8期。

影响、模糊的和整体综合的定性分析，以及对人的志向、态度、价值观、情操等文化因素的关注。① 事实上，科学主义和人文主义都有其合理性，但又都不乏偏颇之处。它们之间具有内在的联系，是互补的。科学主义的运用有利于学生掌握基本的科学知识、原理，有利于培养他们严谨认真的科学态度和科学精神等。而人文主义则关注人的生命价值和意义，有利于学生主体性的发展，也有利于其人文素养的提高。

纵观教学论发展的历史，在不同时期、不同国家科学主义和人文主义两大思潮互相博弈、此消彼长，曾对教学论发展产生过极大的影响。② 现代教育观认为，学校教育中的课程与教学，既应具有科学性，又应具有人文性，两者内在地统一于教学全过程之中。适应时代的发展，当代教学论要探索和揭示在教学活动中促进人整体发展的规律，就要坚持科学精神和人文精神的统一，使学习者在理性和非理性、个体化和社会化方面得到和谐的统一的发展。③ 21世纪是一个多元化的时代。在这样一个多元文化的背景下，人类正在逐步走出知识论、工具论的误区，倡导人的积极能动性和创造性的发挥，强调科学精神和人文精神的整合统一。注重科学精神和人文精神的统一是目前和今后教学论发展的基本趋势。

---

① 裴娣娜：《现代教学论（第一卷）》，北京，人民教育出版社，2005，第47页。
② 蔡宝来：《出路与展望：现代教学论的未来发展》，《西北师大学报（社会科学版）》2002年第2期。
③ 同①，第46~47页。

参 考 文 献

〔澳〕W. F. 康纳尔:《二十世纪世界教育史》,孟湘砥、胡若愚主译,长沙,湖南教育出版社,1991。

〔德〕M. 蓝德曼:《哲学人类学》,彭富春译,北京,工人出版社,1988。

〔德〕汉斯-格奥尔格·加达默尔:《哲学解释学》,夏镇平、宋建平译,上海,上海世纪出版集团,2004。

〔德〕赫尔巴特:《普通教育学·教育学讲授纲要》,李其龙译,北京,人民教育出版社,1989。

〔德〕黑格尔:《逻辑学(上卷)》,杨一之译,北京,商务印书馆,1966。

〔俄〕德·谢·利哈乔夫:《解读俄罗斯》,吴晓都等译,北京,北京大学出版社,2003。

〔俄〕尼·别尔嘉耶夫:《俄罗斯思想:19世纪至20世纪初俄罗斯思想的主要问题》,雷永生、邱守娟译,北京,生活·读书·新知三联书店,2004,2版。

〔捷〕夸美纽斯:《大教学论》,傅任敢译,北京,教育科学出版社,1999。

〔美〕丹尼尔·布尔斯廷:《美国人开拓历程》,中国对外翻译出版公司译,北京,生活·读书·新知三联书店,1993。

〔美〕杜威:《哲学的改造》,许崇清译,北京,商务印书馆,1958,修订本。

〔美〕杰罗姆·S. 布鲁纳:《教育过程》,上海师范大学外国教育研究室译,上海,上海人民出版社,1973。

〔美〕理查德·罗蒂:《后哲学文化》,黄勇译,上海,上海译文出版社,1992。

〔美〕露丝·本尼迪克特：《文化模式》，王炜等译，北京，生活·读书·新知三联书店，1988。

〔美〕托马斯·索威尔：《美国种族简史》，沈宗美译，南京，南京大学出版社，1993。

〔美〕韦恩·厄本、杰宁斯·瓦格纳：《美国教育：一部历史档案》，周晟、谢爱磊译，北京，中国人民大学出版社，2009。

〔美〕约翰·W. 贝斯特、詹姆斯·V. 卡恩：《教育研究方法概论》，严正等译，北京，春秋出版社，1989。

〔美〕约翰·杜威：《民主主义与教育》，王承绪译，北京，人民教育出版社，1990。

〔美〕约翰·杜威：《我们怎样思维·经验与教育》，姜文闵译，北京，人民教育出版社，2005。

〔日〕大河内一男、海后宗臣等：《教育学的理论问题》，曲程、迟凤年译，北京，教育科学出版社，1984。

〔日〕佐藤正夫：《教学论原理》，钟启泉译，北京，人民教育出版社，1996。

〔苏〕巴班斯基：《论教学过程最优化》，吴文侃等译，北京，教育科学出版社，2001。

〔苏〕凯洛夫：《教育学》，沈颖、南致善等译，北京，人民教育出版社，1953。

〔苏〕列克托尔斯基等：《现代西方哲学辞典》，贾泽林等译，北京，东方出版社，1995。

〔苏〕罗曼诺夫斯卡娅：《目的：发展》，朱佩荣译，《外国教育资料》1988年第3期。

〔苏〕斯卡特金：《中学教学论——当代教学论的几个问题》，赵维贤、丁酉成等译，北京，人民教育出版社，1985。

〔苏〕赞科夫：《教学与发展》，杜殿坤等译，北京，文化教育出版社，1980。

〔英〕阿伦·布洛克：《西方人文主义传统》，董乐山译，北京，生活·读书·新知三联书店，1997。

〔英〕埃德蒙·金：《别国的学校和我们的学校——今日比较教育》，王承绪等译，北京，人民教育出版社，1989。

〔英〕安迪·格林：《教育、全球化与民族国家》，朱旭东、徐卫红等译，北京，教育科学出版社，2004。

〔英〕丹尼尔·约翰·奥康纳：《教育哲学导论》，宇文利译，北京，中国人民大学出版社，2015。

〔英〕赫·斯宾塞：《教育论：智育、德育和体育》，胡毅译，北京，人民教育出版社，1962。

白益民：《"过程-结果"教学研究范式"科学"承诺的再审视》，《河北师范大学学报（教育科学版）》2000年第2期。

蔡宝来：《现代教学论的范畴与体系》，《西北师大学报（社会科学版）》2001年第6期。

曹德本：《中国传统文化学方法论》，《学术界》2001年第2期。

曹延亭：《现代外国教育思潮》，长春，东北师范大学出版社，1989。

车文博：《西方心理学史》，杭州，浙江教育出版社，1998。

陈侠：《课程论》，北京，人民教育出版社，1989。

陈向明：《质的研究方法与社会科学研究》，北京，教育科学出版社，2000。

陈元晖：《中国教育学史遗稿》，北京，北京师范大学出版社，2001。

迟艳杰：《教学意味着"生活"》，《教育研究》2004年第11期。

丛立新：《讲授法的合理与合法》，《教育研究》2008年第7期。

丛立新：《课程论问题》，北京，教育科学出版社，2000。

崔允漷：《范式与教学研究》，《课程·教材·教法》1996年第8期。

崔允漷：《教学研究的过程-成果范式述评》，《华东师范大学学报（教育科学版）》1994年第3期。

丁邦平：《反思教学论研究——基于比较教学论的视角》，《课程·教材·教法》2012年第9期。

丁钢：《文化的传递与嬗变：中国文化与教育》，上海，上海教育出版社，1990。

董远骞：《中国教学论史》，北京，人民教育出版社，1998。

杜殿坤：《原苏联教学论流派研究》，西安，陕西人民教育出版社，1993。

范捷平：《德国教育思想概论》，上海，上海译文出版社，2003。

费孝通：《乡土中国》，北京，人民出版社，2008。

风笑天：《社会学研究方法》，北京，中国人民大学出版社，2001。

冯建军：《西方教育研究范式的变革与发展趋向》，《教育研究》1998年第1期。

冯梁：《英美特殊关系：文化基础与历史演变》，《欧洲》2002年第

4 期。

冯契：《逻辑思维的辩证法》，上海，华东师范大学出版社，1996。

冯增俊：《教育创新与民族创新精神》，福州，福建教育出版社，2002。

顾明远：《教育大辞典：增订合编本》，上海，上海教育出版社，1998。

顾明远：《文化研究与比较教育》，《比较教育研究》2000 年第 4 期。

郭晓平：《美国教育形成中的文化影响浅析》，《江西教育科研》1992 年第 3 期。

郭元祥：《教育学范畴问题探析》，《华东师范大学学报（教育科学版）》1995 年第 3 期。

韩增禄：《"方法"概念初探》，《自然辩证法研究》1986 年第 4 期。

郝森林：《教学过程本质的再认识》，《教育研究》1988 年第 9 期。

何道宽：《论美国文化的显著特征》，《深圳大学学报（人文社会科学版）》1994 年第 2 期。

何新：《中外文化知识词典》，哈尔滨，黑龙江人民出版社，1989。

贺国庆：《近代欧洲对美国教育的影响》，保定，河北大学出版社，1994。

胡德海：《教育学原理》，兰州，甘肃教育出版社，1998。

胡定荣：《21 世纪中国教学论发展的问题与走向》，《教育研究》2002 年第 3 期。

黄甫全、王本陆：《现代教学论学程（修订版）》，北京，教育科学出版社，2003。

黄志成：《教育研究中的两大范式比较："日尔曼式教育学"与"盎格鲁式教育科学"》，《教育学报》2007 年第 2 期。

计秋枫：《论欧洲一体化的文化与思想渊源》，《世界历史》1998 年第 1 期。

江光荣：《人性的迷失与复归——罗杰斯的人本心理学》，武汉，湖北教育出版社，2000。

江怡：《走向新世纪的西方哲学》，北京，中国社会科学出版社，1998。

金建生：《当代美国教学研究的发展特征及对我国教学研究的启示》，《课程·教材·教法》2010 年第 8 期。

金雁：《俄罗斯传统文化与苏联现代化进程的冲突》，《陕西师大学报（哲学社会科学版）》1988 年第 4 期。

靳玉乐：《现代课程论》，重庆，西南师范大学出版社，1995。

靳玉乐、董小平：《教学论三十年：进展、问题与展望》，《西南大学学报（社会科学版）》2009 年第 4 期。

靳玉乐等：《中国新时期教学论的进展》，重庆，重庆出版社，2001。

瞿葆奎：《教育学文集·教学（中册）》，北京，人民教育出版社，1988。

瞿葆奎：《教育学文集·教育研究方法》，北京，人民教育出版社，1988。

雷丽平：《东北亚文化圈中的俄罗斯文化》，《东北亚论坛》2000 年第 3 期。

雷丽平：《俄罗斯文化的历史变迁》，《光明日报》2013 年 7 月 4 日。

李保强：《关于教学概念的辨析与思考》，《齐鲁学刊》1996 年第 2 期。

李秉德：《教学论》，北京，人民教育出版社，2000。

李定仁、张广君：《教学本质问题的比较研究》，《华东师范大学学报（教育科学版）》1997 年第 3 期。

李玢：《英国的文化价值观念与教育》，《华东师范大学学报（教育科学版）》1994 年第 3 期。

李其龙：《德国教学论流派》，西安，陕西人民教育出版社，1993。

李强：《自由主义》，北京，中国社会科学出版社，1998。

李森：《现代教学论纲要》，北京，人民教育出版社，2005。

李森、陈晓端：《课程与教学论》，北京，北京师范大学出版社，2015。

李森、潘光文：《从美国教学论流派的创生看中国教学论的发展》，《课程·教材·教法》2008 年第 3 期。

李森、王天平：《论教学方式及其变革的文化机理》，《教育研究》2010 年第 12 期。

李森、赵鑫：《20 世纪中国教学论的重要进展和未来走向》，《教育研究》2009 年第 10 期。

李森、赵鑫：《教学方式变革的文化审视》，《课程·教材·教法》2011 年第 4 期。

李森、赵鑫：《中国教学论学科发展的反思与建设》，《中国教育科学》2013 年第 3 期。

李森等：《课堂生态论：和谐与创造》，北京，人民教育出版社，2011。

李松林：《推进教学论研究的突破口》，《教育研究》2012 年第 8 期。

李松林、巴登尼玛：《何为教学论研究的核心问题》，《教育理论与实践》2016 年第 1 期。

李维：《国际教育百科全书（第 3 卷）》，贵阳，贵州教育出版社，

1990。

李怡明：《论教学论研究的方法论意识》，《西南大学学报（社会科学版）》2013年第6期。

李永伟、杨静：《中国文化传统与人的主体性》，《河北师范大学学报（教育科学版）》2002年第5期。

李泽厚：《中国古代思想史论》，北京，人民出版社，1985。

梁启超：《清代学术概论》，北京，中国人民大学出版社，2004。

林崇德：《发展心理学》，北京，人民教育出版社，1995。

林瑞荣：《批判理论与教育研究》，《台南师范学院学报》1992年第25期。

林玉体：《西洋教育史》，台北，文景出版社，1987。

刘放桐等：《新编现代西方哲学》，北京，人民出版社，2000。

刘华初：《论杜威对经验的改造》，《河南师范大学学报（哲学社会科学版）》2011年第4期。

刘克兰：《现代教学论》，重庆，西南师范大学出版社，1993。

刘黎明：《论斯宾塞的科学教育思想》，《湖南教育学院学报》1997年第3期。

刘清华、郑家福：《教学论学科体系建构的思考》，《西南师范大学学报（人文社会科学版）》2002年第1期。

刘庆琴：《美国个人主义文化影响下的教育价值观论述》，《天津市教科院学报》2011第4期。

刘志军：《走向理解的教学评价初探》，《教育理论与实践》2002年第5期。

路冠英、韩金生：《教学论》，石家庄，河北教育出版社，1987。

吕达等：《杜威教育文集（第2卷）》，王承绪译，北京，人民教育出版社，2008。

罗志野：《美国文化和美国哲学》，桂林，广西师范大学出版社，1993。

骆越虹：《浅谈美国文化中的个人主义》，《佳木斯大学社会科学学报》2007年第3期。

马冬梅：《对英国文化的初步观察与思考》，《长白学刊》2002年第4期。

马骥雄：《战后美国教育研究》，南昌，江西教育出版社，1991。

马兆掌：《也论教学过程的本质》，《社会科学战线》1991年第4期。

毛礼锐、沈灌群：《中国教育通史（第六卷）》，济南，山东教育出版社，1989。

牟宗三：《中国哲学的特质》，台北，台湾学生书局，1963。

裴娣娜：《多元文化与基础教育课程文化建设的几点思考》，《教育发展研究》2002年第4期。

裴娣娜：《基于原创的超越：我国教学研究方法论的现代构建》，《教育研究》2004年第10期。

裴娣娜：《论我国教学论学科建设与发展》，《中国教育学刊》1998年第6期。

彭漪涟：《逻辑范畴论——马克思主义哲学关于逻辑范畴的理论》，上海，华东师范大学出版社，2000。

彭正梅、张玉娴：《德国普通教学论传统、危机与新方向——对德国教学论专家迈尔的访谈》，《全球教育展望》2014年第12期。

任红杰：《后现代主义反基础主义的取向》，《首都师范大学学报（社会科学版）》1999年第2期。

阮新邦等：《批判诠释论与社会研究》，上海，上海人民出版社，1998。

单丁：《课程流派研究》，济南，山东教育出版社，1998。

沈小碚、王牧华：《教学论学科研究的进展与问题》，《西南师范大学学报（人文社会科学版）》2004年第1期。

施良方、崔允漷：《教学理论：课堂教学的原理、策略与研究》，上海，华东师范大学出版社，1999。

石联星：《教育学概论》，上海，中国文化服务社，1946。

石鸥：《新世纪拒斥这样的教学论——主流教学论困境的根源及其走出》，《湖南师范大学教育科学学报》2002年第1期。

石中英：《教育学的文化性格》，太原，山西教育出版社，2007。

石中英：《知识转型与教育改革》，北京，教育科学出版社，2001。

苏贤贵：《生态危机与西方文化的价值转变》，《北京大学学报（哲学社会科学版）》1998年第1期。

孙显元：《范畴体系的逻辑基项》，《齐鲁学刊》1985年第1期。

滕大春：《美国教育史》，北京，人民教育出版社，1994。

滕大春：《外国教育通史（第三卷）》，济南，山东教育出版社，1990。

田本娜：《外国教学思想史》，北京，人民教育出版社，1994。

王策三：《教学论稿》，北京，人民教育出版社，1985。

王策三：《教学论学科发展三题》，《北京师范大学学报》1992年第5期。

王长纯：《俄罗斯教学论的系谱研究》，《外国教育研究》2010年第

10 期。

王承绪、徐辉:《战后英国教育研究》,南昌,江西教育出版社,1992。

王道俊、王汉澜:《教育学(新编本)》,北京,人民教育出版社,1988。

王汉澜:《教育评价学》,开封,河南大学出版社,1995。

王嘉毅:《从移植到创新——改革开放 30 年来我国教学论学科的发展》,《教育研究》2009 年第 1 期。

王嘉毅:《教学研究方法论》,兰州,甘肃文化出版社,1997。

王嘉毅、李秉德:《论教学论》,《教育研究》1996 年第 4 期。

王鉴、安富海:《教学论学科建设 30 年》,《当代教育与文化》2010 年第 1 期。

王来金:《论中国文化从传统儒家形态到马克思主义形态的现代转型》,《首都师范大学学报(社会科学版)》2001 年第 1 期。

王天一等:《外国教育史(上册)》,北京,北京师范大学出版社,1984。

王治河:《扑朔迷离的游戏——后现代哲学思潮研究》,北京,社会科学文献出版社,1993。

翁绍军:《亚里士多德范畴学的形式与内容》,《社会科学》1984 年第 6 期。

吴康宁:《"有意义的"教育思想从何而来——由教育学界"尊奉"西方话语的现象引发的思考》,《教育研究》2004 年第 5 期。

吴式颖、任钟印:《外国教育思想通史》,长沙,湖南教育出版社,2002。

吴晓义:《美国教学模式的演进》,《外国教育研究》1995 年第 4 期。

吴也显:《教学论发展之我见》,《教育研究》1996 年第 8 期。

吴元樑:《科学方法论基础》,北京,中国社会科学出版社,1984。

夏基松、沈斐凤:《西方科学哲学》,南京,南京大学出版社,1987。

肖正德、卢尚建:《改革开放 30 年我国教学论学科建设的成就和经验》,《课程·教材·教法》2009 年第 10 期。

谢庆绵:《西方哲学范畴史》,南昌,江西人民出版社,1987。

熊川武:《论教学论基本问题》,《华东师范大学学报(教育科学版)》2010 年第 1 期。

徐继存:《教学论导论》,兰州,甘肃教育出版社,2001。

徐继存:《现代教学论阐释》,《西北师大学报(社会科学版)》1998 年第 1 期。

徐继存、安珑山：《教学论阐释与理解》，《宁夏大学学报（人文社会科学版）》2001年第1期。

阎宗临：《欧洲文化史论》，桂林，广西师范大学出版社，2007。

杨启亮：《困惑与抉择——20世纪的新教学论》，济南，山东教育出版社，1995。

叶澜：《重建课堂教学过程观——"新基础教育"课堂教学改革的理论与实践探究之二》，《教育研究》2002年第10期。

叶澜：《教育概论》，北京，人民教育出版社，1991。

叶澜：《教育研究方法论初探》，上海，上海教育出版社，1999。

叶澜：《中国教育学发展世纪问题的审视》，《教育研究》2004年第7期。

易红郡：《英国教育的文化阐释》，上海，华东师范大学出版社，2009。

余嘉云：《现代西方教学研究的主要范式及其发展趋势——实证主义范式与人文理解范式的比较与研究》，《教育科学》1999年第4期。

余丽嫦：《培根及其哲学》，北京，人民出版社，1987。

余志森：《试论美国文化多元性的成因与特征》，《华东师范大学学报（哲学社会科学版）》2002年第5期。

袁振国：《对峙与融合——20世纪的教育改革》，济南，山东教育出版社，1995。

詹栋梁：《现代教育哲学》，台北，五南图书出版公司，1993。

张传燧：《中国教学论发展的世纪回顾与前瞻——兼与蔡宝来先生商榷》，《教育研究》2002年第3期。

张国庆：《试论美国文化精神的起源与发展》，《北方论丛》2000年第1期。

张华：《课程与教学论》，上海，上海教育出版社，2000。

张焕庭：《西方资产阶级教育论著选》，北京，人民教育出版社，1979，2版。

张瑞璠、王承绪：《中外教育比较史纲（古代卷）》，济南，山东教育出版社，1997。

张瑞璠、王承绪：《中外教育比较史纲（近代卷）》，济南，山东教育出版社，1997。

张淑娟、黄凤志：《"文化民族主义"思想根源探析——以德国文化民族主义为例》，《世界民族》2006年第6期。

张文军、张健、许为民：《个体主义文化传统对英国高等教育专业设置的影响》，《浙江大学学报（人文社会科学版）》2007年第2期。

张文显：《论法学范畴体系》，《江西社会科学》2004年第4期。

张武升：《教学研究范式的变革与发展趋向》，《教育研究》1994年第12期。

赵昌木：《浅谈美国教学方法改革的经验——兼论对我国教学方法改革的启示》，《比较教育研究》1994第6期。

赵祥麟、王承绪：《杜威教育论著选》，上海，华东师范大学出版社，1981。

赵鑫、李森：《教学论研究实践转向和理论创新的历史自觉——兼谈"教学论就是教学论史"》，《西南大学学报（社会科学版）》2013年第3期。

甄德山：《赞科夫对教学理论的贡献——兼论赞科夫与凯洛夫教学论思想的异同》，《外国教育资料》1982年第5期。

郑金洲：《教育文化学》，北京，人民教育出版社，2000。

郑金洲、瞿葆奎：《中国教育学百年》，北京，教育科学出版社，2002。

郑金洲等：《学校教育研究方法》，北京，教育科学出版社，2003。

郑芷莲、于长春：《俄罗斯民族文化特征》，《西伯利亚研究》2004年第1期。

钟启泉、黄志成：《美国教学论流派》，西安，陕西人民教育出版社，1993。

钟启泉、李其龙：《教育科学新进展》，西安，陕西人民教育出版社，1993。

周洪宇：《教育经典导读（外国卷）》，武汉，华中科技大学出版社，2013。

朱晓斌：《德国文化与教育科学化进程》，《华东师范大学学报（教育科学版）》1997年第4期。

祝怀新：《英国基础教育》，广州，广东教育出版社，2003。

庄泽宣：《教育概论》，福州，福建教育出版社，2006。

邹进：《现代德国文化教育学》，太原，山西教育出版社，1992。

索 引

B

班级授课制 2, 105, 153, 161
本土化 114, 119, 120, 123, 127, 129, 174, 199, 202, 264, 265
本质主义 159, 165, 185-188, 243, 244

C

差序格局 181, 182
产婆术 84, 204, 205, 223
传统教学论 1, 4, 133, 134, 159-161, 170, 264-266

D

杜威 1, 2, 5, 6, 15, 16, 18, 23-25, 45, 55, 57-59, 62, 87, 88, 115, 120, 151, 157-162, 164, 174, 197, 207, 208, 253-255, 265

F

发现教学 1, 6, 7, 9, 10, 12, 15, 17, 18, 25-28, 30, 55, 195, 196
发展性教学 1, 7-10, 12, 15, 17-20, 30, 32, 33, 88, 170
发展主导型教学论 13, 15, 18-20, 23, 25-28, 30-35
泛智 3, 13, 152, 153, 252
范例教学 1, 10, 11, 12, 15, 17, 18, 33-35, 82, 83, 170
范式 53-54, 59, 63, 207, 216-231, 234, 237, 238, 241-243, 246-256
方法论 6, 8, 40, 45, 54, 59, 78, 89, 110, 115, 120, 126, 134, 140, 145, 157, 172, 192, 193, 199-212, 214, 215, 220, 222, 228, 230, 234, 238, 239, 241, 256, 265
非指导性教学 28-30, 33, 55, 60, 194

G

个人主义 40-42, 44-46, 56, 58, 60, 61, 71, 90, 101
工具理性 53, 54, 229
功利主义 40, 41, 51, 54, 60, 100, 103, 107, 108

观念团 4, 77

观念心理学 82, 83, 92, 155-157

H

合作教育学 30, 33, 89

赫尔巴特 1, 2, 4, 5, 13-16, 21-25, 58, 77, 80-84, 88, 91-94, 151, 154-157, 164, 168-170, 174, 195, 203, 206, 208, 224, 252-254, 265

后现代主义 124, 208, 212, 214, 237, 242-249

活动课程 5, 6, 162

活动课程论 6, 16

J

集体主义 71, 74, 76, 85, 86, 88, 90, 94, 102

建构主义 80, 124

交往教学论 1, 35, 81, 83

教学方法 13, 26, 33-35, 51, 52, 62, 84, 85, 89, 90, 93, 105, 108-112, 115, 117, 120, 132, 134, 136, 141, 153, 154, 157, 160, 161, 177, 204, 210, 223, 227, 228, 262, 266

教学过程 8, 13-15, 18, 21-24, 29, 32-34, 51, 52, 56-58, 62, 63, 83-86, 88, 89, 91-94, 104, 106, 109, 111, 112, 125, 131, 136, 141, 149, 150, 155, 157, 160, 162, 170, 177-185, 187-198, 201, 209, 211, 220, 221, 225, 226, 230, 232, 234, 237, 238, 245, 247, 248, 254, 256, 260, 261, 263

教学过程本质观 178-185, 188-195, 197

教学过程认识本质观 179, 180, 182-184, 192, 194, 198

教学过程社会化本质观 179-182, 198

教学过程心理本质观 179, 182-184, 196, 198

教学过程最优化理论 1, 30, 32, 33, 89

教学价值取向 49, 54, 60, 85, 103, 106, 107, 111, 262

教学论范畴 138, 140-152, 163-177, 217

教学论研究 1, 2, 34-36, 40, 50, 51, 53-55, 59-63, 81, 86, 92, 113, 115, 117-119, 121-130, 132, 133, 142-144, 148, 165-169, 175-177, 202-203, 206, 210, 216-218, 256, 259-261, 263-266

教学目标 28, 32, 51, 55, 56, 61-63, 80, 81, 83, 86, 87, 131, 135, 136, 177, 228, 262

教学文化 37, 85, 129, 134, 135, 261-264

教学系统 32, 193, 232, 236-238, 240

教学研究范式 216，218，220 -
223，234，243，247，249-258

教学艺术 2，3，14，21，22，
80，105，154，177

教育性教学 81，86，154，156

经验主义 17，40，45，47，49，
51，53，54，60-62，154，155，
159，186，207，240，250

K

科学知识型 251，252

科学主义 28-30，33，49，50，
54，55，60，61，65，157，161，
169，186，245，255，256，266，
267

克拉夫基 1，2，10，15，34，
80-82

夸美纽斯 1-3，13，14，21，22，
81，88，91，151-155，157，
164，174，203，205，206，220，
225，226，252，253

L

理性主义 40，65-68，73，77，
82，91，92，169，186，215，
245-247

逻辑演绎研究范式 222，223

P

皮亚杰 7，25，121

Q

诠释学 222，238-242

R

人本主义教学论 1，55，59，63

人文理解研究范式 222，223，
231-233

人文主义 40，47，65-67，77，
79，169，222，224，256，261，
266，267

S

生态学 124，221，222，226，
233-235，237，238，260

师生关系 4，6，13，29，33，35，
52，53，58，62，63，84，89，
94，104，108-111，131，181，
214

实用主义 5，6，15，16，18，23，
24，44，45，47，54，55，58 -
60，62，115，160，169，197，
211，253，254

实证分析研究范式 222，223，
227-232，234，241

实证主义 54，78，169，186，
203，207，214，215，217，221，
222，227，228，232，233，241，
242，250

T

统觉 77，155-157

W

文化民族主义 68，69，74，84，

90

文化圈 36，37，43，49，60，64-66，72，76，90，91，95，99，102，109，110，113-115，117，118，121-124，127，185，189，250

文化沙文主义 71，90

文化知识型 251，252

问题域 158，250，251，255，256

X

现代教学论 1，59，113，123，134，151，202，207，209-211，261，265，266

形成性评价 20，28

形而上学知识型 251，252

兴趣 35，42，56-58，63，78，80，82，83，87-89，91，92，111，135，137，156，157，160，203，209，220，224，253-255

Y

元教学论 59，64

Z

掌握学习理论 1，28

诊断性评价 20，28

知识主导型教学论 13-16，20，21，23，25

直观教学 3，4，13，21，84，258

主知主义教学理论 13，16

自然类比研究范式 222，223，225-226

自然主义教学理论 21，22

自由主义 40，41，45，51，54，61，75，169

最近发展区 8，89，170，173